权威读本

U0817130

中华人民共和国
测绘法
解读

全国人大环境与资源保护委员会法案室 / 编著

中国法制出版社
CHINA LEGAL PUBLISHING HOUSE

前　言

现行《中华人民共和国测绘法》于1992年12月28日由第七届全国人民代表大会常务委员会第二十九次会议审议通过，2002年8月第九届全国人民代表大会常务委员会第二十九次会议予以修订，对依法建立和完善测绘工作发挥了重要作用，测绘事业也取得了积极进展。但是，从多年来实施的情况看，一些地区的测绘工作仍然存在着不同程度、不同情况的问题，与人民群众的期盼，以及提升测绘工作水平，以更好地在相关领域发挥其服务功能的需要，特别是保障国家安全的需要，还存在较大差距。党的十八大，十八届三中、四中、五中全会以来，习近平总书记系列重要讲话以及党中央、国务院关于生态文明建设的系列政策文件，对测绘工作提出了新的更高的要求和新的希望。由此，测绘工作也得到社会各方面的高度重视，2017年4月24日第十二届全国人大常委会第二十七次会议审议通过的修订后的测绘法，也更加受到社会诸多方面的关注。新修订的测绘法贯彻了中央生态文明建设的基本思想和要求，与环境保护法等相关法律做了较好的衔接，有利于测绘工作在政治、经济、社会、文化和生态文明建设中发挥更重要的作用，有利于在健全相关法律制度和科学技术能力上全面提升测绘工作的质量和水平。为了便于社会各有关方面和人士学习这部重要的法律，全国人大环境与资源保护委员会法案室的部分同志和国家测绘地理信息局法规司的有关同志共同编著了本书。本书力求将测绘法的修改背景、主要内容和确切含义，以简明扼要、准确清晰的方式予以解读。

本书由全国人大环境与资源保护委员会法案室主编，国家测绘局法规司的部分同志以个人身份参与编写工作。本书编著人员为丁敏、王凤春、付莎、刘璐、李汉玉、李维兵、林丹、翟勇、穆治霖等。

敬请读者对本书提出宝贵意见。

目　录

第一章　总　　则

测绘是通过提供与地理位置有关的各种信息，广泛服务于经济建设、国防建设、科学研究、生态保护、文化教育、行政管理、人民生活等各个领域。它是国家宏观管理、资源调查开发、环境监测保护、区域经济规划、重点建设布局、土地开发利用、不动产交易管理、重大灾害监测、城乡规划建设、农业、林业、水利、能源、交通、通信、国防建设等不可缺少的前期性、基础性工作。

总则是成文法律规范在内容和结构形式上的重要组成部分，也是核心部分或称引导部分。成文法国家的法律一般具有形式上的法律结构。但不同类型的法律又具有不同的结构形式。总体上说，成文法的法律在结构形式上大致包括如下几种：一是宪法结构；二是刑法结构；三是民法结构；四是诉讼类法律或者程序类法律结构；五是行政类法律结构，法律结构大致分为这五种类型。作为国家最高法律效力的宪法，其结构特殊，设有序言和总纲，这是其他类型的法律结构所不具备的。测绘法作为行政管理类的法律，在法律结构形式上属于行政类法律，一般包括四个部分，即总则、分则、罚则和附则。这是成文法国家行政类法律普遍采用的结构形式。我国作为成文法国家，行政类法律的结构形式在整体设置上与其他成文法国家相同，即包括前述四个部分，但具体表述形式有所区别。我国行政类法律一般均设有总则和附则，与其他成文法国家行政类法律的表述相同；尽管也实际具有分则的内容（一般从第二章开始到罚则前的诸章内容），但没有具体的“分则”这一文字表述，这是与其他成文法国家在行政类法律结构上的第一个不同；第二个不同是我们的行政类法律在结构形式上不使用“罚则”的文字表述，而代之以“法律责任”的表述。

我国行政类法律的总则一般法律规范的核心问题，诸如立法目的、法律的适用范围、基本管理方针或者基本原则（有的称为行为原则）、政府及其部门的管理职责即管理体制、公民的基本权利与义务、核心管理制度、主要激励机制或者扶持政策等内容，少数行政类法律根据实际需要设有涉外的规范内容。测绘工作的涉外问题较为突出，因此除了与大多数行政类法律在总则的内容上基本相同外，与大多数行政类法律不同的是，还特别包含涉外的规范内容。

第一条　为了加强测绘管理，促进测绘事业发展，保障测绘事业为经济建设、国防建设、社会发

展和生态保护服务，维护国家地理信息安全，制定本法。

条文主旨

本条是关于测绘法立法目的的规定。立法目的是成文法的首要内容，一般规定在法律的第一条中。它既表明一部法律的立法宗旨，也体现法律的核心规范内容。立法目的既与法律名称紧密关联，又与适用范围和分则、法律责任（即罚则）、附则形成严密的逻辑关系。从法律名称到立法目的、再到适用范围，再到分则，对法律内容持续延伸展开规范，通过法律责任部分相关强制性规范内容予以保障，从而构成一部法律严谨的规范系统、严密的法律逻辑结构体系。

立法背景

改革开放以来，随着我国经济、社会的快速发展，测绘工作的地位和作用愈来愈重要，测绘不仅仅面向全社会提供全方位的服务，而且成为实现信息化的一个重要基础。现代科学技术的发展，使测绘工作进入了高科技时代，全球卫星导航定位技术、地理信息系统技术、遥感技术、网络通讯技术的应用，使传统的测绘事业发生了根本的变革。特别是近年来，随着经济社会快速发展，测绘科技水平不断提升，社会需求日益增长，测绘的服务领域更加广泛，测绘与国家安全和主权，与经济建设、国防建设和社会发展的关系更加密切，已经成为支撑“五位一体”建设，特别是推进生态文明建设，落实“创新、协调、绿色、开放、共享”五大新发展理念的重要保障手段，对测绘管理和地理信息应用提出了新要求。2002 年修订的测绘法在基础测绘管理、测绘市场管理、测绘成果管理、地图管理等方面建立了基本制度，对于促进我国测绘事业发展起到了巨大的推动作用，使我国的测绘管理能力得到了进一步提升，但随着经济社会发展和测绘技术进步，原来的部分规定已不能适应新形势的需要。2017 年的修订在测绘成果管理应用与开放共享、地理信息安全监管、地理信息产业发展等方面进一步补充完善，为测绘事业发展提供更加有力的法治保障。

我国宪法确定了“依法治国，建设社会主义法治国家”的治国方略，党的十八大以来对全面推进依法治国提出了新的要求，明确提出“法治是治国理政的基本方式”。推进政府工作法治化，推进测绘依法行政，是对测绘管理工作的基本要求。测绘法是在我国从事测绘活动和进行测绘管理的基本准则和基本依据。加强测绘管理这个立法宗旨贯穿于测绘法的始终，通过调整在测绘管理和测绘活动中发生的各种关系，确定了各有关方面的权利和义务，规范行政管理行为，为测绘管理提供了强有力的法律支撑。

条文解读

本条开宗明义规定了测绘法的立法宗旨，包括以下四个方面：

一是为了强化测绘管理工作；二是为了促进测绘事业发展；三是为了保障测绘事业对经济建设、国防建设、社会发展和保护生态系统的四大服务功能；四是为了维护国家地理信息安全。

一、关于加强测绘管理工作

这一规定，意在依法强化测绘管理工作，充分体现了测绘管理的必要性和重要性，反映了测绘法是一部把规范测绘管理行为作为重要内容的行政法，同时也反映了新时期测绘工作的重要地位和作用。

二、关于促进测绘事业发展

测绘事业包括测绘生产、科研、教育、信息服务、软件研发、出版、仪器制造等专业队伍和各级测绘行政管理机构以及这些专业队伍和行政管理机构的能力、水平和发展状况等。测绘法将促进测绘事业发展作为立法宗旨，从法律上规定了我国需要大力发展测绘事业的方针。但随着测绘事业的快速发展和改革的不断推进，测绘事业发展在迎来战略机遇的同时，也面临巨大的挑战，主要表现在以下三个方面：一是测绘成果开发应用不够，缺乏有效共享机制。基础地理信息数据获取和利用不充分、更新缓慢，成果共享机制不健全，存在重复测绘和信息孤岛现象，需要完善机制、明确责任、促进应用。二是地理信息安全风险增大，泄密事件频发，亟须加强涉密地理信息保护。地理信息获取、处理、应用从专业化向大众化转变，服务内容从静态数据向网络动态数据转变，服务对象从以部门为主向以社会公众为主转变，安全风险不断增大。特别是卫星导航定位基准站安全隐患突出，基准站建设和运行维护缺乏统一规范和有效监管，根据中央有关要求，亟须依法加强管理。三是地理信息产业发展需加强引导。地理信息市场需求旺盛，与保密的矛盾突出，政府部门间地理信息资源缺乏共享，地理信息产业结构亟需调整和优化升级。

测绘事业是为经济建设、国防建设、社会发展和生态保护提供测绘服务，维护国家地理信息安全，且具有一定规模和系统的经常性活动的总称。经过几十年的发展，我国的测绘事业已经具有相当规模并形成了比较完整的体系，已逐步建立了具有全方位服务能力的测绘力量，测绘生产、科研、教育、信息服务、软件研发、出版、仪器制造等专业队伍门类齐全，测绘行政管理机构和管理制度逐步健全，测绘法律体系基本形成，测绘生产、科研、教育、出版、成果提供与互联网地理信息服务等都取得很大成就。

2017 年修订的测绘法，按照“推进地理信息规范监管和广泛应用”的总要求，坚持保障地理信息安全和促进地理信息产业发展并重，主要遵循了以下原则：一是加强共享、促进应用。通过建立地理信息公共服务平台，将分散的数据予以整合，推动信息互联互通，强化测绘地理信息部门获取、处理、更新基础地理信息数据职责，促进地理信息广泛应用。二是统筹规划、协同指导。测绘地信部门会同有关部门统筹考虑各行业、各领域对卫星导航定位基准站的建设和应用需求，建立协调机制，加强指导，完善制度。三是规范监管、强化责任。通过实施可追溯管理，实现各环节信息可查询、来源可追溯、去向可跟踪、责任可追究，完善监督检查措施，加大对违法行为的处罚力度，强化地理信息安全监管。四是简政放权、优化服务。取消和下放采用国际坐标系统审批等事项，强化事中事后监管，加强基础测绘和地理国情监测，丰富基础地理信息，及时向社会提供地理信息公共服务。这些内容的调整都是测绘事业改革发展的具体体现，是立法宗旨的具体要求，使测绘事业改革有了更有力的法律保障，并极大地促进测绘事业的发展。

法律作为调整社会关系的上层建筑，是为经济基础服务，为发展社会生产力服务的。将促进测绘事业发展作为制定测绘法的宗旨，正是反映了为经济基础服务，为发展生产力服务的要求。

三、关于保障测绘事业为经济建设、国防建设、社会发展和保护生态服务

测绘法将保障测绘事业为经济建设、国防建设、社会发展和生态保护服务为立法宗旨，从法律上明确了测绘事业的服务性质及服务对象和领域。为国家经济建设、国防建设、社会发展和生态保护服务是测绘事业存在和发展的基础和归宿。随着事业的不断发展进步，它的地位和作用得到了进一步提高和显现。

第一，地理信息资源是国家信息资源的重要组成部分。地理信息是自然地理要素或者地表人工设施的形状、大小、空间位置及其属性等信息，客观表现了地球表面的自然地理要素和人工设施的空间位置、形态特征和相互关系，准确地描述了包括地名、境界等人文要素所对应的空间位置。人类活动的信息80%与地理位置相关，可以广泛应用于人类经济社会活动的各个方面。

第二，测绘是实现信息化的重要基础工作之一。当前我们身处信息时代，改善经济运行和社会管理、提高政府行政能力、推进城镇化进程、提升人民群众生活质量，都需要加快提高信息化水平。而这些领域的信息化，都需要准确、可靠的地理信息服务。基础地理信息是具有较好现势性和高精度的地理信息数据，没有测绘提供的地理空间信息基底，将影响很多与地理信息有关的信息系统的建设和发展。

第三，测绘是实现国家持续、稳定发展的基础性工作。实现全面建设小康社会的奋斗目标需要实现国家持续、稳定的发展，研究解决人口、资源、环境等问题，都需要地理空间信息的支撑，现代测绘已经成为世界各国实现可持续发展的重要手段之一。我国测绘工作为科学管理决策、空间治理体系建立、基础设施建设、资源开发利用和人民群众生活等提供了及时可靠的保障服务，为经济社会可持续发展奠定了坚实基础。我国地理信息产业已经延伸到人民群众的衣食住行等各个方面，并通过分享经济和信息消费促进了关联产业的发展，逐步融入经济社会发展的主战场。

第四，现代测绘技术是国家高新技术发展和综合国力的重要标志。现代测绘技术是空间技术和信息技术的集成，是高技术的重要组成部分，是航天技术、卫星技术、计算机技术、现代通讯技术等高新技术的综合集成，其发展水平体现了国家的综合国力。测绘地理信息技术加快与互联网、云计算、大数据等新技术融合，日益成为大众创业、万众创新的重要领域。

第五，测绘工作为保护生态提供有力的地理信息数据和技术保障。党的十八大做出了“大力推进生态文明建设”的战略决策。明确提出，把生态文明建设置于政治、经济、社会、文化建设的全过程，摆到突出位置。生态安全是国家安全的重要基础，生态安全决定中华民族能否实现永续发展、决定中国的资源安全、环境安全和人心向背。党的十九大进一步明确了推进生态文明建设的具体措施和体系建设方案。推进生态文明建设，保障生态安全，需要掌握我国完整的生态数据和信息资料，而完成这项任务非测绘工作莫属。通过地理信息测绘，把握完整的地理信息数据资料，对于国家实施生态战略、资源战略、海洋战略、能源战略，采取有效的环境保护措施提供重要的技术支撑，而且是重要的技术手段和基础保障，事关重大。2015 年 4

月印发的《中共中央 国务院关于加快推进生态文明建设的意见》（中发〔2015〕12号）要求“利用卫星遥感等技术手段，对自然资源和生态环境保护状况开展全天候监测，健全覆盖所有资源环境要素的监测网络体系”。加快推进生态文明建设，需要加快提升测绘地理信息工作的深度和广度，形成更为全面有效的基础地理信息数据支撑，迫切要求地理国情普查和监测提供权威、可靠及时的国情国力数据。目前，各级测绘地理信息主管部门在国务院统一部署下，开展了全国第一次地理国情普查工作，同时开展了地理国情监测试点，紧紧围绕生态文明建设重大部署，在国土空间开发、生态环境保护、资源节约集约利用、建立生态文明制度体系等方面开展了近100个地理国情监测示范，取得了一批重要监测成果，服务于生态文明建设目标评价考核、资源环境承载力监测预警评价、领导干部自然资源资产离任审计等生态文明建设改革重点领域，为生态保护提供了科学准确的技术支撑、空间基础、监督检查等保障服务。因此，此次修订根据测绘事业改革发展的新要求，在全面总结测绘工作服务生态文明建设的实践经验，明确了测绘事业为保护生态提供服务的立法宗旨，为测绘事业改革发展开辟了新的、重要的方向，开拓了新的、重要的舞台。

四、关于维护国家地理信息安全

测绘工作事关国家主权、安全和利益。测绘为现代战争提供实施远程精确打击的地理信息，是赢得战争主动权的基础性工具。地理信息作为重要的战略性信息资源，在维护政治、经济、军事、科技和其他非传统领域国家安全中发挥着重要作用。地图是国家版图的主要表现形式，体现着国家主权、民族尊严和领土完整，是国家表达其政治主张和民族利益的重要工具和途径，具有严肃的政治性、严格的法定性和严密的科学性。维护国家地理信息安全同样是测绘事业发展又一重要的基础和归宿。为此，测绘法把维护国家地理信息安全作为一项重要的立法目的。

相关规定

《中共中央　国务院关于加快推进生态文明建设的意见》。

第二条　在中华人民共和国领域和中华人民共和国管辖的其他海域从事测绘活动，应当遵守本法。

本法所称测绘，是指对自然地理要素或者地表人工设施的形状、大小、空间位置及其属性等进行测定、采集、表述，以及对获取的数据、信息、成果进行处理和提供的活动。

条文主旨

本条是关于测绘法适用范围和测绘定义的规定。法律适用范围明确法律的效力，包括地域效力、对人的效力和对行为的效力。每部法律对一定的行为作出规范，即具有一定的行为效力。法律适用范围与国家主权相联系，是国家主权权利的显著体现之一，也由此体现立法权为国家主权的重要组成部分。所以，在成文法体系中，每部法律的适用范围是必不可少的，但表现的方式有所不同。严格的法律规范内容中，需要明确法律适用的地域范围即法律的地域效力，并对其特定规范的行为作出基本定义，以便使此法律区别于彼法律，体现每部法律对行为规范的特殊性。因此，每部法律对其规范的特定行为或者对这种特定行为的指向作出的定义，作为法律适用范围的重要组成部分，而对行为的指向做出的定义，即为法律的基本行为定义。如本法规定的特定行为是测绘，而对这种测绘行为的定义，即为基本行为定义。

立法背景

修改前本法第二条第一款的内容为："在中华人民共和国领域和管辖的其他海域从事测绘活动，应当遵守本法"。

根据一些常委会委员的意见，这次修改将这一款内容进行了一个小的调整，即在"在中华人民共和国领域和"的后面增加了"中华人民共和国"的文字表述。这一调整是考虑避免"管辖的其他海域"出现两个主体，即"中华人民共和国"和"中华人民共和国领域"。但从语法上讲，"和"字主要是针对"领域"而使用的，即通过一个"和"字在"中华人民共和国"这一主语下连接"领域"和"管辖的其他海域"两个宾语。但两次使用"中华人民共和国”则使得含义更为清楚。这里修改前后，仅仅是表述的方式不同。在其他法律中也有另外的表述：“在中华人民共和国领域及管辖的其他海域”，使用“及”字，替代“和”字。仅仅是使用文字的不同，没有实质意义上的区别。

关于“应当遵守本法”，有的法律也表述为“适用本法”，理由是：这一条是有关适用范围的表述，使用“适用本法”的表述，可能是出于更符合语言逻辑的考虑。而“应当遵守本法”的表述，则更注重强调对法律的遵守。但这仅仅是不同法律的表述方式不同，没有根本的区别。

条文解读

一、关于本法的适用范围

按照本条规定，本法适用于在中华人民共和国领域和中华人民共和国管辖的其他海域内的测绘活动。在这个空间范围内，必须依照测绘法的规定从事测绘活动、调整各种测绘法律关系和进行测绘管理。

中华人民共和国领域是指我国行使主权和排他性管辖权的空间（即我国的领土范围）。包括国家疆界以内的陆地、水域及其上空和底土，即由领陆、领水及其底土、领空所组成：（1）领陆：位于中华人民共和国疆界以内的陆地领土统称为领陆。中华人民共和国领土包括中华人民共和国陆地疆域以内的土地及属于中华人民共和国的岛、礁。（2）领水：位于中华人民共和国陆地疆界以内以及与陆地疆界相邻接的一定宽度的水域称为领水。领水又分为内水和领海。内水是指领海基线向陆地一侧的水域及陆地疆界之内的河流、湖泊等，其中领海基线向陆地一侧至大陆之间的水域又称为内海。如：渤海湾和琼州海峡等。领海是指中华人民共和国陆地领土向外一侧邻接中华人民共和国陆地领土和内水的一带海域，按照《联合国海洋法公约》的规定，领海的宽度从领海基线量起为12海里。（3）领陆及领水的底土是指领陆以下的底土和领水的底床（包括海床）和底土。（4）领空是指领陆和领水的上空。领空的上限一般至空气空间的最高层，不包括外层空间。

此外，一国的立法权是国家主权的重要组成部分，一国法律的适用范围也自然是国家主权权利的范围。因此，本条规定的领域还包括我国的驻外使领馆和我国在国外的各类飞行器和航空器等。国际法承认国家在其领域内行使主权权利和排他性管辖权，任何国家不得破坏别国领土完整和在其领域内行使主权权利。国家领域不仅是国家行使主权的空间，同时也是国家及其人民生存和发展的物质基础所存在的空间。国家对领域的主权是国家主权的重要内容和表现。

中华人民共和国管辖的其他海域是指沿海国在其领海以外设立的邻接领海并属沿海国专属管辖的一定宽度的海域，即毗连区、专属经济区和大陆架（有的国家还有外大陆架）。

（1）毗连区是指毗连沿海国领海，宽度从测算领海宽度的基线量起不超过24海里的区域。根据《联合国海洋法公约》的规定，沿海国有权在毗连区内为防止和惩处在其领陆和领水内违反其海关、财政、移民和卫生方面的法律规章的行为，行使管制权。

（2）专属经济区是指领海以外并邻接领海，宽度从测算领海宽度的基线量起不超过200海里的区域。专属经济区既不同于领海又不同于公海，它是1982年《联合国海洋法公约》新设立的一项特定的法律制度。在此区域内，沿海国为勘探、开发、养护、管理海床和底土及其上覆水域的自然资源的目的，拥有主权权利；在海洋科学研究和海洋环境保护等方面，拥有专属管辖权；其他国家在专属经济区内仍享有航行和飞越自由，铺设海底电缆和管道等自由，但应遵守一般国际法和沿海国依照《联合国海洋法公约》制定的法律和规章。

（3）大陆架是指沿海国在其领海以外依其陆地领土的全部自然延伸，扩展到大陆边外缘的海底区域的海床和底土，如果从测算领海宽度的基线量起到大陆边缘外的距离不到200海里，则扩展到200海里的距离。如果从测算领海宽度的基线量起到大陆边缘外的距离超过200海里的，则可根据《联合国海洋法公约》第七十六条等规定，向联合国大陆架界限委员会提出拥有200海里之外大陆架的主张。沿海国对大陆架自然资源的勘探和开发行使主权权利，未经沿海国同意，任何人无权勘探和开发这些资源。沿海国对于大陆架上所有的勘探和开发资源活动，在大陆架上建筑人工岛屿及其他人工设施，海洋科学研究和海洋环境保护和保全等事项享有排他的管辖权；其他国家在大陆架上覆水域及其上空享有与专属经济区内相同的自由和权利，包括航行和飞越、铺设海底电缆和管道等。国家“管辖的其他海域”，是国家行使特定的主权权利和专属管辖权的空间，也是国家及其人民生存和发展的物质基础的重要组成部分；同时，还是目前全球海洋中发生权益争端最多、资源和空间争夺最激烈的区域。各沿海国之间尚未划定的海上边界也主要集中在这一区域。虽然沿海国在本区域所行使的主要是针对自然资源和一些看似不太重要的管辖权，其权利的性质弱于其“领域”内的主权，但是，这些主权权利和专属管辖权实质上是一定意义上的主权的演变；同时，由于“管辖的其他海域”面积较大，意味着沿海国管辖和防卫空间的巨大拓展，因此，“管辖的其他海域”无论对于沿海国还是对于其他国家来说，都蕴藏着巨大的经济利益和潜在的战略意义。目前，关于沿海国对“管辖的其他海域”所拥有的权利的性质和范围的争论和斗争仍在继续。

随着世界经济的发展和国际法律制度的完善，各国日益重视海洋权益。由于目前国际海洋法领域关于国家“管辖的其他海域”的法律制度方面还存在着一些空白之处或者有争议的问题，国家“管辖的其他海域”的法律制度仍处在完善和发展的过程中。因此，国家的立法实践就具有了重要的创制法律规范的意义，世界上大多数国家据此采取的立场和实践将对该法律制度的发展产生重大影响。从实际情况看，世界各沿海国纷纷从本国利益出发，对《联合国海洋法公约》新设立的专属经济区制度和更新了的大陆架制度等作出不同的理解和解释；同时，也不断加强对国家管辖的其他海域的资源开发、环境保护、海洋科学研究等管理，制定相关的法律、法规，加强海洋力量建设。据此有人认为，国家管辖的其他海域，还应当包括根据国际法确立的在一定时空条件下的国家管辖范围，诸如国家在一定时空条件下对极地、国际海底区域的管辖范围。

二、关于“测绘”的定义

测绘服务于国民经济建设、国防建设、社会发展各个领域，如果在法律上没有对测绘涵义的严格界定，在实践中往往会产生对测绘涵义理解上的不一致，导致适用法律上的混乱，影响法律的有效实施。因此，通过法律上的定义，可以使测绘法的调整范围更加明确，保证有效地规范测绘活动，保障测绘管理与测绘执法工作顺利进行。

本条将测绘定义为：对自然地理要素或者地表人工设施的形状、大小、空间位置及其属性等进行测定、采集、表述以及对获取的数据、信息、成果进行处理和提供的活动。其中，所称的“自然地理要素”是指由于自然形成的水系、地形、海岸线、土质和植被等要素，比如河流、湖泊、山脉、山峰、沙漠、森林、草原等。所称“地表”是指地球的表面层（含地上、地下、海底及其他水下等）。所称人工设施是指人工建造的、非自然形成的要素，如居民地、厂矿、学校、道路、桥梁、隧道、水库、地上地下管线、界桩、标志等。所称“测定、采集、表述以及对获取的数据、信息、成果进行处理和提供的活动”，通常包括大地测量、测绘航空摄影、摄影测量与遥感、地理信息系统工程、工程测量、不动产测绘、海洋测绘、地图编制、导航电子地图制作、互联网地图服务以及所有测绘成果的提供使用等活动。

相关规定

《联合国海洋法公约》。

第三条　测绘事业是经济建设、国防建设、社会发展的基础性事业。各级人民政府应当加强对测绘工作的领导。

条文主旨

本条是关于测绘事业的性质、各级人民政府在测绘工作上的职责的规定。

立法背景

关于测绘事业的性质，本条明确为是经济建设、国防建设、社会发展的基础性事业。对此，在全国人大常委会审议期间，有关常委会组成人员认为，随着生态文明建设的提出，中国特色社会主义的核心为“五位一体”。其中的生态文明建设涉及大量以自然地理测绘为基础的生态系统保护、环境污染防治方面的内容。党的十八大以来，党中央高度重视生态文明建设。因此，建议在测绘事业的性质中增加有关作为生态文明建设或者环境保护的基础性事业的内容。但也有人认为经济建设、社会发展中包含了生态文明建设的内容。最终的结果，生态文明建设没有被纳入其中。

条文解读

一、本条明确了测绘事业是经济建设、国防建设、社会发展的基础性事业的性质

我国提出了全面建成小康社会的奋斗目标，对经济建设、国防建设、社会发展都提出了明确的要求，在实现目标过程中，测绘事业具有不可替代的基础性作用，测绘法对测绘事业的性质、地位作出规定，对保障测绘事业为经济建设、国防建设、社会发展服务具有重要的意义。测绘工作为经济建设、国防建设和社会发展提供的基础性服务，主要体现在：

（一）我国幅员辽阔，资源众多，涉及经济建设、国防建设和社会发展的各种资源调查均需要测绘工作自始至终的配合。其中有关土地资源、林业资源、矿产资源、石油资源等资源调查都是以一定比例尺地形图为基础开展的；地质、石油、煤田、金属、非金属等勘探工作必须有测绘工作全过程的配合。因此，上述测绘工作自始至终与资源密不可分。

（二）我国河流众多，全国大小河川总长约 42 万公里，大小湖泊 2000 多个，江河规划、开发、治理需要大量的测绘资料，测绘工作又与水资源和水生态系统、流域等问题密切相关，因此，从事测绘工作应当对流域问题有深入的研究，使测绘工作真正反映河流和流域的客观状况。

（三）我国大、中、小城市很多，城市和乡镇规划建设需要测绘工作提供准确的测量数据和各种地图资料。这些数据主要包括城市和乡镇的自然地理状况、要素和因社会发展所形成的城乡规划体系，诸如基础设施、各类建筑、场所等的基础数据和地图资料。

（四）我国的建设项目众多，工厂建设、矿山建设和开采、铁路工程、公路工程、港口与航道工程、水利工程、电力工程、市政工程、建筑工程、精密工程、管道工程、隧道工程、桥梁工程和输变电工程等工程项目的勘察、设计、施工、安装、竣工、监测以及运营管理等都离不开测绘。

（五）国家开展不动产统一登记制度改革以来，全国土地、房屋、林木、海域等不动产统一登记工作需要准确的不动产测绘成果等基础资料。

（六）我国与邻国划定边界线、签订边界条约和协定，以及边界信息化管理，测绘是一项十分重要的基础性工作。

（七）我国设有23个省，5个自治区，4个直辖市，2个特别行政区，2000多个县，全国行政区域界线的勘定离不开测绘工作。

（八）海上交通的开辟，海洋地质勘探，海洋资源开发，海洋工程建设，海洋疆界划定，海洋环境保护，海岛保护和建设，海上军事活动的进行，地壳变迁、大陆漂移、板块构造、海底扩张、冰盖运动、地球形状的研究，以及海啸预报、营救、打捞、水下考古、水下遗址和沉船定位等，都要应用海洋测绘的成果资料。

（九）地图是政治、经济、文化、教育、科学研究、行政管理、人民生活等各个领域不可缺少的重要工具。互联网地图在社会生产和人民生活中发挥着越来越重要的作用。

（十）在防灾减灾、应对突发事件和进行环境监测、推进生态文明建设中，都离不开测绘。

（十一）实现信息化、实现电子政务和建立各种信息系统所需要的地理空间信息需要通过测绘工作提供；实现可持续发展需要地理空间信息的支撑。

（十二）在国防建设、军事现代化建设中，地理信息数据与技术是重要支撑，测绘工作发挥着重要的基础性作用。

（十三）随着测绘科学技术的发展和测绘成果应用的普及，近年来地理信息产业迅速兴起并保持高速增长，这一战略性新兴产业在我国经济社会发展中的作用日益显现。

以上充分说明测绘事业是经济建设、国防建设、社会发展的基础性事业。这些测绘内容也作为推进生态文明建设的基础和保障。

二、本条还明确了各级人民政府应当加强对测绘工作的领导

测绘是准确掌握国情国力、提高管理决策水平的重要手段。加强测绘工作对于加强和改善宏观调控、促进区域协调发展、构建资源节约型和环境友好型社会、建设创新型国家等具有重要作用。同时，测绘工作涉及国家秘密，地图体现国家主权和政治主张，全面提高测绘在国家安全战略中的保障能力，确保涉密测绘成果安全，维护国家版图尊严和地图的严肃性，对于维护国家主权、安全和利益至关重要。现代测绘技术已经成为国家科技水平的重要体现，地理信息产业正在成为新的经济增长点。全面提高测绘保障服务水平，对于经济社会又好又快发展具有积极的促进作用。

测绘工作日益显现的重要地位和作用，说明了各级人民政府加强对测绘工作领导的必然性，说明了法律对此作出规定的必要性。2011 年 5 月 23 日，李克强总理视察中国测绘创新基地，宣布国家测绘局更名为国家测绘地理信息局，并发表重要讲话，对新时期测绘地理信息的地位和作用做了深刻的阐述，强调指出了以下“五个重要”：

（一）测绘地理信息是经济社会活动的重要基础，事关国家主权、安全和利益。测绘的水平反映了人类文明进步的水平。人类对地理信息掌握的程度，决定了人的视野和活动范围。随着经济社会的快速发展和科学技术的不断进步，其应用越来越广、作用越来越大。

（二）测绘地理信息是全面提高信息化水平的重要条件。当今世界，信息化带来了人类生产生活方式的深刻变化。全面提高信息化水平对于改善经济运行和社会管理、提高政府行政能力、推进城镇化进程、提升人民群众生活质量，都具有重要的作用。而这些领域的信息化，都需要地理信息服务。可以说，离开了准确、丰富的地理信息，就不可能实现经济社会各领域的信息化。

（三）测绘地理信息是加快转变经济发展方式的重要支撑。现代测绘技术和地理信息资源是研究和解决资源、环境、人口、灾害等经济社会可持续发展重大问题的重要手段。利用测绘地理信息，可以准确把握自然环境的现状和变化趋势，优化国土空间布局，有利于以最低的资源消耗和环境代价达到最好的效益。加强测绘地理信息工作，对于转变经济发展方式、调整经济结构具有支撑和推动作用。

（四）测绘地理信息是战略性新兴产业的重要内容。经历了国际金融危机的冲击，各主要发达国家都在抢占未来发展的制高点。我国“十二五”规划纲要提出，要培育发展战略性新兴产业。地理信息产业具有科技含量高、环境污染少、市场前景广阔、吸纳就业能力较强的特点，是战略性新兴产业和生产型服务业的重要结合点，开发利用潜力很大。地理信息的不断丰富和广泛应用，将促进物联网、数字城市等领域及关联服务业的发展，完善“网格化”社会管理，支撑重大项目科学决策，带动劳动就业，方便生产生活，对经济起到“助推器”的作用。

（五）测绘地理信息是维护国家安全利益的重要保障。地图是国家版图的主要表现形式，直观反映国家的主权范围，代表国家的政治主张，具有严肃的政治性、严密的科学性和严格的法定性。测绘地理信息是国家边界管理和勘界的重要手段，也是边界谈判的重要依据。我国版图在地图上的表示准确与否，直接涉及我国的领土主权完整和民族利益。在现代高技术战争条件下，测绘地理信息也是赢得胜利的重要因素。

正因为测绘地理信息具有如此重要的地位和作用，因此本条对于各级人民政府加强对测绘工作的领导，落实管理职责提出了明确要求。本条所称的各级人民政府是指中央人民政府、省（自治区、直辖市）人民政府、县（市、市辖区）人民政府、乡（民族乡、镇）人民政府。

本条所称加强对测绘工作的领导，是指各级人民政府要重视测绘工作，落实测绘行政管理职责，为测绘事业发展提供良好的环境和条件。本法在多项条款中作出规定：县级以上人民政府应当加强对国家版图意识的宣传教育，增强公民的国家版图意识；将基础测绘纳入本级国民经济和社会发展年度计划，将基础测绘工作所需经费列入本级政府预算；采取有效措施，充分发挥地理国情监测成果在政府决策、经济社会发展和社会公众服务中的作用；加强对地图编制、出版、展示、登载和互联网地图服务的监督管理，保证地图质量，维护国家主权、安全和利益；鼓励发展地理信息产业，推动地理信息产业结构调整和优化升级，促进各类地理信息产品的社会化应用，鼓励推广使用安全可信的地理信息技术和设备；建立健全政府部门间地理信息资源共建共享机制，引导和支持企业提供地理信息社会化服务，促进地理信息广泛应用；采取有效的措施加强测量标志的保护工作等。测绘法对应由国务院作出具体规定的事项和国务院批准的事项也作出具体规定。各级人民政府依法履行职责，对充分发挥测绘事业为国家经济建设、国防建设和社会发展的基础性作用具有重要意义。

加强对测绘工作领导是各级人民政府所必须履行的一项法定职责。通过法律明确各级人民政府在测绘工作上的领导职责，为保障测绘事业更好地为国家经济建设、国防建设和社会发展服务提供了十分有利的条件。

相关规定

《坚定不移沿着中国特色社会主义道路前进 为全面建成小康社会而奋斗》。

第四条 国务院测绘地理信息主管部门负责全国测绘工作的统一监督管理。国务院其他有关部门按照国务院规定的职责分工，负责本部门有关的测绘工作。

县级以上地方人民政府测绘地理信息主管部门负责本行政区域测绘工作的统一监督管理。县级以上地方人民政府其他有关部门按照本级人民政府规定的职责分工，负责本部门有关的测绘工作。

军队测绘部门负责管理军事部门的测绘工作，并按照国务院、中央军事委员会规定的职责分工负责管理海洋基础测绘工作。

条文主旨

本条是关于测绘管理体制的规定。

立法背景

法律中规定管理体制主要是明确法律规范中的执法行为体系。包括主要的执法部门及其职责。我国行政类法律中，一般在执法体系上以明确行政管理体制建设为核心内容。这种管理体制建设采取统一监督管理与分部门管理相结合的办法。所以，每部法律一般要首先明确统一监督管理部门。在条文设置上，一般要在总则中设定一个基础条款，来原则性地明确有关统一监督管理部门及其职责与分部门管理的部门及其职责。在此原则下，分则中对各项具体管理职责做出展开规范。行政类法律中一般明确行政机关的管理体制，但不明确司法机关的管理体系，而仅在法律责任中根据违法行为的种类，诸如行政违法类、民事违法类、刑事违法类来间接涉及司法机关的职责。

条文解读

一、关于统一监督管理部门及其职责

本条明确规定国务院测绘地理信息主管部门负责全国测绘工作的统一监督管理和县级以上地方人民政府测绘地理信息主管部门负责本行政区域测绘工作的统一监督管理。

国务院测绘地理信息主管部门，是指国务院机构设置中依法履行测绘地理信息管理职责的部门。2011 年 5 月 23 日，经国务院批准，国家测绘局更名为国家测绘地理信息局，为了适应和体现更名的实际和履职的需要，此次修订将“测绘行政主管部门”统一修改为“测绘地理信息主管部门”，进一步体现和突出对地理信息的监管职责。

县级以上地方人民政府测绘地理信息主管部门，是指在县级以上地方人民政府的机构设置中依法履行测绘地理

信息管理职责的部门或者经授权依法履行测绘地理信息管理责任的其他机构。本条所作出的由测绘地理信息主管部门负责对测绘工作的统一监督管理的规定，体现了社会主义市场经济发展的要求，体现了深化我国行政管理体制改革的要求，体现了我国测绘事业发展的要求，体现了依法行政和加强测绘专业化管理的要求。对测绘工作实行统一监督管理，一方面是改革开放的大环境所决定，另一方面也是测绘事业发展所决定的。在计划经济时期，我国曾在测绘工作中实行过统一管理与分部门管理相结合的体制。这种管理模式主次不够分明，专业化体现不充分，对于管理中易出现的失误难以纠正。随着我国社会主义市场经济体制的确立，政府机构改革、事业单位改革的不断深化，一方面许多负责分头管理的部门的测绘管理职能已经弱化或者被取消，所属的测绘队伍逐步与其脱钩进入测绘市场承揽测绘业务，测绘管理需要在突出专业化管理的原则下加强对测绘工作的统一监督管理，即把管理和监督相统一，这也成为测绘工作管理体制改革的方向。同时，测绘与国家秘密和国家安全关系密切，为维护国家安全必须加强测绘工作的统一监督管理。此次修订进一步坚持和巩固了测绘工作的统一监督管理原则，并新增了各级测绘地理信息主管部门的职责。

（一）全国测绘工作的统一监督管理由国务院测绘地理信息主管部门负责，根据测绘法律法规及国务院批准的国家测绘地理信息局“三定”规定，国家测绘地理信息局主管全国测绘工作，担负的主要职责是：起草测绘法律、法规和部门规章草案，拟定测绘事业发展规划，会同有关部门拟订全国基础测绘规划，拟订测绘行业管理政策、技术规范和标准并监督实施。负责基础测绘、国界线测绘、行政区域界线测绘、不动产测绘、应急测绘、地理国情监测和其他全国性或重大测绘项目的组织和管理工作，建立健全和管理国家测绘基准和测量控制系统。承担规范测绘市场秩序的责任。负责测绘资质资格管理工作，监督管理测绘成果质量和地理信息获取与应用等测绘活动，组织协调地理信息安全监管工作，审批对外提供测绘成果和外国组织、个人来华测绘。组织查处全国性或重大测绘违法案件。承担组织提供测绘公共服务和应急保障的责任。组织、指导基础地理信息社会化服务，审核并根据授权公布重要地理信息数据。负责管理国家基础测绘成果，指导、监督各类测绘成果的管理和全国测量标志的保护，拟订测绘成果汇交制度并监督实施。承担地图管理的责任。监督管理地图市场，管理地图编制工作，审查向社会公开的地图，管理并核准地名在地图上的表示，与有关部门共同拟定中华人民共和国地图的国界线标准样图。负责测绘科技创新相关工作，指导测绘基础研究、重大测绘科技攻关以及科技推广和成果转化，开展测绘对外合作与交流。会同本级人民政府其他有关部门按照统筹建设、资源共享的原则，建立统一的卫星导航定位基准服务系统，提供导航定位基准信息公共服务。建设卫星导航定位基准站的，建设单位应当按照国家有关规定报国务院测绘地理信息主管部门备案。汇总全国卫星导航定位基准站建设备案情况，定期向军队测绘部门通报。

（二）省、自治区、直辖市人民政府测绘地理信息主管部门负责本行政区域测绘工作的统一监督管理，其职责根据测绘法、行政法规、地方性法规、“三定”规定和其他有关法律法规确定。其中，测绘法对省、自治区、直辖市测绘地理信息主管部门的规定是：负责本行政区域内测绘工作的统一监督管理。依法负责审批除大城市和国家重大工程项目以外的建立相对独立的平面坐标系统。按照分级管理基础测绘的原则，组织管理本行政区域内的基础测绘工作，会同本级政府其他有关部门组织编制本行政区域内的基础测绘规划，会同本级政府发展计划部门编制本行政区域内的基础测绘年度计划，组织实施本行政区域内的基础测绘规划和年度计划。依法负责本行政区域内的测绘资质管理工作。依法会同有关部门监督管理本行政区域内的测绘市场。依法组织管理本行政区域内测绘成果的汇交工作。依法对使用本级政府财政资金的测绘项目和涉及测绘的其他使用财政资金的项目提出立项意见。管理本行政区域的国家基础地理信息数据。管理本行政区域内基础测绘成果的提供和使用。依法管理本行政区域内地图的编制、出版、展示、登载，审核地名在地图上的表示，组织开展国家版图意识的宣传教育。依法监督管理本行政区域内测绘成果质量。审批本行政区域永久性测量标志的拆迁，组织本行政区域内永久性测量标志的检查维护。依法查处测绘违法行为。会同本级人民政府其他有关部门按照统筹建设、资源共享的原则，建立统一的卫星导航定位基准服务系统，提供导航定位基准信息公共服务。建设卫星导航定位基准站的，建设单位按照国家有关规定报省、自治区、直辖市人民政府测绘地理信息主管部门备案。

（三）市、县级人民政府测绘地理信息主管部门负责本行政区域测绘工作的统一监督管理，其职责根据测绘法、行政法规、地方性法规、“三定”规定和其他有关法律法规确定。测绘法对其统一监督管理的职责规定是：负责本行政区域内测绘工作的统一监督管理。按照分级管理基础测绘的原则，组织管理本行政区域内的基础测绘工作，会同本级政府其他有关部门组织编制本行政区域内的基础测绘规划，会同本级政府发展计划部门编制本行政区域内的基础测绘年度计划，组织实施本行政区域内的基础测绘规划和年度计划。依法负责本行政区域内的测绘资质管理工作，承担对测绘资质申请的初审、转报、日常监督检查等职责。依法会同有关部门依法监督管理本行政区域内的测绘市场。对使用本级政府财政资金的测绘项目和涉及测绘的其他使用财政资金的项目提出立项意见。管理国家基础地理信息数据。管理本行政区域内基础测绘成果的提供和使用。依法管理本行政区域内地图的编制、出版、展示、登载，组织开展国家版图意识的宣传教育。依法监督管理本行政区域内测绘成果质量。组织本行政区域内永久性测量标志的检查维护。依法查处测绘违法行为。会同不动产登记主管部门采取有效措施，加强对不动产测绘的管理。根据突发事件应对工作需要，及时提供地图、基础地理信息数据等测绘成果，做好遥感监测、导航定位等应急测绘保障工作。会同有关部门依法开展地理国情监测，并按照国家有关规定严格管理、规范使用地理国情监测成果。积极推进公众版测绘成果的加工和编制工作，通过提供公众版测绘成果、保密技术处理等方式，促进测绘成果的社会化应用。及时获取、处理、更新基础地理信息数据，通过地理信息公共服务平台向社会提供地理信息公共服务，实现地理信息数据开放共享。会同有关部门建立地理信息安全管理制度和技术防控体系，并加强对地理信息安全的监督管理。会同有关部门对卫星导航定位基准站的建设和运行维护加强规范和指导。对测绘单位实行信用管理，并依法将其信用信息予以公示。建立健全随机抽查机制，依法履行监督检查职责，发现涉嫌违反本法规定行为的，可以采取相应的行政措施。

二、关于县级以上人民政府其他有关部门的相关职责分工

本条作出了县级以上人民政府其他有关部门按照本级

人民政府规定的职责分工，负责本部门有关的测绘工作的规定。

本条所称其他有关部门，按照本级人民政府规定的职责分工，是指本级人民政府对该部门的职责规定中明确有测绘工作的职责。如果没有明确的测绘工作职责，则不能认定负责本部门有关的测绘工作。除了专业性，测绘工作具有基础性和服务领域的广泛性特征，在对测绘工作实施统一监督管理的原则下，还应当发挥有关部门的作用，得到有关部门的配合和支持。

三、本条作出了军队测绘部门负责管理军事部门的测绘工作，并按照国务院、中央军事委员会规定的职责分工负责管理海洋基础测绘工作的规定

军队测绘部门是全军管理测绘工作的职能部门，负责管理军事部门的测绘工作。军事部门的测绘工作，是指具有军事内容或者为军队作战、训练、军事工程、战场准备等实施的测绘工作的总称。军事测绘具有一定的特殊性，测绘法没有规定军事测绘的具体内容，而是在第六十七条中规定：“军事测绘管理办法由中央军事委员会根据本法制定”。测绘法根据军事测绘的特殊情况，对军事部门的测绘工作管理作出了特别规定：“军队测绘部门负责编制军事测绘规划，并组织实施”；“军队测绘部门负责军事测绘单位的测绘资质审查”。

海洋测绘是以海洋为对象的测绘活动的总称。海洋测绘是一项广泛应用于国家经济建设、国防建设、社会发展的测绘工作。海洋测绘工作属于全国测绘工作的重要组成部分，是国务院测绘地理信息主管部门负责统一监督管理的重要内容。海洋基础测绘工作属于全国基础测绘工作的重要组成部分，但海洋基础测绘具有特殊性，测绘法在国务院测绘地理信息主管部门负责统一监督管理的原则下，对海洋基础测绘的管理作出特别规定，即“军队测绘部门按照国务院、中央军事委员会规定的职责分工负责管理海洋基础测绘工作。”

相关规定

《国务院关于机构设置的通知》。

第五条　从事测绘活动，应当使用国家规定的测绘基准和测绘系统，执行国家规定的测绘技术规范和标准。

条文主旨

本条是关于从事测绘活动应当遵循的技术原则的规定。

立法背景

新中国成立以来，我国已经建立起全国统一的测绘基准和测绘系统，并加强了对测绘基准和测绘系统的精细化和完善工作，不断维护和完善我国大地基准、高程基准、重力基准和国家天文大地网、国家高程控制网、国家重力基本网。我国的测绘基准和测绘系统，在规模、精度和统一性方面都居于世界先进行列。

条文解读

一、关于从事测绘活动应当使用国家规定的测绘基准和测绘系统

本条作出了从事测绘活动应当使用国家规定的测绘基准和测绘系统的规定。

测绘基准，是指一个国家为在其领域内进行测绘工作所建立、确定的相应参数和起算依据以及他们之间的数学和物理的关系的标准。测绘基准包括所选用的各种大地测量参数、统一的起算面、起算基准点（即大地原点、水准原点、重力基点）、起算方位以及有关地点、设施、名称等。我国国家设立和采用的测绘基准有：大地基准、高程基准、深度基准和重力基准。测绘基准是整个测绘的起算依据和建立各个测量系统的基础。

测绘系统，是指由各个基准延伸，布设全国范围的各种测量控制网，包括大地坐标系统、平面坐标系统、高程系统、地心坐标系统和重力测量系统等。测绘基准和测绘系统是进行测绘工作的基础和基本的技术依据。它们的设立、使用是否科学、完善，直接关系到国家测绘成果的精确度和应用，关系到国家的经济建设和人民生活，关系到国家主权和国防安全。在测绘活动中，使用国家规定的测

绘基准和测绘系统，有利于全国测绘成果的整体性，有利于保证测绘成果质量，有利于测绘成果的统一使用和更新，有利于保障各项建设的顺利进行，保障测绘事业为国家经济建设、国防建设、社会发展服务。从事测绘活动应当使用国家规定的测绘基准和测绘系统的规定是测绘法确定的一项十分重要的制度。

二、关于从事测绘活动应当执行国家规定的测绘技术规范和标准

本条在作出从事测绘活动应当使用国家规定的测绘基准和测绘系统规定的基础上，又进一步作出了从事测绘活动应当执行国家规定的测绘技术规范和标准的规定。

测绘技术规范，是指获得测绘成果、制作测绘产品或者从事测绘服务应当满足的技术要求和应当遵循的行为准则。由于测绘成果、测绘产品和测绘服务需要依赖原始观测数据，故将产生原始观测数据的测绘仪器设备的计量检定规程和校准规范也纳入“技术规范”。

测绘标准，是指关于测绘技术要求、产品质量、品种规格、地图表示、数据库建设等统一规定的技术标准，其形式包括标准、规范、规程、图式、规定、细则等多种。测绘标准的范围涵盖了大地测量、航空摄影、摄影测量与遥感测绘、地图编制与印刷、工程测量、界线测绘、不动产测绘、海洋测绘、地理信息系统工程等专业领域。按照《中华人民共和国标准化法》的规定，我国的标准分为国家标准、行业标准、地方标准和企业标准。按照效力，分为强制性标准和推荐性标准，强制性标准是具有法规性质的技术性规范，必须执行。目前，在测绘工作中主要使用的是国家标准和行业标准，合计200余项。其中国家标准主要由国务院标准化行政主管部门发布；行业标准主要由国务院测绘地理信息主管部门发布。近年来，我国标准国际化也取得突破。首次主导完成了地理信息国际标准《地理信息影像与格网数据的内容模型及编码规则第一部分：内容模型》编制，开展了4项国际标准项目提案申请立项，我国测绘地理信息专家参加国际标准制修订项目不断深入，在国际标准化组织地理信息技术委员会中的话语权和影响力逐步提升。

测绘工作是一项专业技术性很强的工作，为了保证测绘的科学性、系统性和可靠性，从事测绘活动应该执行国家规定的测绘技术规范和标准。

相关规定

《中华人民共和国标准化法》。

第六条 **国家鼓励测绘科学技术的创新和进步，采用先进的技术和设备，提高测绘水平，推动军民融合，促进测绘成果的应用。国家加强测绘科学技术的国际交流与合作。**

对在测绘科学技术的创新和进步中做出重要贡献的单位和个人，按照国家有关规定给予奖励。

条文主旨

本条是关于国家鼓励测绘科学技术创新、进步，推动军民融合，加强测绘科学技术国际交流合作，给予测绘科学技术进步做出重要贡献的单位和工人奖励的规定。

立法背景

本条是在原法第六条规定的基础上，进行了修改补充。增加了有关推进军民融合、促进测绘成果应用和国际交流合作的内容。这三项内容的增加，是根据测绘工作发展的实际需要，也是根据我国军民融合发展和国际交往日益深化的现实需要。此外，对于测绘成果的应用问题，行业界和社会上均有较为强烈的要求，也反映了社会对测绘成果需求日益增强的客观实际。

一、关于国家鼓励测绘科学技术创新和进步，采用先进的技术和设备，提高测绘水平，推动军民融合，促进测绘成果的应用，加强测绘科学技术的国际交流与合作

本条第一款作出了国家鼓励测绘科学技术的创新和进步，采用先进的技术和设备，提高测绘水平，推动军民融合，促进测绘成果的应用。国家加强测绘科学技术的国际交流与合作的规定。

测绘是一个技术密集型的行业，许多边缘科学和前沿技术不断在测绘领域得到应用。随着科学技术的不断发展，我国测绘科学技术水平不断提高，从以光学机械为主要标志的传统测绘技术体系，到以航空航天遥感、卫星导航定位、地理信息系统为核心的数字化测绘技术体系，再到基本建立以数据获取实时化、数据处理自动化、数据管理智能化、信息服务网络化、信息应用社会化为特征的信息化测绘技术体系，测绘地理信息部门坚持“科技兴测”“人才强测”，从自主创新中汲取发展能量，实现了一个又一个飞跃，走出了一条创新驱动发展之路。广大测绘科技工作者瞄准国际测绘科技前沿领域开展研究，针对行业重大共性关键技术奋勇攻关，测绘基础理论和关键技术研究不断取得新突破，获得了全数字摄影测量工作站等一大批具有世界先进水平的科技成果，测绘地理信息标准化体系日臻完善，测绘仪器装备水平显著提高，培养造就了一支以青年学术技术带头人、科技领军人才和两院院士为主体的测绘科技骨干梯队，形成了产学研用相结合的测绘科技创新体系，我国测绘科技整体水平步入世界先进行列。

《国务院关于加强测绘工作的意见》（国发〔2007〕30号）要求：“坚持科技推动，服务为本。贯彻自主创新、重点跨越、支撑发展、引领未来的基本方针，以科技创新为动力，以经济社会发展需求为导向，紧密围绕党和国家的中心任务，提供可靠、适用、及时的测绘保障服务。”《测绘地理信息事业“十三五”规划》要求：“提升科技自主创新能力。进一步完善测绘地理信息科技体制机制，推进重点领域科技创新，提高测绘地理信息标准化水平，深化国际交流合作，提升科技创新的引领和推动作用。”

科学技术是第一生产力，测绘事业的发展，依赖于测绘科技的创新、测绘仪器设备的更新和人员素质的提高。测绘工作只有不断创新与进步，采用先进技术和先进装备，增强测绘队伍整体能力，加快测绘成果转化，健全和完善测绘科技创新体系，提高测绘水平，保障实现数字化测绘技术体系向高精度、高动态、智能化和网络化方向发展。只有测绘科学技术创新和进步，才能保证测绘事业的快速健康发展，才能保障测绘事业为国家经济建设、国防建设、社会发展服务。因此，本条规定国家鼓励测绘科学技术的创新和进步，采用先进技术和设备，提高测绘行业整体水平。

推进军地测绘融合发展作为贯彻军民融合发展战略的重大举措，将有利于统筹军地测绘力量，加快我国测绘和地理信息发展，提升监测地理国情的能力，促进地理信息产业壮大，加快测绘强国建设步伐，加速提升测绘和地理信息对经济建设的保障服务能力。长期以来，我国军地测绘团结协作，取得了丰硕成果。从 20 世纪 50 年代开始，我国逐步形成了军队和地方既相互独立又密切协作的测绘管理和生产、人才培养、科研和出版等组织体系。20 世纪 90 年代以来，特别是“十一五”期间，我国经济社会发展对测绘保障和地理信息服务提出了新的更高的要求，同时国际上测绘和地理信息不断向数字化、信息化方向发展，我国测绘和地理信息面临加快发展、转型发展的巨大压力，军地协作也进入了取得新进展、新突破、新成就的阶段。目前，随着信息技术的广泛应用，社会大众对测绘成果的需求日益旺盛。我国测绘事业正面临着适应经济社会发展需求、顺应国际测绘发展趋势、加快测绘发展方式转型的重大挑战。为适应经济建设和国防建设需要，国家测绘地理信息局与军队测绘部门将联合出台多项措施，全面推动军地测绘融合，以加快建设地方测绘重点满足经济建设需要并兼顾国防建设需求，军队测绘重点满足军事斗争准备需要并兼顾经济建设需求的新型军地测绘融合格局。2015年8月29日，由国防科学技术大学、湖南省人民政府和国家测绘地理信息局三方共同签订了测绘地理信息军民融合创新发展战略合作协议。协议规定，三方将建立重大项目统筹合作机制，推进测绘地理信息资源共享应用，强化军民长期稳定的融合关系，加强科技创新、标准融合、成果应用与人才培养常态化协同合作。2016年7月，中共中央、国务院、中央军委印发了《关于经济建设和国防建设融合发展的意见》，测绘地理信息事业发展要坚持总体国家安全观，站在发展战略全局高度，进一步推动军民融合，促进测绘成果的应用。

国际合作是测绘地理信息全球化发展的一个重要组成部分，对于提高技术水平，推动事业发展，促进我国测绘地理信息全面走出去具有重大意义和深远影响。近年来，各级测绘地理信息部门、各个相关单位高度重视国际合作，紧密结合事业发展实际，开创出测绘地理信息国际合作的新局面，交流合作广泛深入，国际地位日益彰显。我国测绘地理信息已经活跃在世界舞台，发出“中国声音”，展示“中国实力”。国家测绘地理信息局荣获世界杰出国家测绘地理信息管理部门大奖。中国作为联合国全球地理信息管理协调机制的发起国之一，推动成立了联合国全球地理信息管理专家委员会。成立了国家测绘地理信息局联合国项目管理办公室，推动全球地理信息管理能力建设。自主研制了 30 米分辨率全球地表覆盖数据产品，并由中国政府捐赠给联合国。成功举办了第 13 届联合国亚太区域测绘会议、第 20 届国际地图制图大会、第 21 届国际摄影测量与遥感大会、联合国第 3 次全球地理信息管理高层论坛等一系列重要国际会议。本条在全面总结测绘地理信息国际合作实践的基础上，提出了国家加强测绘科学技术的国际交流与合作的规定，将有力推进测绘地理信息国际交流与合作，推动中国测绘地理信息在国际舞台上扮演更重要的角色。

二、关于对在测绘科学技术进步中做出重要贡献的单位和个人给予奖励

本条第二款作出了对在测绘科学技术进步中做出重要贡献的单位和个人给予奖励的规定。

国家历来尊重劳动、尊重知识、尊重人才、尊重创造。

《中华人民共和国国民经济和社会发展第十三个五年计划纲要》明确指出要“构建激励创新的体制机制”“实行以增加知识价值为导向的分配政策，加强对创新人才的股权、期权、分红激励。”对在测绘科学技术进步中做出重要贡献的单位和个人给予奖励是尊重劳动、尊重知识、尊重人才、尊重创造，充分调动一切积极因素的重要方法。测绘科技创新体系的进一步完善和发展，从根本上说取决于测绘科技人才。发挥科技人才资源优势，是促进测绘事业发展的根本保证。多年来，国家对许多测绘科学工作者给予很高的荣誉和奖励。《测绘地理信息科技发展“十三五”规划》提出要“坚持人才为先。始终将人才作为科技创新的第一资源，营造尊重知识、尊重人才的浓厚氛围”。《测绘地理信息人才发展“十三五”规划》提出要“以服务和支撑事业发展为目标，以实施重点人才工程为抓手，以创新人才发展机制为保障，统筹推进各类人才发展，广开进贤之路，广纳天下英才，把各方面优秀人才聚集到测绘地理信息事业中来，为事业转型升级、创新发展提供坚强人才保障和智力支撑”。建立有利于科技人才成长和发挥作用的人才培养与激励机制，建立重实绩、重贡献，向优秀人才和管理岗位倾斜的分配激励制度，充分调动了测绘科技人才的积极性、创造性。本条作出对在测绘科学技术进步中做出重要贡献的单位和个人给予奖励的规定，对促进测绘事业发展具有十分重要的意义。

相关规定

《国务院关于加强测绘工作的意见》；《中华人民共和国国民经济和社会发展第十三个五年计划纲要》；《测绘地理信息事业“十三五”规划》；《关于经济建设和国防建设融合发展的意见》；《测绘地理信息科技发展“十三五”规划》；《测绘地理信息人才发展“十三五”规划》。

第七条 **各级人民政府和有关部门应当加强对国家版图意识的宣传教育，增强公民的国家版图意识。新闻媒体应当开展国家版图意识的宣传。教育行政部门、学校应当将国家版图意识教育纳入中小学教学内容，加强爱国主义教育。**

条文主旨

本条是关于加强国家版图意识和宣传教育的规定。

立法背景

本条是对修改前测绘法第三十三条第二款有关“各级人民政府应当加强对国家版图意识的宣传教育，增强公民的国家版图意识”的规定进行的进一步充实，并将修改后的条款调整为总则第七条。这一调整和补充完善是随着我国经济社会的不断发展，各项事业不断进步，我国公众特别是管理部门对国家版图意识和爱国情感不断增强的结果。

条文解读

一、关于各级人民政府及有关部门应当加强对国家版图意识的宣传教育，增强公民的国家版图意识

国家版图，是指一个国家行使主权的疆域，主要以地图的形式来表现。完整的国家版图是国家主权和领土完整的象征。国家版图意识主要指公民对国家疆域的认可、认知和自觉维护的意识。国家版图应当准确地表示一个国家国界线（包括陆地界线和海岸线）的走向，国界线的表示有严格的法定性。本法第二十条规定了中华人民共和国国界线的测绘和中华人民共和国地图的国界线的标准样图的拟定和公布。推进国家版图意识宣传教育，既是加强爱国主义教育的需要，也是维护国家版图尊严和完整的需要，对于增强全民维护国家安全、主权和利益的意识，维护国家版图完整有着重要意义。

针对一些公民的国家版图意识不强，不少公开展示、登载，生产、销售、出口的地图和地图产品错绘我国国界线，漏绘属于我国台湾岛、南海诸岛、钓鱼岛、赤尾屿等重要岛屿，引起外交纠纷等情况，本条明确了各级人民政府及其有关部门、新闻媒体在国家版图宣传意识教育方面的职责。规定各级人民政府及有关部门应当加强对国家版图意识的宣传教育，增强公民的国家版图意识。新闻媒体应当开展国家版图意识的宣传。增强全体公民的国家版图意识，从源头和根本上杜绝有政治问题错误地图和地图产品，提高公众爱国意识。

二、关于教育行政部门、学校应当将国家版图意识教育纳入中小学教学内容，加强爱国主义教育

本条还作出了教育行政部门、学校应当将通过加强对国家版图的宣传教育，进一步明确了教育行政部门、学校的职责的规定。《国务院关于加强测绘工作的意见》（国发〔2007〕30号）提出：“将国家版图意识教育纳入爱国主义教育和中小学教学内容，提高全社会的国家版图意识。”把国家版图意识教育纳入中小学教学内容，是推进国家版图意识宣传教育，普及国家版图知识的重要途径。国家版图意识是爱国主义教育的具体内容。培养国家版图意识从中小学抓起，将相关内容融入中小学课堂教学中去，从小培养爱国意识、国家版图意识，营造自觉维护国家版图的尊严与国家主权和领土完整的社会氛围。

相关规定

《国务院关于加强测绘工作的意见》。

第八条 外国的组织或者个人在中华人民共和国领域和中华人民共和国管辖的其他海域从事测绘活动，应当经国务院测绘地理信息主管部门会同军队测绘部门批准，并遵守中华人民共和国有关法律、行政法规的规定。

外国的组织或者个人在中华人民共和国领域从事测绘活动，应当与中华人民共和国有关部门或者单位合作进行，并不得涉及国家秘密和危害国家安全。

条文主旨

本条是关于外国组织或者个人在我国从事测绘活动的规定。

立法背景

这一条内容为修改前的测绘法第七条内容，此次对测绘法修订将第七条调整为修改后的测绘法第八条，但对该条内容未做改动。

条文解读

一、关于外国组织或者个人在中华人民共和国领域和管辖的其他海域从事测绘活动应当经国务院测绘地理信息主管部门会同军队测绘部门批准，并遵守中华人民共和国的有关法律、行政法规

本条第一款作出了外国的组织或者个人在中华人民共和国领域和管辖的其他海域从事测绘活动，必须经国务院测绘地理信息主管部门会同军队主管部门批准，并遵守中华人民共和国的有关法律、行政法规的规定。有关外国人在他国的测绘活动，所在国法律一般均予以规范和管制。因为测绘事关国家安全和国家主权。现代战争离不开测绘提供的地理空间信息实施远程精确打击。随着改革开放的不断深入，特别是在我国加入 WTO 以后，我国许多领域对外国开放，对外开展的经济、文化、科学技术交流与合作越来越多。在许多开放的领域涉及测绘工作。经国务院批准最新《外商投资产业指导目录》将测绘业列入限制类目录。为了维护国家安全和国家主权，必须对外国组织或者个人在我国从事测绘活动加强管理，未经批准，不允许其在我国从事测绘活动。因此本条第一款作出了上述规定，以保证国家安全。其中所称法律、行政法规是指包括《中华人民共和国测绘法》在内的所有相关的法律、行政法规。2007 年 3 月 1 日施行的《外国的组织或者个人来华测绘管理暂行办法》，对外国的组织或者个人在中华人民共和国领域和管辖的其他海域从事测绘活动做了进一步的细化规定。

二、关于外国的组织或者个人在中华人民共和国领域从事测绘活动，必须与中华人民共和国有关部门或者单位合作进行，并不得涉及国家秘密和危害国家安全

本条第二款作出了外国的组织或者个人在中华人民共和国领域从事测绘活动，必须与中华人民共和国有关部门或者单位合作进行，并不得涉及国家秘密和危害国家安全的规定。之所以作出如此规定，是鉴于测绘涉及国家安全和国家主权，外国组织或者个人来我国从事测绘活动必须经过批准，同时对其从事测绘活动的形式和范围加以限制，不允许外国组织或者个人在我国单独进行测绘活动，必须与我国有关部门或者单位合作进行，并不得涉及国家秘密和危害国家安全。

外国组织或者个人与我国有关部门或者单位合作从事测绘活动，包括以下几种情况：一是采取设立测绘企业的形式，采取这种形式的测绘企业，必须依照《中华人民共和国测绘法》《中华人民共和国中外合资经营企业法》《中华人民共和国中外合作经营企业法》以及其他相关法律法规的规定设立企业从事测绘活动；二是在我国对外开放领域中，外国的组织或者个人与我国有关部门或者单位合作的项目中包含测绘工作，从事此类测绘活动也必须遵守合作的规定，必须由具有符合中华人民共和国法律法规规定的条件和具有测绘资质的单位承担其中的测绘工作；三是外国组织或者个人经批准与我国有关部门或者单位合作，为开展科技、文化、体育等活动而进行的一次性测绘活动。

相关规定

《中华人民共和国中外合资经营企业法》；《中华人民共和国中外合作经营企业法》；《外国的组织或者个人来华测绘管理暂行办法》；《外商投资产业指导目录》。

第二章　测绘基准和测绘系统

第九条　**国家设立和采用全国统一的大地基准、高程基准、深度基准和重力基准，其数据由国务院测绘地理信息主管部门审核，并与国务院其他有关部门、军队测绘部门会商后，报国务院批准。**

条文主旨

本条是关于国家设立和采用全国统一的测绘基准及其数据的审核、批准程序的规定。

立法背景

测绘基准，是指我国进行测绘的各类起算面和起算点及其相关的参数。它们是整个测绘的起算依据和建立各个系统的基础。我国设立和采用的测绘基准有：大地基准、高程基准、深度基准和重力基准。

测绘基准在测绘法中具有十分重要的地位，它们的设立、使用是否科学、完善，直接关系到国家测绘成果的精确度和应用。建立科学完善的国家统一的测绘基准，有利于全国测绘的整体性，有利于测绘成果的统一使用和更新，满足国家经济建设、国防建设和社会发展的需要。国务院早在1959年就批准发布了《中华人民共和国大地测量法式》，规定了我国统一的测绘基准的法律地位和技术原则。20世纪80年代初，我国建立了独立的国家大地基准，即西安1980坐标系统，其大地测量常数采用国际大地测量学与地球物理学联合会第16届大会（1975年）推荐值，大地原点设在陕西省泾阳县永乐镇。目前，我国使用2000国家大地基准。我国以青岛港验潮站的长期验潮资料推算出的黄海平均海面作为中国的高程基准面，即零高程面。在青岛验潮站附近建立了国家水准原点。测定原点与黄海平均海面的高差，即为水准原点的高程，定为全国高程控制网的起算高程。建立了1985国家高程基准。20世纪90年代末，对原有的国家重力基准进行了更新和完善，建立了2000年国家重力基准。深度基准，通常定在当地多年平均海面下深为L的位置。由于世界各国计算L值的方法有别，因此采用的深度基准也各不相同，中国海区从1956年采用理论最低潮面（即理论深度基准面）作为深度基准。内河、湖泊采用最低水位、平均低水位或设计水位作为深度基准。

条文解读

一、设立和采用全国统一的测绘基准

本条规定了国家设立和采用全国统一的大地基准、高程基准、深度基准和重力基准。大地基准是建立大地坐标

系统和测量空间点位的大地坐标的基本依据。高程基准是建立高程系统和测量空间点高程的基本依据。深度基准是海洋深度测量和海图上图载水深的基本依据。重力基准是建立重力测量系统和测量空间点的重力值的基本依据。设立全国统一的测绘基准是世界上多数国家普遍采用的做法。本条对此作出了明确的规定，为设立全国统一的测绘基准提供了法律支撑。

二、测绘基准数据审核及程序

本条作出了测绘基准数据由国务院测绘地理信息主管部门审核，并与国务院其他有关部门、军队测绘部门会商后，报国务院批准的规定。测绘基准包括所选用的各种大地测量参数、统一的起算面、起算基准点（即大地原点、水准原点、重力原点）、起算方位以及有关的地点、设施、名称等。设立测绘基准必须符合国家的有关规范和要求，其所获得的数据能否提供使用，必须经过审核，必须要有一个严格的审核、审批程序。按照本条规定，第一，各项测绘基准的数据一经确定，应当统一由国务院测绘地理信息主管部门进行审查核准；第二，经审核后由国务院测绘地理信息主管部门将测绘基准的有关数据送国务院其他有关部门、军队测绘部门听取意见，并就有关问题进行会商；第三，经会商后，由国务院测绘地理信息主管部门报送国务院批准，在报送国务院时应将国务院其他有关部门、军队测绘部门对有关数据的意见一并送上；第四，各项测绘基准的数据经国务院批准后，就作为全国所有测绘活动中的基本依据。

相关规定

《基础测绘条例》；《中华人民共和国测绘成果管理条例》；《中华人民共和国测量标志保护条例》；《国务院关于加强测绘工作的意见》。

第十条　国家建立全国统一的大地坐标系统、平面坐标系统、高程系统、地心坐标系统和重力测量系统，确定国家大地测量等级和精度以及国家基本比例尺地图的系列和基本精度。具体规范和要求由国务院测绘地理信息主管部门会同国务院其他有关部门、军队测绘部门制定。

条文主旨

本条是关于建立全国统一的测绘系统、确定国家大地测量等级和精度、确定国家基本比例尺地图的系列、基本精度、具体制定相应的规范和要求。

立法背景

测绘系统，是指由各个基准延伸，布设全国范围的各种测绘控制网。它们是我国各类测绘成果的依据。我国设立和采用的测绘系统有：大地坐标系统、平面坐标系统、高程系统、地心坐标系统和重力测量系统。

建立科学完善的国家统一的测绘系统，是国家统一测绘基准的体现，有利于全国测绘的整体性，有利于测绘成果的统一使用和更新，是保证测绘工作有效地为国家经济建设、国防建设和社会发展服务的需要。国务院早在1959年就批准发布了《中华人民共和国大地测量法式》，规定了我国统一的测绘系统的法律地位和技术原则。经过新中国成立后60多年的建设和发展，我国已经建立了国家统一的测绘系统，并不断精化和完善，其中包括天文大地网、平面控制网、高程控制网、重力基本网、高精度卫星定位控制网，我国各项测绘系统已经相当科学完善，具有世界领先水平。其中大地坐标系统是用来表述地球点的位置的一种地球坐标系统，它采用一个接近地球整体形状的椭球作为点的位置及其相互关系的数学基础，大地坐标系统的三个坐标是大地经度、大地纬度、大地高。新中国成立以来，我国先后采用了1954北京坐标系和1980西安坐标系的大地坐标系统。随着社会的进步，国民经济建设、国防建设和社会发展、科学研究等对国家大地坐标系提出了新的要求，迫切需要采用原点位于地球质量中心的坐标系统（以下简称地心坐标系）作为国家大地坐标系。采用地心坐标系，有利于采用现代空间技术对坐标系进行维护和快速更新，测定高精度大地控制点三维坐标，并提高测图工作效率。经国务院批准自2008年7月1日起，中国全面启用

2000 国家大地坐标系，国家测绘地理信息局授权组织实施。目前我国已经全面推广使用 2000 国家大地坐标系。平面坐标系统是指确定地面点的平面位置所采用的一种坐标系统。大地坐标系统是建立在椭球面上的，而绘制地图则是在平面上的，因此，必须通过地图投影把椭球面上的点的大地坐标科学地转换成展绘在平面上的平面坐标。平面坐标用平面上两轴相交成直角的纵、横坐标表示。我国在陆地上的国家统一平面坐标系统是采用“高斯—克吕格平面直角坐标系”。它是利用高斯—克吕格投影将不可平展的地球椭球面转换成平面而建立的一种平面直角坐标系。高程系统是用以传算全国高程控制测量网中各点高程所采用的统一系统。我国规定采用的高程系统是正常高系统，高程起算依据是国家黄海 85 高程基准。地心坐标系统是以坐标原点与地球质心重合的大地坐标系统，或空间直角坐标系统。例如国际地面参考系统（ITRS）即属于地心坐标系统。重力测量系统是指重力测量施测与计算所依据的重力测量基准和计算重力异常所采用的正常重力公式的总称。我国曾先后采用的 57 重力测量系统、85 重力测量系统和 2000 重力测量系统，即为我国在不同时期的重力测量系统。

条文解读

一、国家建立全国统一的测绘系统

建立全国统一的测绘系统是世界上多数国家普遍采用的做法。本法第五条规定了从事测绘活动应当使用国家规定的测绘系统，本条依照第五条的原则，对国家建立全国统一的测绘系统作出了具体规定，规定了国家建立全国统一的大地坐标系统、平面坐标系统、高程系统、地心坐标系统和重力测量系统。本条规定国家建立全国统一的测绘系统包括两层涵义：一是国家应当设立全国统一的测绘系统；二是其他组织和个人不能任意建立全国统一的测绘系统。测绘系统既然是各类测绘成果的基准，就不得任意设立，否则将造成测绘成果的混乱，同时也不利于测绘成果共享和维护国家安全。

二、国家统一确定大地测量等级和精度

在大地测量中，通常用中误差作为衡量测量精度的一种数字标准。大地测量依照不同精度可划分为若干等级。确定大地测量等级和精度就是确定大地测量分成若干等级和各个等级的大地测量的允许误差数值。国家大地测量等级和精度由国家有关法规和标准规定，主要技术内容由强制性国家标准《国家大地测量基本技术规定》（GB 22021—2008）规定，大地测量的实际精度必须符合国家规定的标准。

三、国家统一确定基本比例尺地图系列和基本精度

地图是依一定的比例关系，将自然地理要素或者地表人工设施的形状、大小、空间位置及其属性表示出来。一个国家，往往根据实际需要，由国家确定一些比例尺作为这个国家地图的基本比例尺，依此比例尺和相应的测绘标准测制的地图即为国家基本比例尺地图。国家基本比例尺地图系列和基本精度，是指按照国家规定的测图技术标准、编图技术标准、图式和比例尺系统测量和编制的若干特定规格的地图系列。我国目前确定的国家基本比例尺地图包括1∶500、1∶1000、1∶2000、1∶5000、1∶1万、1∶2.5万、1∶5万、1∶10万、1∶25万、1∶50万和1∶100万共11种。

同时，本条作出了测绘系统、大地测量等级和精度、基本比例尺地图系列和基本精度的具体规范和要求由国务院测绘地理信息主管部门会同国务院其他有关部门、军队测绘部门制定的规定。根据本条规定，第一，全国统一的大地坐标系统、平面坐标系统、高程系统、地心坐标系统和重力测量系统、国家大地测量等级和精度、国家基本比例尺地图的系列和基本精度等的具体规范和要求，由国务院测绘地理信息主管部门组织制定；第二，在国务院测绘地理信息主管部门组织制定具体规范和要求时，应当与国务院其他有关部门、军队测绘部门会商。

相关规定

《基础测绘条例》；《中华人民共和国测绘成果管理条例》；《中华人民共和国测量标志保护条例》；《国务院关于加强测绘工作的意见》。

第十一条 因建设、城市规划和科学研究的需要，国家重大工程项目和国务院确定的大城市确需

建立相对独立的平面坐标系统的，由国务院测绘地理信息主管部门批准；其他确需建立相对独立的平面坐标系统的，由省、自治区、直辖市人民政府测绘地理信息主管部门批准。

建立相对独立的平面坐标系统，应当与国家坐标系统相联系。

条文主旨

本条是关于建立相对独立的坐标系统的条件和审批管理制度的规定。

立法背景

相对独立的平面坐标系统是指为了满足在局部地区大比例尺测图和工程测量的需要而建立的一种非国家统一的，但与国家统一系统相联系的平面坐标系统。这种独立的平面坐标系统通过与国家坐标系统之间的联测，确定两种坐标系统之间的转换关系，即称之为相对独立的平面坐标系统与国家坐标系统相联系。

一般情况下，从事测绘活动应当采用全国统一的平面坐标系统，但一些工程建设、城市规划和科学研究对测绘的精度有特殊需要和要求，为防止投影带边缘长度变形，只有建立相对独立的平面坐标系统才能满足其需要和精度要求。长期以来，我国许多大中城市、大型厂矿、重大工程项目根据实际需要，设立了相对独立的平面坐标系统。

由于历史的原因，有的城市还设立了相对独立的高程系统。为此，在法律上允许建立相对独立的平面坐标系统，并要求其与国家统一系统相联系，有利于满足各地区在重大工程建设、城市规划和科学研究等领域对测绘系统的特殊需要和精度要求，也便于测绘成果的公开使用和信息共享，在保证国家测绘系统统一性的同时，也满足了社会对测绘系统的特殊需要。

条文解读

根据本条规定，建立相对独立的平面坐标系统要以确有必要为前提。一般情况下，从事测绘活动应当采用全国统一的平面坐标系统，但是由于建设、城市规划和科学研究的特殊需要和要求，只有建立相对独立的平面坐标系统才能满足需要和精度要求的，才可以建立。根据本条规定，建立相对独立的平面坐标系统必须经过批准，未经批准不得建立。第一，国家重大工程项目和国务院确定的大城市建立相对独立的平面坐标系统，由国务院测绘地理信息主管部门批准。根据2014年《国务院关于调整城市规模划分标准的通知》的规定，城区常住人口100万以上500万以下的城市为大城市。重大工程项目是指列入国家计划的重大工程项目。第二，国家重大工程项目和国务院确定的大城市以外的局部地区建立相对独立的平面坐标系统由省、自治区、直辖市人民政府测绘地理信息主管部门批准。对建立相对独立的平面坐标系统的基本条件、审批范围和办法等，国务院测绘地理信息主管部门和省、自治区、直辖市人民政府测绘地理信息主管部门应当作出具体规定。

根据本条规定，建立相对独立的平面坐标系统，应当与国家坐标系统相联系。通过与国家坐标系统相联系，保证测绘成果整体性，便于测绘成果应用和信息共享，减少重复浪费。

相关规定

《基础测绘条例》；《中华人民共和国测绘成果管理条例》；《中华人民共和国测量标志保护条例》；《国务院关于加强测绘工作的意见》。

第十二条　国务院测绘地理信息主管部门和省、自治区、直辖市人民政府测绘地理信息主管部门应当会同本级人民政府其他有关部门，按照统筹建设、资源共享的原则，建立统一的卫星导航定位基准服务系统，提供导航定位基准信息公共服务。

条文主旨

本条是关于国务院测绘地理信息主管部门和省、自治区、直辖市人民政府测绘地理信息主管部门统筹建立统一的卫星导航定位基准服务系统，提供导航定位基准信息服务的规定。

立法背景

大力加强现代测绘基准体系基础设施建设，积极发展卫星导航定位综合服务系统，是我国现代测绘事业发展的重要领域。为了适应社会对卫星导航定位综合服务系统的需要，有效整合各部门卫星导航定位基准站，减少重复建设和资源浪费，提高导航定位基准信息公共服务的水平和效率，本次修法新增了相应的法律规定。

卫星导航定位基准服务系统是由卫星导航定位基准站（简称 CORS）、数据传输网络和数据中心等构成的系统，是现代化测绘基准体系的重要组成部分，是支撑我国地理信息产业和卫星导航产业发展的重要基础设施。卫星导航定位基准服务系统可向社会提供高精度定位服务，已成为了位置服务和卫星导航产业最主要和最依赖的技术手段。测绘基准建立过程中广泛使用卫星导航定位技术，卫星导航定位基准站已经成为建立和维持国家高精度、动态、地心、三维坐标框架的基础设施。卫星导航定位基准站获得高精度、稳定、连续的观测数据，维持国家和地方坐标框架，并以国家统一的地理空间基准服务方式向用户提供可靠和高效的空间位置静态和动态服务。目前，国家测绘地理信息局已经统筹建设了 2000 站规模的全国卫星导航定位基准服务系统，整合了测绘、气象、地震等系统的卫星导航定位基准站，搭建全国卫星导航定位数据交换和共享平台，实现国家和地方、行业之间资源共享，各类数据汇集、整网处理、数据共享和成果发布等工作。通过建立组织协调、技术发展、运行维护的长效机制，加强资源利用、高度融合全国数据成果，协调各个独立的系统成为一个有机整体，使各地区和部门的资源充分共享，实现服务的高效性和完整性，在行业之间、区域之间形成多方位的服务渠道。随着北斗系统的不断完善，“十三五”期间将统筹协调国家、地方和行业，实施北斗系统升级改造，使全国基准站网逐步全面兼容北斗系统，形成我国北斗系统为主的基准站“一张网”，建成集国家坐标框架维持、高精度导航定位服务为一体的综合系统，为用户提供更高精度的北斗导航与定位服务、大力促进北斗系统产业化应用，逐步满足全社会不同受众的多种位置服务需求。

条文解读

本条要求国务院测绘地理信息主管部门和省、自治区、直辖市人民政府测绘地理信息主管部门应当会同本级人民政府其他有关部门按照统筹建设、资源共享的原则，建立统一的卫星导航定位基准服务系统。其中：一是规定测绘地理信息主管部门要与气象、地震、国土、规划建设、交通等有关部门统筹卫星导航定位基准站及相关数据传输网络和数据中心等建设；二是各有关部门要共享卫星导航定位基准站及相关系统的的数据资源，在整合各部门数据基础上建立形成统一的卫星导航定位基准服务系统，提供导航定位基准信息公共服务。统一的卫星导航定位基准系统和基准信息公共服务是立法的核心要求，同时，通过测绘地理信息主管部门依法加强分散在各部门的地理信息数据管理，也为有效维护地理信息的安全创造了重要法律机制。

相关规定

《卫星导航定位基准站建设备案办法（试行）》；《国务院办公厅关于印发国家卫星导航产业中长期发展规划的通知》。

第十三条 建设卫星导航定位基准站的，建设单位应当按照国家有关规定报国务院测绘地理信息主管部门或者省、自治区、直辖市人民政府测绘地理信息主管部门备案。国务院测绘地理信息主管部门应当汇总全国卫星导航定位基准站建设备案情况，并定期向军队测绘部门通报。

本法所称卫星导航定位基准站，是指对卫星导航信号进行长期连续观测，并通过通信设施将观测数据实时或者定时传送至数据中心的地面固定观测站。

条文主旨

本条是关于卫星导航定位基准站的定义以及建设备案制度的有关规定。

立法背景

卫星导航定位基准站是指对卫星导航信号进行长期连续观测，并通过通信设施将观测数据实时或者定时传送至数据中心的地面固定观测站。为了适应社会对卫星导航定位综合服务系统的需要，有效管理各部门卫星导航定位基准站建设，本次修法新增了相应的有关备案的法律规定。

有关调查显示，目前我国已经建成约 5000 个卫星导航定位基准站。卫星导航定位基准站具有三大特征：在固定地点设立且长期存在；连续观测卫星导航信号，提供精确点位坐标和相关服务；观测数据通过通信网络传输。卫星导航定位基准站作为国家重要的空间基础设施，对于促进导航定位市场发展具有重要作用。近年来，我国卫星导航定位基准站建设较快，但也存在统筹规划不够、法规标准不完善、有效监管缺乏和安全隐患突出等问题，党中央、国务院高度重视，明确要求由测绘地理信息行政主管部门对卫星导航定位基准站建设实施严格备案管理，实现卫星导航定位基准站的有序建设和规范应用，促进地理信息产业健康发展。2016 年 4 月，国家测绘地理信息局制定印发了《卫星导航定位基准站建设备案办法（试行）》，对卫星导航定位基准站建设备案的原则、范围、主体、程序、监管等作出了相关规定，为规范卫星导航定位基准站建设行为，保障国家地理信息安全，促进卫星导航定位事业健康有序发展的有力措施。

条文解读

本条在卫星导航定位基准站监督管理实践的基础上，在法律层面明确建立了卫星导航定位基准站建设备案制度，明确要求建设卫星导航定位基准站的，建设单位应当按照国家有关规定报国务院测绘地理信息主管部门或者省、自治区、直辖市人民政府测绘地理信息主管部门备案。国务院测绘地理信息主管部门应当汇总全国卫星导航定位基准站建设备案情况，定期向军队测绘部门通报。按照现行的《卫星导航定位基准站建设备案办法（试行）》的有关规定，国务院相关部门、中央单位建设卫星导航定位基准站以及跨省、自治区、直辖市范围建设卫星导航定位基准站的，应当向国家测绘地理信息局备案；其他建设卫星导航定位基准站的，应当向卫星导航定位基准站所在地的省、自治区、直辖市人民政府测绘地理信息行政主管部门备案。备案管理制度施行后，将为测绘地理信息主管部门加强对卫星导航定位基准站建设、运行、维护的事中事后监管，确保相关地理信息安全提供重要基础。

相关规定

《卫星导航定位基准站建设备案办法（试行）》；《国务院办公厅关于印发国家卫星导航产业中长期发展规划的通知》。

第十四条 卫星导航定位基准站的建设和运行维护应当符合国家标准和要求，不得危害国家安全。

卫星导航定位基准站的建设和运行维护单位应当建立数据安全保障制度，并遵守保密法律、行政法规的规定。

县级以上人民政府测绘地理信息主管部门应当会同本级人民政府其他有关部门，加强对卫星导航定位基准站建设和运行维护的规范和指导。

条文主旨

本条是关于卫星导航定位基准站建设和运行维护及建立数据安全保障制度的规定。

立法背景

近年来，随着我国卫星导航事业的发展，卫星导航定位基准站在为用户提供实时、高精度、高可靠性定位服务的同时，也获取了大量的空间数据和高精度位置信息，若不妥善管理，存在潜在风险和安全隐患。其中一是通过基准站网获取高精度的位置信息，依据《测绘管理工作国家秘密范围的规定》属于国家秘密，对于国防和国民经济安全至关重要；二是可以获取基准站覆盖范围内重要国防目标的高精度位置坐标，危害我国防安全；三是根据基准站网的观测数据，反演基准站上空电离层、对流层等信息，危害无线通讯安全；四是基准站的高精度位置坐标可用于高分辨率遥感图像的几何校正，可获遥感图像中所有像点的精确坐标。因此，基准站的位置坐标和观测数据，特别是设在重要国防目标附近的基准站的相关信息一旦泄露，将可能对国家安全带来风险。根据目前的技术水平，基准站的间隔一般为 50 千米，最大不超过 70 千米。若基准站覆盖范围内有重要国防目标，需要评估可能的国防安全风险，进而采取措施规避风险。

目前，随着卫星导航定位基准站的应用越来越广泛，各行业、各部门为了需要在我国境内建设了大量基准站，基准站建设和运行维护缺乏统一规范和有效监管，安全隐患比较突出，影响国家安全。为了加强对基准站建设和运行维护的管理和指导，维护地理信息安全，本次修法新增了相应的法律规定。

条文解读

一、关于基准站建设和运行维护标准

本条第一款规定卫星导航定位基准站的建设和运行维护应当符合国家标准和要求，不得危害国家安全。其中主要的标准有 2012 年国家标准委出台《全球导航卫星系统连续运行基准站网技术规范》，其对基准站网建设提出了初步规范。同时，为满足卫星导航定位基准站建设、管理、应用及地理信息安全监管对标准的需求，规范基准站建设管理和促进地理信息安全应用，2016 年国家标准委下达国家

标准制度计划，明确由国家测绘地理信息局负责组织实施多项卫星导航定位基准站国家标准制定计划，包括强制性国家标准《卫星导航定位基准站网与安全管理要求》、推荐性国家标准《卫星导航定位基准站术语》《卫星导航定位基准站网基本产品规范》《卫星导航定位基准站网测试技术规范》《卫星导航定位基准站服务管理系统规范》等，这些标准规范的制定出台，对于基准站的安全、运维、服务等具有重要意义。

二、关于数据安全保障制度

本条第二款规定卫星导航定位基准站的建设和运行维护单位应当建立数据安全保障制度，并遵守保密法律、行政法规的规定。卫星导航定位基准站获取的大量信息属于涉密地理信息，应当严格管理、规范使用，维护国家地理信息安全。本法第三十四条规定测绘成果按照保障国家地理信息安全、促进地理信息共享和应用的原则定密并及时调整、公布。2016 年，国家测绘地理信息局在与军地有关部门沟通基础上，制定了《关于规范卫星导航定位基准站数据密级划分和管理的通知》（国测成发〔2016〕1 号），进一步明确了基准站数据的密级划分，提出采用专网或商用密码手段加密保护等传输要求。卫星导航定位基准站的建设和运行维护单位应当按照要求，建立地理信息数据安全保障制度，严格遵守保密法律、行政法规的规定，切实维护涉密地理信息安全。

三、关于测绘地理信息主管部门的规范指导

本条第三款规定县级以上人民政府测绘地理信息主管部门应当会同本级人民政府其他有关部门对卫星导航定位基准站的建设和运行维护加强规范和指导，主要有以下三个方面的内容：一是要求基准站建设单位切实履行建设备案手续，以便测绘地理信息主管部门了解情况，加强监管。二是基准站建设单位在满足需要的情况下应当充分利用已有基准站网，避免重复建设。三是要求基准站建设单位严格按照国家相关技术标准进行建设，完善地理信息数据安全保障制度，确保涉密地理信息安全。

相关规定

《卫星导航定位基准站建设备案办法（试行）》；《国务院办公厅关于印发国家卫星导航产业中长期发展规划的通知》。

第三章 基础测绘

第十五条 基础测绘是公益性事业。国家对基础测绘实行分级管理。

本法所称基础测绘，是指建立全国统一的测绘基准和测绘系统，进行基础航空摄影，获取基础地理信息的遥感资料，测制和更新国家基本比例尺地图、影像图和数字化产品，建立、更新基础地理信息系统。

条文主旨

本条是关于基础测绘的性质、基础测绘分级管理制度和基础测绘内容的规定。

立法背景

本条为原测绘法第十一条。基础测绘是国家基础性、公益性事业，广泛服务于经济建设、国防建设和社会发展，关系国家安全和利益，是准确掌握国情国力、提高管理决策水平的重要手段，是实现经济社会可持续发展的基础性工具。2002 年修订的测绘法专设基础测绘一章，自实施以来，基础测绘工作取得了显著成绩，基础测绘规划体系基本形成，经费投入逐步加大，基础测绘成果更加丰富。2001 年财政部印发了《基础测绘经费管理办法》，确立了基础测绘分级投入的体制。2006 年《全国基础测绘中长期规划纲要》发布，2007 年印发《基础测绘计划管理办法》，2009 年《基础测绘条例》颁布，进一步细化了基础测绘的内容和机制。

条文解读

一、基础测绘是公益性事业

基础测绘是向全社会各类用户提供统一、权威的空间定位基准和基础地理信息服务的工作，其生产目的不是为了营利，无法通过市场供求关系等竞争方式影响价格，体现了公益性事业的基本特征。基础测绘是国民经济和社会发展的基础性工作，规模大，系统性强，周期长，服务面广，其产品涉及国家秘密和国家安全，应当由公共财政支持。

二、国家对基础测绘实行分级管理

基础测绘成果包括全国性基础测绘成果和地区性基础测绘成果，两者所表示基础地理信息的详细程度不同，服务对象也有所区别。我国地域辽阔，国土面积大，基础测绘工作内容多，覆盖面广，投资大，基础测绘不能都由中央政府包揽。按照各级政府财权与事权一致的原则，实行基础测绘分级管理十分必要，不仅符合发挥中央和地方两个积极性的要求，也有利于基础测绘工作于国家和地区经济社会发展需要的紧密结合。1995 年《关于对全国基础测绘实行分级管理的通知》确定了全国基础测绘实行分级管理的原则，划分了中央和地方对基础测绘的职责权限。1997 年基础测绘按照分级管理的模式被正式列入国民经济和社会发展年度计划。长期测绘工作的实践，我国逐步形成了对基础测绘工作的统一规划、统筹协调、分级管理、分工负责的管理模式。本条根据我国的国情和基础测绘的实际，以法律形式确认了基础测绘分级管理体制。我国的基础测绘分级管理主要包括下列几级：

1. 由国务院测绘地理信息行政主管部门负责的基础测绘项目：

（1）建立全国统一的测绘基准和测绘系统；

（2）建立和更新国家基础地理信息系统；

（3）组织实施国家基础航空摄影；

（4）获取国家基础地理信息遥感资料；

（5）测制和更新全国 1∶100 万至 1∶2.5 万国家基本比例尺地图、影像图和数字化产品；

（6）国家急需的其他基础测绘项目。

2. 由省、自治区、直辖市人民政府测绘地理信息行政主管部门负责的基础测绘项目：

（1）建立本行政区域内与国家测绘系统相统一的大地控制网和高程控制网；

（2）建立和更新地方基础地理信息系统；

（3）组织实施地方基础航空摄影；

（4）获取地方基础地理信息遥感资料；

（5）测制和更新本行政区域1∶1万至1∶5000国家基本比例尺地图、影像图和数字化产品。

3. 由设区的市、县级人民政府负责的基础测绘项目：1∶2000至1∶500比例尺地图、影像图和数字化产品的测制和更新以及地方性法规、地方政府规章确定由其组织实施的基础测绘项目，包括根据分工建立本行政区域内与国家测绘系统相统一的大地控制网和高程控制网；建立和更新市、县基础地理信息系统；组织实施本行政区域基础航空摄影；获取本行政区域基础地理信息遥感资料以及其他应当由市、县级人民政府根据本行政区域内经济建设和社会发展的急需所确定的负责组织实施的基础测绘项目。

三、基础测绘的内容

在国民经济建设和人民生活中，基础测绘有着十分重要的作用。基础测绘成果描述了自然和人文信息及其空间关系，它通过建立和维护国家统一的空间定位基准和基础地理信息系统，提供满足社会发展所需要的地理信息的基础平台和空间定位框架，使用户可以根据需要选择使用基础地理信息或加载与空间位置有关的信息，它提供的各种比例尺地形图和地理信息数据是经济建设重要的基础性资料，它是实现信息集成和信息共享及可持续利用的支持条件和根本保障。基础测绘成果作为一种公共信息资源，除具有可低成本复制但并不因此降低自身价值外，还具有基础性、公益性、权威性、统一性、保密性等特点。基础地理信息是国民经济和社会信息集成的载体，也是重要的战略资源，事关国家安全和利益。加强基础测绘工作，有利于提高公共财政资金的使用效率，保障信息资源可持续利用。按照本条规定，基础测绘包括以下五个方面：

（一）建立全国统一的测绘基准和测绘系统。全国统一的测绘基准和测绘系统是各类测绘活动的基础，具有明显的公益性特征。我国全国统一的测绘基准和测绘系统在规模、精度和统一性方面都居于世界先进行列。但是，测绘基准和测绘系统需要不断的精化和完善，不断进行复测，是一项长期的任务。需要说明的是，因建设、城市规划和科学研究的需要，经批准建立相对独立的平面坐标系统，是国家统一的测绘系统的必要补充。为城市需要，经批准建立覆盖整个城市行政区域的相对独立的平面坐标系统是地方基础测绘的重要内容。

（二）进行基础航空摄影。以测绘为目的的基础航空摄影是指为满足测制和更新国家基本比例尺地图、建立和更新基础地理信息数据库的需要，在飞行器上安装航空摄影仪，按照规定的技术要求，从空中对我国国土实施航空摄影，获取基础地理信息源数据。基础航空摄影资料详尽记载了一定区域范围的地物、地貌特征以及地物之间的互相关系，详尽地反映了国土资源的分布情况。基础航空摄影为经济建设、国防建设、社会发展等方面提供极为重要的基础地理信息数据。我国社会经济发展很快，国土上的各种基础地理信息变化很快，航摄影像必须及时更新，才能保持现势性，满足国民经济和社会发展的需求。

（三）获取基础地理信息的遥感资料。遥感是指在空中和外层空间的各种航空和航天器上，运用各种传感器（如摄影仪、扫描仪和雷达等等）获取地球表面信息的一种探测技术。基础地理信息的遥感资料的获取方式主要有自主接收或订购。基础地理信息的遥感资料是基础地理信息数据的重要来源，主要用于更新、修测或编制基本比例尺地图及更新、修测基础地理信息数据库，也可以服务于生态环境监测、资源调查和土地利用监测、水土综合治理等。目前，高分辨率遥感影像覆盖了全国陆地国土，资源三号卫星全球影像有效覆盖 7200 万余平方千米。

（四）测制和更新国家基本比例尺地图、影像图和数字化产品。世界上许多国家为统一标准都会确定一套基本比例尺地图，作为国家经济建设和社会发展的基本用图，可作为编制其他各种专题地图的基础资料。我国根据本国测绘工作的实际，确定下列比例尺为我国的基本比例尺系列，即 1:100 万、1:50 万、1:25 万、1:10 万、1:5 万、1:2.5 万、1:1 万、1:5000、1:2000、1:1000、1:500 等。影像图是指对通过航天遥感、航空摄影等方法获取的数据或照片进行一系列几何变换和误差改正，附加一定的说明信息得到的具有地理坐标系、精度指标和直观真实的照片效果的地图。国家基本比例尺地图和影像图主要包括两类：一类是传统的纸介质模拟地图，它是将地图的内容绘制在纸张上形成的地图；另一类是以磁带、磁盘、光盘为介质的数字化地图产品。目前，1∶5 万、1∶25 万、1∶100 万基础地理信息数据覆盖了我国全部陆地国土，1∶1 万数据覆盖了全国 58% 的陆地国土，1∶2000 及更大比例尺数据覆盖了大部分城镇地区，并根据国家和地方需要，开展了基础地理信息数据更新。各级人民政府应当加强基础测绘工作，加快我国国家基本比例尺地形图的更新，增强基础测绘成果的现势性。

（五）建立、更新基础地理信息系统。基础地理信息系统是通过对基础地理信息数据（主要包括地貌、水系植被、居民地、交通、境界、特殊地物、地名等要素）的集成、存储、检索、操作和分析，生成并输出各种基础地理信息的计算机系统，它是由计算机系统、地理信息数据和用户组成的，利用成套的网络、计算机硬件、软件，对基础地理信息进行采集、输入、存储、检索、显示、综合分析、有效管理并提供服务的信息系统。基础地理信息系统为土地利用、资源管理、环境监测、交通运输、经济建设、城市规划以及政府各部门行政管理服务，它具有通用性强、重复使用率高的特点。

需要说明的是，基础测绘特别是省级和市县级基础测绘不能完全代替其他部门的测绘工作，其他有关部门可以根据本部门的工作特点和需要，在基础地理信息的基础上添加专业信息，如不动产权属信息、管线、道路交通、环保污染动态信息等，以满足各部门、各单位对地理信息多样性的需求。

相关规定

《基础测绘条例》；《基础测绘经费管理办法》；《基础测绘计划管理办法》。

第十六条　**国务院测绘地理信息主管部门会同国务院其他有关部门、军队测绘部门组织编制全国基础测绘规划，报国务院批准后组织实施。**

县级以上地方人民政府测绘地理信息主管部门会同本级人民政府其他有关部门，根据国家和上一级人民政府的基础测绘规划及本行政区域的实际情况，组织编制本行政区域的基础测绘规划，报本级人民政府批准后组织实施。

条文主旨

本条是关于国家和地方基础测绘规划的规定。

立法背景

本条对原测绘法第十二条作出了修改，主要是将测绘地理信息主管部门的称谓与本法其他条文作了统一协调，并删去了地方基础测绘规划在报本级人民政府批准后还要报上一级测绘行政主管部门备案后组织实施的规定，减少了审批层级，落实了国家简政放权的要求。

条文解读

一、全国基础测绘规划的编制程序和组织实施

基础测绘需要长期不断地进行，不能重复实施，应当依据经济建设、国防建设、社会发展的长期需要统筹实施，需要有全局性的长远计划，并落实责任。基础测绘规划就是指这样的基础测绘中长期发展计划，是对测绘事业在一定时期内发展目标的确定，本条规定旨在加强对基础测绘的规划管理。

全国基础测绘规划由国务院测绘地理信息主管部门会同国务院其他有关部门、军队测绘部门组织编制，即国务院其他有关部门和军队测绘部门根据本部门对基础测绘工作的需求提出建议，由国务院测绘地理信息主管部门根据国民经济和社会发展的中长期计划征求发展改革和财政部门的意见，进行综合平衡，拟订全国基础测绘规划方案，报国务院批准。本条规定全国基础测绘规划的组织实施机关是国务院测绘地理信息主管部门，在国务院批准全国基

础测绘规划后，由国务院测绘地理信息主管部门具体负责实施基础测绘项目管理，制定实施方案，确定承担基础测绘项目的单位，对基础测绘质量实施监督等。

2015 年，国务院批复同意了《全国基础测绘中长期规划纲要（2015—2030 年)》，到 2020 年，建立起高效协调的管理体制和运行体制，营造较为完善的政策和法制环境，形成以基础地理信息获取立体化实时化、处理自动化智能化、服务网络化社会化为特征的信息化测绘体系，全面建成结构完整、功能完备的数字地理空间框架。到 2030 年，全面建成新型测绘体系，为经济社会发展提供多层次、全方位基础测绘服务。

二、地方基础测绘规划的编制程序和组织实施

地方基础测绘规划由县级以上地方人民政府测绘地理信息主管部门组织编制，即县级以上地方人民政府其他有关部门根据本系统对基础测绘工作的需求提出建议，由县级以上测绘地理信息主管部门根据全国基础测绘规划和上一级的基础测绘规划和本行政区域内的实际情况，征求本级政府发展改革和财政部门的意见，进行综合平衡，拟订本级基础测绘规划方案，提请报本级政府批准。本条规定地方基础测绘规划的组织实施机关是县级以上测绘地理信息主管部门。为贯彻国务院行政审批制度改革成果，此次修订在第二款中删去了地方基础测绘规划报上级测绘地理信息主管部门备案的要求，在工作中通过加强统筹协调解决。

需要注意的是，根据基础测绘条例的规定，基础测绘规划报送审批前，组织编制机关应当组织专家进行论证，并征求有关部门和单位的意见。其中，地方的基础测绘规划，涉及军事禁区、军事管理区或者作战工程的，还应当征求军事机关的意见。基础测绘规划报送审批文件中应当附具意见采纳情况及理由。此外，组织编制机关应当依法公布经批准的基础测绘规划。经批准的基础测绘规划是开展基础测绘工作的依据，未经法定程序不得修改；确需修改的，应当按照本条例规定的原审批程序报送审批。

相关规定

《基础测绘条例》；《全国基础测绘中长期规划纲要(2015—2030 年)》；《基础测绘计划管理办法》。

第十七条　军队测绘部门负责编制军事测绘规划，按照国务院、中央军事委员会规定的职责分工负责编制海洋基础测绘规划，并组织实施。

条文主旨

本条是关于军事测绘规划和相关海洋基础测绘规划的编制及组织实施的规定。

立法背景

本条为原测绘法第十三条。军事测绘为军事需要获取、提供地理、地形资料和信息，是国防建设和军队指挥的重要保障。

条文解读

一、军队测绘部门负责编制军事测绘规划

军事测绘的主要任务是为军队作战、训练、战场准备、军事工程建设等建立测绘控制系统和测制军用地形图等。其技术要求、图式内容都有一些特别规定，同时涉及国防秘密，因此军事测绘规划由军队测绘部门负责编制并组织实施。

二、军队测绘部门按照国务院、中央军事委员会规定的职责分工负责编制海洋基础测绘规划，并组织实施

海洋基础测绘规划是全国基础测绘规划的组成部分，但是海洋基础测绘具有一定的特殊性，由于海防等特殊原因，我国的海洋基础测绘工作一直主要由军队承担，长期以来形成了特有的管理体制，因此，本条从客观实际出发作出了规定。

第十八条　县级以上人民政府应当将基础测绘纳入本级国民经济和社会发展年度计划，将基础测绘工作所需经费列入本级政府预算。

国务院发展改革部门会同国务院测绘地理信息主管部门，根据全国基础测绘规划编制全国基础测绘年度计划。

县级以上地方人民政府发展改革部门会同本级人民政府测绘地理信息主管部门，根据本行政区域的基础测绘规划编制本行政区域的基础测绘年度计划，并分别报上一级部门备案。

条文主旨

本条是关于基础测绘年度计划的编制及经费预算的规定。

立法背景

本条对原测绘法第十四条作出了修改，一是将测绘地理信息主管部门及发展改革部门的称谓与本法其他条文作了统一协调，二是在第一款最后增加了“将基础测绘工作所需经费列入本级政府预算”的要求，三是删去了原十四条最后一款“国家对边远地区、少数民族地区的基础测绘给予财政支持”的规定。

近年来，国家和地方政府十分重视基础测绘工作。1997 年，原国家计划委员会开始将基础测绘正式纳入国民经济和社会发展年度计划。各省、自治区、直辖市陆续将基础测绘列入当地国民经济和社会发展计划，财政部门也相应地增加了经费投入。1997 年，财政部颁布《测绘事业单位财务制度》，明确了基础测绘经费投入渠道。2001 年，财政部颁布《基础测绘经费管理办法》，规定基础测绘经费由中央和地方财政部门分别核拨，分级管理；基础测绘经费实行项目管理，履行项目申报、论证、立项和评估程序；规定了财政部门和测绘主管部门的责任；作出了基础测绘列入年度财政预算的有关规定。有关部门还制定了《边远地区少数民族地区基础测绘专项补助经费管理办法》《国家基础航空摄影专项经费管理办法》等。我国基础测绘工作的经费投入在制度上更加趋于完善。

条文解读

一、县级以上人民政府应当履行的基础测绘工作职责

随着我国社会主义市场经济体制的逐步建立，大量的竞争性行业和产品，在国家政策的引导下，主要靠市场配置资源，政府的经济管理职能主要是加强宏观管理和搞好基础设施建设，政府掌握的资金主要用于基础设施建设和公益性事业。作为公益性事业的基础测绘，是一项非营利性的工作，需要大量投资，不可能依靠市场机制来自发调节，必须由各级政府统一规划和协调，并给予必要的公共财政支持，由政府主管部门统一组织实施。我国幅员辽阔，国土上的基础地理信息不断变化，基础测绘长期存在，且任务十分繁重，为了使基础测绘更好地为国家经济建设、国防建设、社会发展服务，就需要将基础测绘纳入国家和地方的国民经济和社会发展年度计划及财政预算，进行统筹安排，建立稳定的投入机制，既保证所需资金，又避免重复浪费。

二、编制基础测绘年度计划的工作职责

编制基础测绘年度计划是为了确保基础测绘规划目标的实现。基础测绘规划是对基础测绘工作的中长期计划和远景目标的确定，对本级政府要完成的基础测绘任务提出预期目标。规划提出的预期目标要通过年度计划分阶段分年度实施。全国基础测绘年度计划由国务院发展改革部门会同国务院测绘地理信息主管部门编制。基础测绘年度计划编制的依据是基础测绘规划。各级人民政府发展改革部门是各级基础测绘年度计划的主管部门，但由于基础测绘规划的长期性、宏观性，在规划的实施过程中必然遇到一些不可预见的因素，如由于测绘科技的突飞猛进，基础测绘手段和产品形式发生重大变化，国民经济和社会发展迅速加快，对基础测绘提出新的需求，重大建设工程开工急需基础测绘成果等，各级发展改革部门和测绘地理信息主管部门应当密切合作，测绘地理信息主管部门可以提出建议，发展改革部门对测绘地理信息主管部门提出的基础测绘年度计划建议进行综合平衡后确定。这样做，既确保基础测绘规划目标的实现，又实事求是，符合测绘事业发展需要的实际情况。地方基础测绘年度计划由县级以上地方人民政府发展改革部门和同级测绘地理信息主管部门编制，编制的依据是本行政区域内的基础测绘规划，地方基础测绘年度计划应当分别报上一级发展改革部门和测绘地理信息主管部门备案。

相关规定

《基础测绘计划管理办法》；《基础测绘经费管理办法》；《测绘事业单位财务制度》；《边远地区少数民族地区基础测绘专项补助经费管理办法》；《国家基础航空摄影专项经费管理办法》。

第十九条　基础测绘成果应当定期更新，经济建设、国防建设、社会发展和生态保护急需的基础测绘成果应当及时更新。

基础测绘成果的更新周期根据不同地区国民经济和社会发展的需要确定。

条文主旨

本条是关于基础测绘成果更新制度的规定。

立法背景

本条是对原测绘法第十五条作出的修改，在第一款中增加了对“生态保护”急需的基础测绘也应当及时更新的内容，并增加了第二款“基础测绘成果的更新周期根据不同地区国民经济和社会发展的需要确定。”

基础测绘成果具有非常明显的时效性和动态性特点，能否及时更新直接影响其实用价值。《基础测绘条例》对更新周期已经做出了细化规定，但是由于不同比例尺地图的更新周期要求有所不同，难以一一列举，因此本款中对基础测绘成果的更新周期并未作出具体规定，而仅规定了根据不同地区国民经济和社会发展的需要确定。

条文解读

一、基础测绘成果定期更新和及时更新制度

基础测绘成果的现势性是基础测绘的实用价值的体现。社会经济的发展和自然环境的变化使得基础地理信息具有动态变化的特点。因此，基础测绘的各种资料、成果和产品具有一定的时效性，其基本内容应当能够反映最新的变动情况，即应当具有现势性。经济社会的飞速发展，对基础测绘成果的现势性提出了更高要求。目前，我国基础测绘成果老化问题，严重影响了基础测绘成果的开发和有效利用。在一定时期内，只有对基础测绘成果定期更新，才能真实反映基础地理信息中各种自然和人文要素的现实状态及其相互关系，从而保持基础测绘成果的现势性，满足经济建设、国防建设、社会发展和生态保护的需要。基础测绘成果定期更新，就是根据基础测绘资料、成果和产品的时效性和基础测绘的投入水平、技术水平、装备水平、人力资源等，合理确定基础地理信息的更新周期，并形成基础地理信息更新周期与经费投入、计划管理、技术规范标准、生产能力、分发服务能力等条件相匹配的基础地理信息更新机制。定期更新制度的确立有利于从根本上改变基础测绘滞后于国民经济和社会发展的状况。

我国经济社会目前已经进入新的战略转型时期，国家全面深化改革、“一带一路”发展战略等重大国家战略的实施，对基础测绘提出了新的要求。由于经济全球化和资源全球化，我国的经济发展空间逐步由陆地向海洋和太空、由境内向境外拓展，也对基础测绘提出了新的需求。我国在经济建设的同时要保护好生态环境，以及更加科学合理地处置重大事件等，都对基础测绘提出了新的要求。测绘工作是经济建设、国防建设、社会发展和生态保护的重要基础性工作。加快推进生态文明建设，需要加快提升测绘工作的深度和广度，形成更为全面有效的基础测绘成果支撑。目前，测绘地理信息主管部门充分利用基础测绘成果，服务生态文明建设目标评价考核、资源环境承载力监测预警评价、领导干部自然资源资产离任审计等生态文明建设改革重点领域，为生态保护提供了科学准确的技术支撑、空间基础、监督检查等保障服务。因此，此次修订根据测绘事业改革发展的新要求，在全面总结测绘工作服务生态文明建设的实践经验基础上，进一步突出了基础测绘成果对生态保护的重要作用，规定对因经济建设、国防建设、社会发展和生态保护急需的基础测绘成果，测绘地理信息主管部门应当及时更新。

二、基础测绘成果的更新周期

我国幅员辽阔，各地经济和社会发展差异很大，地形千差万别。影响基础测绘成果更新周期的因素主要有四个：一是地理景观的变化情况；二是社会经济发展的速度；三是经济建设、国防建设、社会发展和生态文明建设对基础测绘保障的实际要求；四是本级政府财政的承受能力。《基础测绘条例》对更新周期做出了细化规定，基础测绘成果更新周期应当根据不同地区国民经济和社会发展的需要、测绘科学技术水平和测绘生产能力、基础地理信息变化情况等因素确定。其中，1∶100 万至 1∶5000 国家基本比例尺地图、影像图和数字化产品至少 5 年更新一次；自然灾害多发地区以及经济建设、国防建设、社会发展和生态保护急需的基础测绘成果应当及时更新。

为了促进全国基础测绘的发展，协调基础测绘成果的更新工作，国务院测绘地理信息主管部门应当会同军队测绘部门以及国务院发展改革部门、财政部门根据有关法律法规的规定和国家经济建设和社会发展的需要，制定出全国各类测绘成果在不同地区的更新周期的原则性要求。根据基础测绘分级管理的原则，由县级以上测绘地理信息主管部门会同同级发展改革主管部门、财政部门拟订基础测绘更新的具体周期，拟订时应当依照有关法律法规的规定和上一级基础测绘规划，并应当考虑本辖区经济社会发展的实际需要和基础测绘成果中的基本要素综合变化程度，还要考虑本级政府财政的承受能力，拟订的基础测绘成果的更新周期应当报本级政府批准。

相关规定

《基础测绘条例》。

第四章　界线测绘和其他测绘

第二十条　中华人民共和国国界线的测绘，按照中华人民共和国与相邻国家缔结的边界条约或者协定执行，由外交部组织实施。中华人民共和国地图的国界线标准样图，由外交部和国务院测绘地理信息主管部门拟定，报国务院批准后公布。

条文主旨

本条是关于国界线测绘的规定。

立法背景

本条对原测绘法第十六条作出修改，增加了中华人民共和国国界线的测绘“由外交部组织实施”的规定，明确了组织实施的主管部门。

近年来，在我国地图市场不断繁荣的同时，有些单位和个人不严格依照中华人民共和国国界线标准样图绘制我国国界线，漏绘南海诸岛、钓鱼岛、赤尾屿和台湾岛，错绘国界线甚至将台湾省表示为独立国家的地图产品时有发生，严重损害我国领土主权、民族尊严和版图完整，造成了恶劣的政治影响。为了解决地图市场存在的这些问题，2001 年，国务院办公厅转发了由国家测绘局、国家工商行政管理总局、新闻出版署、外经贸部、海关总署、外交部六部门提出的《关于整顿和规范地图市场秩序的意见》，2005 年，国务院办公厅转发了由测绘局、中宣部、外交部、教育部、商务部、海关总署、工商总局、新闻出版总署等八部门提出的《关于加强国家版图意识宣传教育和地图市场监管的意见》，2009 年，国务院办公厅转发了由测绘局、工业和信息化部、安全部、工商总局、新闻出版总署、保密局六部门提出的《关于整顿和规范地理信息市场秩序的意见》，对不符合国界线标准样图规定画法的地图产品予以坚决查处。2015 年，国家测绘地理信息局印发《关于进一步加强互联网地图安全监管工作的意见》（国测图发〔2015〕3 号），《地图管理条例》于 2016 年 1 月 1 日正式实施，2016 年，国家测绘地理信息局联合中央网信办印发《关于规范互联网服务单位使用地图的通知》，全面推进新形势下互联网地图管理工作，贯彻落实国家总体安全观。通过采取有效措施，切实加强国家版图意识宣传教育和地图市场监管，提高了全民的国家版图意识，促进了地图市场和地理信息市场秩序的根本好转，维护了国家版图的尊严。

条文解读

一、中华人民共和国国界线的测绘，按照中华人民共和国与相邻国家缔结的边界条约或者协定执行，由外交部组织实施

国界线（或者边界）是指划分国家领土范围的界线，也是国家行使领土主权的界限。国界线的形成主要有两种基本情况：一种是在长期历史过程中逐渐形成的，称为传统国界线或者历史国界线；另一种是有关国家通过双边条约或者多边条约来划定称为条约边界线。世界上大部分国家的国界线是条约国界线。

国界线测绘，不仅涉及我国的主权问题，而且还涉及我国与邻国之间的外交关系问题。在国界线测绘中，必须严格执行我国与相邻国家在所缔结的边界条约或者协定中所商定的两国国界线的主要位置及基本走向，认真进行国界线实地勘测，并准确绘制国界线地图。此项工作由外交部组织实施。

二、中华人民共和国地图的国界线标准样图，由外交部和国务院测绘地理信息主管部门拟订，报国务院批准后公布

国界线标准样图，又称国界线画法标准样图，是指按照一定原则制作的有关中国国界线画法的统一的、标准的地图。拟订和公布国界线标准样图的目的是为了维护我国的领土和主权，提高地图上绘制国界线的准确性，避免出现国界线绘制方面的错误。国界线标准样图涉及我国与邻国之间的领土划分，因此，本法规定拟订国界线标准样图的工作由外交部和国务院测绘地理信息主管部门共同负责。国界线标准样图由外交部和国务院测绘地理信息主管部门拟订后报国务院批准。国务院作为中华人民共和国的最高国家行政机关，由其批准的国界线标准样图，代表中华人民共和国政府的立场和主张，在所有涉及国界线的地图中具有最高的权威性，是各种公开出版、发行、登载、展示的地图上中国国界线画法的标准依据。国务院批准国界线标准样图后要予以公布，使社会公众都能知晓和遵守，一切涉及国界线画法的地图，都要按照国界线标准样图进行绘制。国界线标准样图可以由国务院公布，也可以由国务院授权外交部和国家测绘地理信息局发布，这两种发布形式具有相同的法律效力。如 1999 年，国务院就授权外交部和国家测绘局发布了比例尺为 1:400 万的中华人民共和国国界线标准样图；2001 年，国务院批准了外交部和国家测绘局拟定的比例尺为 1:100 万的中华人民共和国国界线画法标准样图。

相关规定

《地图管理条例》；《关于整顿和规范地图市场秩序的意见》；《关于加强国家版图意识宣传教育和地图市场监管的意见》；《关于整顿和规范地理信息市场秩序的意见》；《关于进

一步加强互联网地图安全监管工作的意见》；《关于规范互联网服务单位使用地图的通知》。

第二十一条　行政区域界线的测绘，按照国务院有关规定执行。省、自治区、直辖市和自治州、县、自治县、市行政区域界线的标准画法图，由国务院民政部门和国务院测绘地理信息主管部门拟定，报国务院批准后公布。

条文主旨

本条是关于行政区域界线测绘的规定。

立法背景

本条对原测绘法第十七条作出了修改，主要是将测绘地理信息主管部门的称谓与本法其他条文作了统一协调。

1996 年以前，我国各级人民政府主要是依据习惯线确定行政管辖权的地域范围。因行政区域界限不清引发的争议，严重影响界线附近地区的社会稳定、经济发展和民族团结。为了从根本上解决这个问题，1989 年 6 月，国务院根据民政部等 12 个部门的请示，批准进行全国省、县级行政区域界线勘界试点工作。1996 年 8 月国务院发布《关于开展勘定省、县两级行政区域界线工作有关问题的通知》（国发〔1996〕32 号），对勘定省、县两级行政区域界线作了部署，截至 2001 年 8 月，全国 62300 多公里的省界和 41 万多公里的县界基本划定。为巩固行政区域界线勘定成果，加强行政区域界线管理，维护行政区域界线附近地区的稳定，2002 年 5 月，国务院颁布了《行政区域界线管理条例》。

条文解读

一、行政区域界线的测绘，按照国务院有关规定执行

行政区域又称行政区划，是指国家为了方便行政管理而依据政治、经济、文化及民族状况，并综合考虑历史传统、人口分布、地理环境和国防需要等条件，通过一定的法律程序对地方政权所辖行政区域的划分并建立相应的政权机关进行管理的区域。根据《中华人民共和国宪法》第三十条第一款的规定："中华人民共和国的行政区域划分如下：（一）全国分为省、自治区、直辖市；（二）省、自治区分为自治州、县、自治县、市；（三）县、自治县分为乡、民族乡、镇。直辖市和较大的市分为区、县。自治州分为县、自治县、市。"省级行政区域之间、县级行政区域之间的具体划分，是用行政区域界线来表示的，因此行政区域界线就是指行政区域之间的分界线。明确划定行政区域界线对于保证经济建设的顺利进行、消除行政管理盲区、防止行政区域争议、维护社会安定具有十分重要的意义。明确划定行政区域界线，离不开行政区域界线的测绘。

根据宪法，国务院"批准省、自治区、直辖市的区域划分，批准自治州、县、自治县、市的建置和区域划分"，因此本条规定，行政区域界线的测绘，按照国务院有关规定执行。这里的有关规定既包括国务院有关行政区域界线测绘的行政法规，也包括国务院有关县级以上行政区域界线测绘的勘界原则，以及对具体行政区域界线画法的调处意见等。2002 年 5 月国务院颁布的《行政区域界线管理条例》规定在行政区域界线的管理中，下列情况应进行行政区域界线测绘：因建设、开发等原因需要移动或者增设界桩的，行政区域界线毗邻的各有关人民政府应当协商一致，共同测绘，增补档案资料；行政区域界线协议书中明确规定作为指示行政区域界线走向的其他标志物，应当维持原貌。因自然原因或者其他原因使标志物发生变化的，应当组织修测，确定新的标志物；经批准变更行政区域界线的，毗邻的各有关人民政府应当按照勘界测绘技术规范进行测绘，埋设界桩，签订协议书。本条对行政区域界线测绘的规定对于规范我国的行政区域界线的测绘工作，保证行政区域界线科学管理具有十分重要的意义。

行政区域界线测绘的主要内容是：界桩的埋设和测定，边界线的调绘，边界线走向的文字说明，边界线地形图的标绘，界线详图集的编纂等。行政区域界线测绘的基本原则是，各省、自治区、直辖市（含各市县）之间签署的协议书，并且已经批准的行政区域界线，按照批准的行政区域界线进行；没有经过批准的行政区域界线，按照有关规定进行，即尚未正式划定过边界线，但已形成传统习惯边界线的，按照传统习惯边界线进行，双方有争议的，待争议解决后进行。随着勘界工作的全面完成，按照传统习惯边界线进行的行政区域界线测绘将被已经批准的行政区域界线测绘所取代，行政区域界线测绘进入了法制化、规范化进行的轨道。

二、省、自治区、直辖市和自治州、县、自治县、市行政区域界线的标准画法图，由国务院民政部门和国务院测绘地理信息主管部门拟订，报国务院批准后公布

行政区域界线的标准画法图，是指根据国务院及各省、自治区、直辖市人民政府批准的行政区域界线协议书、附图及勘界有关成果，按照一定的编绘方式编制的反映各级行政区域界线画法的地图。勘定行政区域界线体现了我国的国家意志，民政部是国务院管理行政区域界线的部门，国家测绘地理信息局是行政区域界线测绘的主管部门，因此，本条规定行政区域界线标准画法图的拟订工作，由民政部和国家测绘地理信息局共同负责。民政部和国家测绘地理信息局在拟订行政区域界线标准画法图时，按照经国务院批准的各省、自治区、直辖市（含各市县）之间签署的边界协议书进行，报国务院批准后公布。由国务院批准的行政区域界线的标准画法图，具有最高的权威性和法定效力。国务院批准行政区域界线的标准画法图后要将其予以公布，使公众都能知晓和遵守。各种公开出版、发行、登载、展示的地图绘制我国行政区域界线都要依据行政区域界线标准画法图进行。需要指出的是，行政区域界线的标准画法图可以由国务院公布，也可以由国务院授权民政部和国家测绘地理信息局发布，凡未经国务院批准的行政区域界线的标准画法图都不具法定效力。2004 年，民政部和国家测绘局联合组织编制完成了《1:100 万中华人民共和国省级行政区域界线标准画法图集》和《1:400 万中华人民共和国省级行政区域界线标准画法图》，报国务院批准后发布，成为我国地图上绘制省级行政区域界线画法的标准。

相关规定

《中华人民共和国宪法》；《行政区域界线管理条例》；《行政区域界线界桩管理办法》；《1:100 万中华人民共和国省级行政区域界线标准画法图集》；《1:400 万中华人民共和国省级行政区域界线标准画法图》。

第二十二条 县级以上人民政府测绘地理信息主管部门应当会同本级人民政府不动产登记主管部门，加强对不动产测绘的管理。

测量土地、建筑物、构筑物和地面其他附着物的权属界址线，应当按照县级以上人民政府确定的权属界线的界址点、界址线或者提供的有关登记资料和附图进行。权属界址线发生变化的，有关当事人应当及时进行变更测绘。

条文主旨

本条是关于不动产测绘管理和权属界址线测绘的规定。

立法背景

本条对原测绘法第十九条作出了修改，主要是新增第一款“县级以上人民政府测绘地理信息主管部门应当会同本级人民政府不动产登记主管部门，加强对不动产测绘的管理”的规定。

党的十八届三中全会通过的《中共中央关于全面深化改革若干重大问题的决定》，提出要健全自然资源资产产权制度和用途管制制度，对水流、森林、山岭、草原、荒地、滩涂等自然生态空间进行统一确权登记。2013 年 11 月 20 日，国务院常务会议决定，由国土资源部负责指导监督全国土地、房屋、草原、林地、海域等不动产统一登记职责，要求各有关部门加强对各地职责整合工作的指导，加快清理相关规章制度，做好有关事项的整理交接，确保不动产登记职责整合工作有序、平稳推进。不动产登记作为《中华人民共和国物权法》确立的一项物权制度，是指经权利人或利害关系人申请，由国家不动产登记主管部门将有关不动产物权及其变动事项记载于不动产登记簿的事实，作为物权公示手段。国务院于 2014 年 11 月 24 日发布《不动产登记暂行条例》，自 2015 年 3 月 1 日起施行。国家实行不动产统一登记制度，不动产登记中涉及的不动产界址、空间界限、面积等信息需要通过测绘手段和技术来予以获取。为规范不动产测绘活动，确保不动产测绘成果的权威、准确，不仅为不动产统一登记制度改革提供有力的测绘地理信息保障，同时也方便不动产登记主管部门在受理不动产登记申请后，对不动产界址、空间界限、面积等材料与申请登记的不动产状况是否一致进行查验，测绘地理信息主管部门应当与不动产登记主管部门共同做好不动产测绘的管理工作。不动产测绘管理工作主要包括对不动产测绘单位的资质管理、不动产测绘成果管理、不动产测绘的标准规范以及争议解决等内容。不动产测绘是不动产登记的基础，其测绘成果质量直接影响不动产登记的公信力。

条文解读

一、县级以上人民政府测绘地理信息主管部门应当会同本级人民政府不动产登记主管部门，加强对不动产测绘的管理

由于不动产登记工作需要准确的不动产测绘成果等基础资料，为了保障国家不动产统一登记工作的顺利开展，本条将土地、房屋等权属测绘工作统一修改为不动产测绘，明确测绘地理信息主管部门和相关部门的监管职责。

二、测量土地、建筑物、构筑物和地面其他附着物的权属界址线，应当按照县级以上人民政府确定的权属界线的界址点、界址线或者提供的有关登记资料和附图进行。

权属界址线发生变化时，有关当事人应当及时进行变更测绘

所谓权属，是指所有权和使用权。明确土地、建筑物、构筑物以及地面上其他附着物的权属，即明确土地、建筑物、构筑物以及地面上其他附着物的所有权和使用权，对于维护社会的正常经济秩序、保护当事人的合法权益，具有十分重要的意义和作用。而明确土地、建筑物、构筑物以及地面上其他附着物的权属，首先要对权属界址线进行测绘，这是确权的基础。

根据我国森林法、草原法、渔业法、土地管理法、城市房地产管理法、海域使用法等法律的规定，土地、房屋等确权工作由县级以上地方人民政府负责，即由县级以上地方人民政府“登记造册、核发证书，确认所有权或者使用权”，因此，权属界址线的测绘也必须以县级以上地方人民政府的确权为依据进行。只有对权属界址线进行认真测量，并达到“权属合法”“界址清楚”“面积准确”的土地、建筑物、构筑物以及地面上其他附着物，有关部门才能依法予以确权、发放相关证书。界址点是权属界址线走向的转折点，两个相邻转折点之间的连线是界址线。将各转折点都连接起来，就形成了一块土地的权属界址线。在确认权属时，一般是先确认界址点，然后确认界址线大体的走向，并对每一块土地的权属界址线都进行测量，所以本条规定测量土地等权属界址线，应当按照县级以上人民政府确定的权属界线的界址点、界址线进行。根据本条的规定，如果土地、建筑物、构筑物和地面其他附着物因分割、合并或受自然因素影响等原因，其权属界址线、界址点发生变化时，相关当事人应当委托具有相应测绘资质的单位进行测绘。不动产管理要求权属界址点、界址线等相关的资料必须及时更新，保持现势性，才能保证土地、建筑物、构筑物和地面其他附着物等不动产流转的安全、方便。需要指出的是，从事测量土地、建筑物、构筑物和地面其他附着物的权属界址线的单位，必须依照本法取得相应的测绘资质，从事此项工作的测绘专业技术人员也必须具有相应的执业资格。

本条关于权属界址线测绘的规定具有非常重要的意义和作用。第一，有利于保护土地、房屋等不动产所有者或使用者的合法权益，有了明确的界址线、界址点，所有者或使用者可以依法行使自己的权利，对于侵犯其合法权益的行为，可以依法请求有关方面追究其责任；第二，有利于进一步健全我国的不动产权属管理制度，有利于国家征收土地税、房产税，监督土地的合理利用等工作的开展；第三，有利于依法解决土地房屋等权属纠纷，有了明确的权属界址线，一旦发生权属纠纷，人民政府或者人民法院在处理时就有可能更加及时、准确。

相关规定

《中华人民共和国物权法》；《中华人民共和国森林法》；《中华人民共和国草原法》；《中华人民共和国渔业法》；《中华人民共和国土地管理法》；《中华人民共和国城市房地产管理法》；《中华人民共和国海域使用法》；《不动产登记暂行条例》。

第二十三条 城乡建设领域的工程测量活动，与房屋产权、产籍相关的房屋面积的测量，应当执行由国务院住房城乡建设主管部门、国务院测绘地理信息主管部门组织编制的测量技术规范。

水利、能源、交通、通信、资源开发和其他领域的工程测量活动，应当执行国家有关的工程测量技术规范。

条文主旨

本条是关于城乡建设、水利、能源、交通、通信、资源开发等其他领域的工程测量及房产测绘应执行国家有关技术规范的规定。

立法背景

本条对原测绘法第二十条作出了修改，主要是将住房城乡建设主管部门、测绘地理信息主管部门的称谓与本法其他条文作了统一协调和规范。

条文解读

一、城乡建设领域的工程测量活动，应当执行由国务院住房和城乡建设主管部门、国务院测绘地理信息主管部门负责组织编制的测量技术规范的规定

所谓工程测量，是指为区域规划、工程建设、交通运输、资源开发利用、防灾减灾、科学研究、大型设备安装等所进行的测绘的总称。按照工程测量所服务的对象不同可分为水利工程测量、矿山工程测量、铁路测量、公路测量、电力工程测量等众多的服务领域。按照工程测量各阶段的主要任务的不同可分为勘测设计阶段的测量、施工阶段的测量和运用管理阶段的测量。工程测量有以下主要任务：第一，测制工程所需的比例尺地形图。把工程所在地区的各种地面物体的位置、形状，以及地面起伏状态，用各种图例、符号，按照规定的比例尺测制出地形图，为工程建设的规划设计提供必要的图纸数据资料。第二，工程施工放样。把图纸上设计好的建（构）筑物，按照设计要求在工程现场标定出来，作为施工依据。第三，形变测量。对于一些大型的、重要的建（构）筑物在施工和管理运营过程期间，还要定期进行稳定性观测。主要内容有：沉降观测、位移观测、倾斜观测、裂缝观测等，以动态监测的手段，及时提供工程的有关情况，确保工程安全。此外在工程竣工后，还要编绘工程竣工图，作为运营、管理、维修、扩建的依据。

城乡建设领域的工程测量活动，是整个城市管理的基础性工作之一，直接为城乡管理提供相关的数据资料。本条明确了该领域的工程测量规范由主管城乡建设管理工作的住房和城乡建设部和主管测绘工作的国家测绘地理信息局组织制定，目的是保证有关工程测量规范的科学性和适用性，使工程测量工作更好地为城乡建设和经营管理服务。住房和城乡建设部、国家测绘地理信息局组织编制的城乡建设领域的工程测量技术规范可以行业标准的形式发布，也可由国务院标准化主管部门统一审批、以国家标准的形式发布，在城乡建设领域的工程测量活动都必须遵守。

二、与房屋产权、产籍相关的房屋面积的测量，应当执行由国务院住房和城乡建设主管部门、国务院测绘地理信息主管部门负责组织编制的测量技术规范的规定

与房屋产权、产籍相关的房屋面积的测量是不动产测绘的主要内容之一，是指为采集和表述房屋及其用地的有关信息而进行的测绘活动。包括房产平面控制测量、房产调查，房产要素测量、房产图绘制、房产面积测算、变更测量等内容，为房产产权、产籍管理，房地产开发利用、交易、征收税费，以及城镇规划建设提供数据和资料。2001 年建设部、国家测绘局联合发布的《房产测绘管理办法》规定：“房产测绘单位应当严格遵守国家有关法律、法规，执行国家房产测量规范和有关技术标准、规定。”明确了从事房产测绘活动时必须执行国家有关的技术规范。2000年，两部门联合组织制定了我国第一个房产测绘国家标准——《房产测绘规范》，并由国家质量技术监督局发布。

三、水利、能源、交通、通信、资源开发和其他领域的工程测量活动，应当执行国家有关的工程测量技术规范的规定

国家标准化主管部门及有关行业主管部门先后制定、发布了数十项有关的工程测量技术规范，基本上形成了工程测量技术规范体系。水利、能源、交通、通信、资源开发等领域的工程测量活动，是该领域各项工程建设的基础，其工程测量质量直接影响到后续工程建设。过去，由于我国在工程测量技术规范的使用方面管理薄弱，导致了因工程测量质量问题而给后续工程建设的质量埋下了隐患，有的甚至造成了严重的经济损失，本条规定弥补了工程测量管理领域的法律空白，为进一步推动我国工程测量技术标准的制定和贯彻执行，保证和提高工程测量质量具有重要作用。这里所说的“国家有关的工程测量制定、发布的行业标准”既可以是国家标准化主管部门发布的国家标准，也可以是相关行业主管部门和国务院测绘地理信息主管部门依据《中华人民共和国标准化法》联合制定、发布的行业标准。

相关规定

《中华人民共和国标准化法》；《房产测绘管理办法》；《房产测绘规范》。

第二十四条　建立地理信息系统，应当采用符合国家标准的基础地理信息数据。

条文主旨

本条是关于建立地理信息系统的规定。

立法背景

本条为原测绘法第二十一条，对个别文字进行了调整。

近年来，随着我国经济建设的迅速发展，各部门、各单位相继建立了专题地理信息系统和区域地理信息系统，并加速了地理信息系统应用。地理信息系统在城市规划管理、交通运输、统计、环保、农业、国土资源、人口、公安、安全、通讯等众多领域发挥了重要的作用，取得了良好的经济效益和社会效益。但是，在地理信息系统应用日益广泛的同时，由于地理信息系统采用的基础地理信息数据不统一，给各个系统间的兼容、数据的共享带来极大的困难，不仅浪费了国家资源，并且对国民经济和社会信息化的进一步推进产生了制约。规范地理信息系统建设中所采用的基础地理信息数据已成为当务之急。

条文解读

本条规定以法律形式强制规定建立地理信息系统必须采用统一的基础地理信息数据，奠定了地理信息系统数据共享的基础。由于强制采用符合国家标准的基础地理信息数据的目的是促进信息共享，因此，本条规定中的地理信息系统，主要是指各级人民政府及其有关部门建立的地理信息系统，以及其他具有一定规模的地理信息系统。所谓国家标准是指由国家标准化主管部门依据《中华人民共和国标准化法》颁布的国家标准，依据有关行业标准生产的基础地理信息数据不能作为建立地理信息系统的基础数据。国家标准的基础地理信息数据，就是按照国家标准采集、处理、提供的基础地理信息数据。目前，1∶5 万、1∶25 万、1∶100 万基础地理信息数据覆盖了我国全部陆地国土并实现了年度更新，1∶1 万数据覆盖了全国 58% 的陆地国土，大比例尺数据覆盖了大部分城镇地区，高分辨率遥感影像覆盖了全国陆地国土，资源三号卫星全球影像有效覆盖 7200 万余平方千米。所有这些是建设地理信息系统的基础地理信息数据，也是建立地理信息系统所应当采用的数据。

相关规定

《中华人民共和国标准化法》。

第二十五条 县级以上人民政府测绘地理信息主管部门应当根据突发事件应对工作需要，及时提供地图、基础地理信息数据等测绘成果，做好遥感监测、导航定位等应急测绘保障工作。

条文主旨

本条是关于根据突发事件应对工作需要，做好应急测绘保障工作的规定。

立法背景

本条为本次修改新增加的内容。

条文解读

《中华人民共和国突发事件应对法》规定，突发事件是指突然发生，造成或者可能造成严重社会危害，需要采取应急处置措施予以应对的自然灾害、事故灾难、公共卫生事件和社会安全事件。2009 年《基础测绘条例》对建立基础测绘应急保障制度提出了要求。

为健全国家应急测绘保障工作机制，有效整合利用国家测绘资源，提高应急测绘保障能力，根据国家相关法律法规及政策规定，国家测绘地理信息局制定了《国家测绘应急保障预案》，对应急范围、组织体系、应急响应、保障措施、监督与管理等内容作出了明确规定，成立了应急保障领导小组，基本建立起分工清晰、责任明确、运转协调、有机联动的应急保障运行机制，打造了一支领导有力、协调有序、专兼并存、保障有力的应急保障队伍，应急资源储备不断增强，应急反应速度不断加快。近年来，测绘地信部门在四川汶川及芦山、甘肃岷县漳县、云南鲁甸、云南景谷、新疆皮山等地震抗震救灾，舟曲泥石流、陕西山阳滑坡、浙江丽水山体滑坡、福建泰宁山体滑坡、江苏盐城龙卷风等地质灾害抢险救灾，马航失联客机搜寻、东方轮船公司客轮翻沉、天津滨海新区危险品仓库爆炸、深圳恒泰裕滑坡事故等突发事件应急处置中，为国家有关部门和单位指挥决策、抢险救灾及恢复重建提供了有力的地理信息支持，发挥了不可替代的重要作用。

2016 年国务院办公厅印发修订后的《国家自然灾害救助应急预案》，在灾害预警响应、国家应急响应、灾后救助与恢复重建等多个章节明确了测绘地理信息部门的职责，要求国家测绘地理信息局准备灾区地理信息数据，组织灾区现场影像获取等应急测绘，开展灾情监测和空间分析，提供应急测绘保障服务。测绘地信部门根据需要及时提供地理信息数据，负责灾后恢复重建的测绘地理信息保障服务工作等。

本条明确规定了县级以上测绘地理信息主管部门应当在突发自然灾害、事故灾难、社会安全事件等突发公共事件发生时，为各级政府以及有关部门、单位高效有序地提供地图、基础地理信息数据等测绘成果，并根据需要开展遥感监测、导航定位、灾情空间分析等技术服务。

为依法履行好应急测绘保障职责，国家层面规划了国家航空应急测绘能力建设、国家应急测绘保障分队能力建设、国家应急测绘资源共享能力建设以及国家应急测绘中心能力建设等方面的内容。通过在全国范围内建立若干航空应急测绘保障基地和现场应急测绘保障分队，形成应急测绘数据快速获取、处理、共享和服务网络，全面提升应急测绘保障能力，全面提升快速获取能力，逐步实现和提升应对国际安全、国际突发事件的能力。全面提升快速处理与分发服务能力，实现突发事件现场信息第一时间快速获取、分析、处理与高效服务。

县级以上测绘地理信息主管部门负责本行政区域测绘应急保障工作，应成立本级测绘应急保障领导和办事机构。在本级人民政府的领导下，统筹、组织本行政区域突发事件测绘应急保障工作，制定应急测绘工作预案，建立应急专家库和应急快速反应测绘队伍，做好应急保障测绘成果的储备工作，建设应急地理信息服务平台，完善测绘应急保障基础设施，加快测绘应急高技术应用和储备，确保测绘应急通讯畅通。在突发事件发生后，调集整理现有成果、采集处理现势数据、加工制作专题地图，做好遥感监测、导航定位及灾情空间分析等工作，及时为政府和应急有关部门提供应急测绘保障服务。

相关规定

《中华人民共和国突发事件应对法》；《基础测绘条例》；《国家测绘应急保障预案》。

第二十六条 县级以上人民政府测绘地理信息主管部门应当会同本级人民政府其他有关部门依法开展地理国情监测，并按照国家有关规定严格管理、规范使用地理国情监测成果。

各级人民政府应当采取有效措施，发挥地理国情监测成果在政府决策、经济社会发展和社会公众服务中的作用。

条文主旨

本条是关于建立地理国情监测制度的规定。

立法背景

本条为本次修改新增加的内容。地理国情是指地表自然和人文地理要素的空间分布、特征及其相互关系，是基本国情的重要组成部分。地理国情监测，是利用现代测绘地理信息技术和成果档案，对我国地表自然和人文要素的地理分布、主要特征、相互关系、时空演变等进行持续性地调查、统计、分析、评价、预测的活动。《全国基础测绘中长期规划纲要（2015—2030 年）》对地理国情监测进行了部署，标志着测绘地理信息从传统的基础地理信息数据生产提供进入以综合地理信息服务为主要目标、由“幕后”走到“台前”的转型发展阶段。《国民经济和社会发展第十三个五年规划纲要》提出：“提升测绘地理信息服务保障能力，开展地理国情常态化监测，推进全球地理信息资源开发。”2015 年 4 月中央印发的《关于加快推进生态文明建设的意见》要求：“加强生态文明建设统计监测，建立生态文明综合评价指标体系。”“利用卫星遥感等技术手段，对自然资源和生态环境保护状况开展全天候监测，健全覆盖所有资源环境要素的监测网络体系。”对做好常态化地理国情监测提出了更高要求。

在测绘法修改过程中，有的常委委员提出，应当充分利用地理国情监测成果，提高其对政府、企业和公众的服务能力。因此，在二审稿中专门增加了第二款的规定。

条文解读

一、县级以上人民政府测绘地理信息主管部门应当会同本级人民政府其他有关部门依法开展地理国情监测，并按照国家有关规定严格管理、规范使用地理国情监测成果

为满足经济社会发展和生态保护的需要，本法在总结地理国情监测工作实践的基础上，建立了地理国情监测法律制度。地理国情监测既是现阶段技术发展条件下测绘地理信息工作的必然方向，也是提升测绘地理信息服务大局、服务社会、服务民生的必然要求。开展地理国情监测，摸清地理国情家底，准确把握国情国力，科学揭示资源、生态、环境、人口、经济、社会等自然和人文要素在地理空间上相互作用、相互影响的内在关系，准确掌握、科学分析资源环境的承载能力和发展潜力，是制定和实施国家发展战略与规划、优化国土空间开发格局和各类资源配置的重要依据；是推进生态环境保护、建设资源节约型和环境友好型社会的重要支撑；是做好防灾减灾工作和应急保障服务的重要保障；是相关行业开展调查统计工作的重要数据基础。

地理国情监测综合利用全球卫星导航定位技术（GPS）、航空航天遥感技术（RS）、地理信息系统技术（GIS）等现代测绘技术，综合各时期已有测绘成果档案，对地形、水系、交通、地表覆盖等要素进行动态和定量化、空间化的监测，并统计分析其变化量、变化频率、分布特征、地域差异、变化趋势等，形成反映各类资源、环境、生态、经济要素的空间分布及其发展变化规律的监测数据、地图图形和研究报告，其实质是对相关信息的空间分布进行表述。通过监测对地理国情进行动态地测绘、统计，从地理的角度来综合分析和研究国情，为政府、企业和社会各方面提供真实可靠和准确权威的地理国情信息。通俗地说，地理国情监测就是要做决策者的“眼睛”，把地理国情查实看清，让决策者“心中有数”；更要做决策者的“智囊”，把情况分析透彻、提出科学建议，让决策者“决策有据”。

从 2013 年 2 月开始，按照《国务院关于开展第一次全国地理国情普查的通知》（国发〔2013〕9 号）的要求，启动了第一次全国地理国情普查工作，经过 3 年的努力，获取了全国陆地范围全覆盖、无缝隙、高精度的地理国情数据，全面查清我国陆地国土范围内自然和人文地理要素的现状以及空间分布情况，建立地理国情普查成果管理、共享利用、审核发布等制度，形成反映自然资源、生态环境和人文要素空间分布及相互关系的地理国情普查系列成果，为常态化开展地理国情监测工作奠定了坚实基础。在普查的同时，以需求迫切、技术成熟、保障到位、循序渐进为原则，围绕一带一路、京津冀协同发展、长江经济带等国家重大战略实施，在国土空间开发、生态环境保护、资源节约利用、城市空间发展变化、区域总体发展规划等方面开展了100余个地理国情监测示范应用项目，形成了京津冀协同发展重要地理国情信息监测、国家级新区建设变化监测、沿海滩涂变化监测，南水北调中线工程水源地环境动态监测、三峡地区地质环境变化监测等一批监测成果，对于促进全面协调可持续发展发挥了重要作用。

这些地理国情监测成果发布后，引起相关部门和地方政府的高度重视。其中京津冀地区的污染源分布、植被覆盖、城市扩展、地表沉降等监测成果引起了国务院领导的关注；利用地理国情信息服务海南省“多规合一”试点，梳理发现各类规划冲突矛盾，科学划定基本生态保护红线，统筹城乡发展、优化产业、基础设施空间布局，实现“一张蓝图”，得到中央深改组和海南省委省政府的高度评价。在省级层面，浙江省利用地理国情监测在湖州、开化等地开展了领导干部自然资源资产离任审计试点，极大地提高了审计工作效率和精准程度。湖南省洞庭湖生态经济区、甘肃省丝绸之路经济带生态安全屏障、河北省麦收秸秆焚烧等地理国情监测成果得到各地政府充分肯定，浙江、山西、四川、黑龙江等省开展地理国情监测保障市县“多规合一”试点，重庆依托地理国情信息构建了重庆市综合市情系统，新疆、西藏、云南、内蒙古等省级政府利用地理国情成果推进生态文明建设、资源管理、维稳、应急等工作。

二、各级人民政府应当采取有效措施，充分发挥地理国情监测成果在政府决策、经济社会发展和社会公众服务中的作用

地理国情监测成果的价值在于应用。目前，地理国情监测成果已经广泛应用于各方面，同时也需要各级人民政府在政府决策、经济社会发展和社会公众服务中进一步推进监测成果的深度应用：按中央经济体制和生态文明体制改革专项小组要求，国家测绘地理信息局牵头开展《市县空间规划编制技术规程》的编制工作。国家发展改革委与国家测绘地理信息局在地理国情监测服务区域协调发展总体战略、市县经济社会发展规划编制方面开展合作，与浙江、广西、贵州、福建、湖北等地省级人民政府分别签署了三方合作协议，共同建立省级空间性规划“多规合一”试点合作机制，充分运用测绘地理信息有机整合各类空间规划，编制形成融发展与布局、开发与保护为一体的“一本规划、一张蓝图”，提升政府空间治理能力和效率。国土资源部明确了国家测绘地理信息局在不动产统一登记、国土空间用途管制等重大工作中的职责分工，住房城乡建设部积极推进地理国情信息在重点城市黑臭水体整治、新型城镇化建设中的应用，农业部、财政部、国土资源部联合国家测绘地理信息局开展农村土地确权登记，国家审计署、国家统计局明确将利用地理国情监测为编制自然资源资产负债表、领导干部自然资源资产离任审计试点提供保障。

相关规定

《全国基础测绘中长期规划纲要（2015—2030 年）》；《市县空间规划编制技术规程》。

第五章　测绘资质资格

第二十七条　国家对从事测绘活动的单位实行测绘资质管理制度。

从事测绘活动的单位应当具备下列条件，并依法取得相应等级的测绘资质证书，方可从事测绘活动：

（一）有法人资格；

（二）有与从事的测绘活动相适应的专业技术人员；

（三）有与从事的测绘活动相适应的技术装备和设施；

（四）有健全的技术和质量保证体系、安全保障措施、信息安全保密管理制度以及测绘成果和资料档案管理制度。

条文主旨

本条是关于测绘资质管理和测绘资质条件的规定。

立法背景

近年来，随着科学技术和社会经济的发展，我国地理信息产业与物联网、大数据等新兴产业加快融合，逐步融入经济社会发展的主战场，年产值达4000亿元规模，并且年均增速稳定保持在25%左右，发展十分迅速。截至2016年年底，全国具有测绘资质证书的测绘资质单位为1.6万多家。测绘行业实行资质管理制度，对于维护我国地理信息安全、提高测绘成果公信力维护公共利益、加强涉外地理信息安全监管具有重要意义。测绘地理信息是国家重要的战略性信息资源，广泛应用于经济建设、国防建设、社会发展。测绘单位通过测绘活动获取的测绘成果以及基于测绘成果的各类地理信息，很大一部分属于国家秘密范畴，直接涉及国家主权、安全和利益，测绘资质管理制度对测绘单位的安全保障措施和信息安全保密管理提出了较高要求，有利于维护我国地理信息安全。测绘地理信息工作广泛服务于交通、水利、国土、规划、建设等20多个部门和行业，在国家基础设施建设、重大工程项目实施中发挥着基础先行和服务保障的重要作用。测绘资质管理制度对测绘单位专业技术队伍、良好的质量保证体系和健全的测绘成果管理制度的要求，有利于保障国家重大项目的测绘成果质量，维护公共利益。长期以来，测绘一直被世界各国视为“国之神器，不可予人”。对从事测绘活动的企业实行测绘资质管理制度，有利于对测绘活动的有效监管。

条文解读

一、本条作出了国家对从事测绘活动的单位实行测绘资质管理制度的规定

测绘资质是指测绘单位从事测绘活动的素质和能力，包括人员素质、仪器设备等物质条件及生产能力、业绩等。测绘资质管理是指国家对测绘资质作出具体规定，对从事测绘活动的单位进行测绘资质审查、发放测绘资质证书、进行测绘资质监督、依法查处无资质测绘等行政活动。其中，测绘资质审查、发放测绘资质证书是依据行政许可法设立的一项行政许可。

测绘资质审批是测绘地理信息主管部门对申请人是否具备从事测绘活动的条件的认定。凡从事测绘活动的单位，都应当经过国务院测绘地理信息主管部门或者省、自治区、直辖市测绘地理信息主管部门的测绘资质审查，取得测绘资质证书，方可在允许的业务范围内从事测绘活动。凡是没有取得测绘资质证书的任何单位或者个人都不能从事测绘活动，否则测绘地理信息主管部门将依法予以查处。

二、本条作出了从事测绘活动的单位应当具备相应的条件，并依法取得相应等级的测绘资质证书后，方可从事测绘活动的规定

（一）从事测绘活动单位应当具备的条件

1. 有法人资格

法人是具有民事权利能力和民事行为能力，依法独立享有民事权利和承担民事义务的组织。常见的有限责任公司、股份有限公司、事业单位、社会团体、基金会等都是法人。本条规定要求从事测绘活动的单位要具有法人资格，因此，不具有法人资格的非法人组织，如个人独资企业、合伙企业、不具有法人资格的专业服务机构等，均不能申请测绘资质。需要说明的是，公司按照公司法设立的子公司，是独立法人，可以依法申请测绘资质。公司依法设立的分公司，在性质上属于公司的分支机构，不是独立法人，不能申请测绘资质。

2. 有与其从事的测绘活动相适应的专业技术人员

测绘工作是一项知识、技术密集型，科技含量高的工作，尤其是当代测绘属于高新技术范畴，一般应当由经过专门的专业教育、技术训练的人员来完成，这是保证测绘生产活动正常进行，保证测绘成果符合技术标准的前提条件。特别是在现代测绘科学技术的应用，对测绘专业技术人员的理论水平和技术能力的要求越来越高。因此，测绘单位必须具备有与其从事的测绘活动相适应的、一定数量的专业技术人员，同时，这些测绘专业技术人员还要根据测绘法的规定取得相应的测绘执业资格。

3. 有与其从事的测绘活动相适应的技术装备和设施

测绘专业范围较多，每一项专业范围又划分为若干专业子项。不同专业范围的测绘工作需要使用不同的仪器设备和设施，如进行大地测量工作，就必须具备相应的卫星定位系统接收机、水准仪、全站仪、重力仪、天文测量设备、基线测量设备等。仪器设备和设施是保证完成测绘任务的必备条件，没有这些条件，不可能完成测绘任务。具备与其所从事的测绘专业相适应的测绘仪器设备和设施是测绘单位从事测绘活动的基础条件。

4. 有健全的技术和质量保证体系、安全保障措施、信息安全保密管理制度以及测绘成果和资料档案管理制度

技术和质量保证体系是指测绘单位为保证其施测的测绘成果符合国家有关技术规范和标准，满足用户的使用要求，应采取由管理、技术等各项保障措施构成的有机整体。安全保障措施、信息安全保密管理制度是指地理信息安全保密监管等措施和制度。要建立测绘地理信息定密、涉密测绘地理信息成果使用审批、测绘地理信息安全保密监管、地理信息公开使用等管理制度。测绘成果和资料档案管理制度是指测绘单位为保证测绘成果及资料的完整、安全和保守国家秘密，所制定的测绘成果及资料的归档、保管、复制、使用等方面的规章制度和采取的相应措施，包括设立档案管理的组织机构，配备相应的管理人员，构建安全的保管场所和保管设备等。

测绘工作工序、环节较多，一项测绘工作自现场踏勘、技术设计、施测到成果最终通过检查验收提交使用，往往需要掌握不同技术的多人合作方能完成。在这一过程中，

如何保证各工序严格执行技术设计书的要求，必须有相应的一整套科学合理的技术、质量管理体系来保证。卫星定位、遥感和信息技术的快速发展，使地理信息日益呈现高精度、易采集、易传输等特点，地理信息的广泛应用推动了地理信息产业快速发展，也给地理信息安全监管带来了严峻挑战，要求测绘单位要具有安全保障措施，信息安全保密管理制度。在施测过程中产生的测绘成果资料，有些属于保密资料，有些成果具有知识产权，必须严格、科学、规范地管理好这些成果资料，确保国家安全和委托方利益不受损害。测绘单位健全的技术、质量、安全保障、保密、测绘成果管理制度，反映了其经营管理水平，是测绘单位从事测绘活动的水平和能力的一项重要标准。

（二）从事测绘活动的单位应当依法取得相应等级的测绘资质证书

本条规定的这项规定，包括三层涵义：一是从事测绘活动的单位应当取得测绘资质证书，才能从事测绘活动；二是测绘资质证书应当划分若干等级；三是测绘资质证书应当依法取得。

测绘资质证书是指测绘单位具备从事测绘活动资质的证明，测绘单位取得了测绘资质证书可以从事相应的测绘活动，没有取得测绘资质证书就不能从事测绘活动。

测绘业务类别很多，每项测绘业务对于测绘单位的技术人员、仪器设备、生产能力的要求不同，测绘单位的综合素质和能力也千差万别，将测绘资质证书划分为若干等级，是符合我国的国情和测绘行业发展的现状及测绘工作的实际的。当前，我国测绘资质证书划分为甲、乙、丙、丁四级，测绘资质专业范围划分为10类，即：大地测量、测绘航空摄影、摄影测量与遥感、地理信息系统工程、工程测量、不动产测绘、海洋测绘、地图编制、导航电子地图制作、互联网地图服务。但是，根据测绘业务的特殊情况，仅仅作出上述10类划分是不够的，还必须进行二级划分。这第二级划分在测绘资质分级标准中规定。例如：将大地测量划分为：卫星定位测量、全球导航卫星系统连续运行基准站网位置数据服务、水准测量、三角测量、天文测量、重力测量、基线测量、大地测量数据处理。取得测绘资质证书的测绘单位，只能依法在其测绘资质证书所载的业务范围和相应的作业限额内承揽测绘项目。

依法取得测绘资质证书是指测绘单位必须按照法定条件和法定程序取得测绘资质证书。本条对测绘单位应当具备的条件作出了原则性的规定，但这些规定是粗线条的规定，还必须有具体的规定。当前，对于测绘单位的具体资质条件，国务院测绘地理信息主管部门颁发的测绘资质管理规定和测绘资质分级标准作出了明确的规定。测绘单位除了具备法定条件以外，还应当按照法定程序取得测绘资质证书，测绘地理信息主管部门依法对测绘资质审批程序作出明确规定。

相关规定

《中华人民共和国公路法》第二十四条；《中华人民共和国环境影响评价法》第十九条；《测绘资质管理规定》。

第二十八条　国务院测绘地理信息主管部门和省、自治区、直辖市人民政府测绘地理信息主管部门按照各自的职责负责测绘资质审查、发放测绘资质证书。具体办法由国务院测绘地理信息主管部门商国务院其他有关部门规定。

军队测绘部门负责军事测绘单位的测绘资质审查。

条文主旨

本条是关于测绘资质审查的规定。

立法背景

我国测绘资质审查的现状是，国务院测绘地理信息主管部门负责甲级测绘资质审查和发证，省、自治区、直辖市人民政府测绘地理信息主管部门负责乙、丙、丁级测绘资质审查和发证，条件具备的设区市测绘地理信息主管部门受委托负责丙、丁级测绘资质审查和发证。这样既保证了测绘资质审查工作的严肃性，又体现了方便测绘单位，降低行政成本，提高行政效率的精神。

国家测绘局于 1995 年首次建立了测绘资质管理制度，并发布《测绘资格审查认证管理规定》。为适应测绘地理信息市场快速发展的需求，至今测绘资质管理制度已历经 2000 年、2004 年、2009 年、2014 年四次修订。现行的《测绘资质管理规定》和《测绘资质分级标准》，不仅具体化了测绘法所规定的测绘资质条件，规定了审查程序和职责分工等内容，而且进一步科学设定了测绘资质的专业范围和分级标准，更好地促进了地理信息产业发展。

条文解读

一、本条作出了国务院测绘地理信息主管部门和省、自治区、直辖市人民政府测绘地理信息主管部门按照各自的职责负责测绘资质审查、发放资质证书的规定

测绘资质审查是测绘地理信息主管部门对测绘工作实行统一监督管理的第一道关口、是准入关。按照本条规定，国务院测绘地理信息主管部门和省、自治区、直辖市人民政府测绘地理信息主管部门按照各自的职责负责测绘资质审查、发放资质证书。除此以外，其他任何部门和其他任何组织都不得违反法律规定，擅自设置测绘资质审查和发放资质证书或在其他资质证书中含有测绘资质的内容。擅自设置测绘资质审查和发放证书，就是无视法律的权威性和严肃性，干扰测绘行政管理秩序，也是与依法行政的原则相背离的违法行为。

二、本条作出了测绘资质审查的具体办法由国务院测绘地理信息主管部门商国务院其他有关部门规定的规定

本条授权国务院测绘地理信息主管部门商国务院其他有关部门制定具体办法。这项规定有两层涵义：一是国务院测绘地理信息主管部门负责组织制定测绘资质审查的具体办法；二是国务院测绘地理信息主管部门在组织制定测绘资质审查的具体办法时要征求国务院其他有关部门的意见。考虑到测绘技术的发展进步、测绘市场的变化等具体情况是不断发展变化的，测绘法授权国务院测绘地理信息主管部门制定测绘资质管理的具体办法。同时，由于测绘是服务于社会各个方面的，涉及国务院有关主管部门的业务范畴，因此国务院测绘地理信息主管部门在制定具体管理办法时还应当依法商国务院其他有关部门的意见。

三、本条作出了军队测绘部门负责军事测绘单位的测绘资质审查的规定

军事测绘主要是满足国防建设和军队作战、演习等的需要，军事测绘单位主要是承担军事测绘任务，其人员、装备状况及其任务涉及军事秘密，其测绘资质由军队测绘部门进行审查较为合适。需要说明的是，根据中央军委2016年2月印发的《关于军队和武警部队全面停止有偿服务活动的通知》，军队和武警部队全面停止有偿服务工作，军事测绘单位不得进入民用测绘市场从事测绘活动。

相关规定

《测绘资质管理规定》;《测绘资质分级标准》;《关于军队和武警部队全面停止有偿服务活动的通知》。

第二十九条 测绘单位不得超越资质等级许可的范围从事测绘活动,不得以其他测绘单位的名义从事测绘活动,不得允许其他单位以本单位的名义从事测绘活动。

测绘项目实行招投标的,测绘项目的招标单位应当依法在招标公告或者投标邀请书中对测绘单位资质等级作出要求,不得让不具有相应测绘资质等级的单位中标,不得让测绘单位低于测绘成本中标。

中标的测绘单位不得向他人转让测绘项目。

条文主旨

本条是关于测绘资质证书持证单位从事测绘活动基本准则和测绘项目招投标的规定。

立法背景

当前,测绘专业市场上屡屡出现测绘单位超越其资质等级许可的范围从事测绘活动,以其他测绘单位的名义从事测绘活动,或者允许其他单位以本单位的名义从事测绘活动等行为,严重扰乱测绘活动正常开展。此外,当前我国的经营性测绘活动压价竞争现象比较普遍，甚至出现“0元中标”“1元中标”的现象，引发测绘市场无序竞争，造成市场混乱。而且由于价格过低，造成测绘成果质量低劣，对后续的各项工程建设造成重大质量隐患。因此，测绘单位低于测绘成本中标的行为必须禁止。

条文解读

一、本条作出了测绘单位不得超越资质等级许可的范围从事测绘活动的规定

取得测绘资质证书的单位，必须在测绘资质证书许可的业务范围内从事测绘活动，不得超越测绘资质等级许可的范围从事测绘活动。所谓超越资质等级许可的范围，一是超越等级，即低等级的资质单位承揽需要较高等级资质单位才能承揽的测绘业务；二是测绘单位承揽资质证书没有载明的测绘业务。不同的测绘单位的专业技术人员素质、仪器设备的状况、生产能力和管理水平不一，其所能承担的测绘业务能力有高低之分，测绘地理信息主管部门对不同的测绘单位许可不同的业务范围及相应等级的资质，必须明确规定测绘单位不得超越资质等级许可的范围从事测绘活动。

二、本条作出了测绘单位不得以其他测绘单位的名义从事测绘活动的规定

以其他测绘单位的名义从事测绘活动就是借用他人的测绘资质从事测绘活动。这种现象一般有两种情况：一是

从事测绘活动的单位未取得测绘资质证书，为了承揽测绘项目，借用取得测绘资质证书的单位的资质证书或者用取得测绘资质证书的单位名义承揽测绘项目；二是有些单位取得了测绘资质证书，但其资质等级和业务范围达不到所要承揽的测绘项目的要求，借用具有相应资质的单位证书或名义。这些做法实际上是未取得相应的测绘资质证书而从事测绘活动，是一种欺骗行为，必须坚决禁止，依法严肃查处。

三、本条作出了测绘单位不得允许其他单位以本单位的名义从事测绘活动的规定

取得测绘资质证书的单位允许其他单位以本单位的名义从事测绘活动是出借测绘资质的违法行为。在现实生活中，有些单位将资质证书出借给低资质等级或者不具有资质条件的测绘单位使用，也有些单位用假“合作”“联营”“挂靠”等方式允许其他单位以本单位的名义承揽测绘业务。这些做法扰乱了测绘市场秩序，使测绘成果质量难以得到保障，甚至会造成严重的不良后果，必须坚决予以禁止，对出借测绘资质证书的单位及借用测绘资质证书的单位都必须依法严肃处理。

四、本条作出了测绘项目的招标单位应当依法在招标公告或者招标邀请书中对测绘单位资质等级作出要求，不得让不具有相应测绘资质等级的单位中标的规定

未取得测绘资质证书的单位不得从事测绘活动，所以招标单位在测绘项目招标时应当将测绘资质等级要求作为招标条件之一，在招标公告或者招标邀请书中写明。《测绘资质管理规定》和《测绘资质分级标准》对不同测绘资质等级可以从事测绘活动的范围作出了明确规定，招标的测绘项目必须符合《测绘资质管理规定》和《测绘资质分级标准》对测绘资质等级的要求。招标单位应当依法查验投标单位的测绘资质，不得让不具有测绘资质或者测绘资质等级不符合测绘项目要求的单位中标。实践表明，无证测绘或者超越资质等级测绘，不少测绘项目招标单位是明知的，因“关系”工程违规招标。这种行为的结果，往往由于中标方缺乏相应的资质条件而致使测绘成果质量低劣，测绘成果安全无法保障，甚至造成重大财产损失和重大伤亡事故，必须明令禁止。

五、本条作出了测绘项目招标单位不得让测绘单位低于测绘成本中标的规定

《中华人民共和国招标投标法》规定，投标人不得以低于成本的报价竞标。本条规定，测绘项目的招标单位不得让测绘单位低于测绘成本中标。这样，就从投标单位和招标单位两方面都对低于成本的招投标行为作出了禁止性规定。

六、本条作出了中标的测绘单位不向他人转让测绘项目的规定

《中华人民共和国招标投标法》第四十八条第一款规

定："中标人应当按照合同约定履行义务，完成中标项目。中标人不得向他人转让中标项目，也不得将中标项目肢解后分别向他人转让。"测绘项目的中标单位不得将所承揽的测绘项目全部转给他人完成，或者将测绘项目的主体工作或大部分工作转给他人完成，也不得将全部测绘项目肢解后以分包的名义分别转给第三人完成。测绘合同的签订是测绘项目招标单位对中标单位能力的信任，中标单位应当以自己的设备、技术和劳力完成承揽的主要工作。这里的主要工作一般是指对测绘成果的质量起决定性作用的或者工作量最大的工作。但是，目前有些单位和个人不顾招标单位的权益，将测绘项目层层转包，从中牟取暴利，使测绘成果质量难以得到保障；有些单位和个人与测绘项目发包方搞私下交易，暗中收取回扣，严重扰乱测绘市场秩序，败坏社会风气。同时，根据《中华人民共和国招标投标法》的规定，测绘单位不得将其承揽测绘项目的主体、关键性工作分包给他人完成。测绘单位将测绘项目转让给他人的或者将中标项目的部分主体、关键性工作分包给他人的，由工商行政管理机关或者测绘地理信息主管部门依法予以查处。

相关规定

《中华人民共和国招标投标法》第四十八条。

第三十条　从事测绘活动的专业技术人员应当具备相应的执业资格条件。具体办法由国务院测绘地理信息主管部门会同国务院人力资源社会保障主管部门规定。

条文主旨

本条是关于测绘专业技术人员执业资格的规定。

立法背景

2007年，人事部、国家测绘局依照《中华人民共和国测绘法》的要求，决定在测绘行业建立注册测绘师制度，并联合印发了《注册测绘师制度暂行规定》。其中明确规定："注册测绘师，是指经考试取得《中华人民共和国注册测绘师资格证书》，并依法注册后，从事测绘活动的专业技术人员。"并对注册测绘师的考试、注册、执业、权利义务等做出了规定。为加强注册测绘师管理，规范注册测绘师执业行为，2014年，国家测绘地理信息局根据《中华人民共和国测绘法》《中华人民共和国行政许可法》《注册测绘师制度暂行规定》，制定了《注册测绘师执业管理办法（试行）》，对注册测绘师的注册、执业、继续教育和监督管理等诸多具体问题做出了规定。2011年以来，每年开展一次注册测绘师考试。2016年12月16日，人力资源社会保障部公示了《国家职业资格目录清单》，注册测绘师列入专业技术人员职业资格准入类。

条文解读

一、本条作出了从事测绘活动的专业技术人员应当具备相应的执业资格条件的规定

本条所称从事测绘活动的专业技术人员，是指在测绘活动中直接从事专业性、技术性工作的人员。执业资格是国家规定专业技术人员从事某种责任较大、社会通用性强、关系公共利益的专业技术工作实行准入控制，是针对关系国家、社会和公众的财产、生命、安全等职业后果重大的专业实行的一种以明确法律规定为依据的强制性行业资格准入控制的手段。执业资格制度是国家行使行政管理权的一种手段，属于国家行政行为中行政许可和行政确认的范畴。测绘法对从事测绘活动的专业技术人员执业资格进行认定主要有以下两个原因：

（一）测绘工作事关国家主权，对有关参与人员必须进行必要的执业资格认定。测绘成果对国家版图、疆域的反映，体现了国家的主权和政府的意志，准确的测绘成果是维护国家主权和领土完整的重要依据，测绘资料和数据的任何错误，都有可能造成外交上的被动甚至领土（海）的损失。在国际交往过程中，对边界争议地区各自的主张往往首先是通过地图来表达的。在历史上，有些边界纷争也往往伴随着测绘活动，在各种边界的谈判过程中，准确的测绘资料则是取得谈判主动权的有力工具。由此可见，测绘工作责任较大，很多工作关系国家主权和领土完整，从事测绘工作关键岗位的人员

必须确保准确把握政府的主张，必须具备相应的执业资格。

（二）重要测绘成果涉及国家秘密，关系国家安全，关键岗位必须进行准入控制。测绘资料和数据是对自然地理要素以及地表人工设施的形状、大小、空间位置及其属性的真实描述和反映，有些测绘成果属于国家机密，尤其是精确制导武器十分发达的今天，重要测绘成果的失泄密，会对国家安全造成严重威胁。同样，迅速、准确地取得测绘资料和数据也是我们准确打击敌人，取得军事胜利的基础和保障。在现代战争中，不论武器平台的规模大小，凡是要精确实施打击，都需要准确掌握敌我双方的测绘数据。所以，对于重要地理信息的采集、加工利用和发布必须遵照有关法定程序进行，有关参与人员必须经过必要的资格审查。综上，对从事测绘工作的专业技术人员执业资格进行认定，是维护国家主权和安全的必要手段。

二、本条作出了测绘执业资格管理的具体办法由国务院测绘地理信息主管部门会同国务院人力资源社会保障主管部门规定的规定

测绘地理信息系统开展的执业资格活动主要包括两类：一类是执业资格即注册测绘师制度；另一类是技能人员执业资格即测绘行业特有工种执业技能鉴定工作。国务院人力资源社会保障主管部门是我国执业资格的主管部门，国务院测绘地理信息主管部门主管全国测绘地理信息工作。本法对测绘执业资格制度做了原则性的规定。

相关规定

《国家测绘地理信息局关于印发〈全国测绘地理信息行政执法依据〉和〈全国测绘地理信息行政执法职权分解〉的通知》;《注册核安全工程师执业资格制度暂行规定》第二十五条。

第三十一条　测绘人员进行测绘活动时，应当持有测绘作业证件。

任何单位和个人不得阻碍测绘人员依法进行测绘活动。

条文主旨

本条是关于保障测绘活动顺利进行的规定。

立法背景

测绘作业证件是指证明测绘作业人员正在依法进行测绘活动的合法身份的证件。测绘工作人员在进行测绘时，特别是外业测绘时，难免接触许多单位和人员，需要得到其支持和协助，如进入施测地域内的单位或者他人的场地、建筑物、宅院实施测绘，使用有关单位内或者他人土地、建筑物上或者宅院内的测量标志。测绘工作具有流动性大，常常分散作业，施测时间不定，涉及的单位和个人多的特点。

条文解读

一、本条作出了测绘人员进行测绘活动时应当持有测绘作业证件的规定

为保障合法的测绘活动，需要测绘从业人员出示有法定效力的，能证明其身份和行为性质的证件，以维护施测现场单位和个人的知情权。本条第一款规定的目的，就是解决分散作业的测绘工作人员的身份证明问题。实践中因测绘从业人员无法证明自身身份和行为性质而无法到现场施测的事例时有发生。“测绘人员进行测绘时，应当持有测绘作业证件。”这是法律对测绘从业人员设置的一项义务，也就是说凡不能出示有效测绘作业证件的，所进行的测绘活动有可能无法得到相关单位和个人的配合；凡在施测时已出示有效测绘作业证件的，所进行的测绘活动受法律保护，施测人员有权要求有关单位和个人提供便利，有关单位和个人对所进行的测绘活动应当予以配合。2004 年，国家测绘局制定了《测绘作业证管理规定》，明确了测绘作业证的发放范围、申领和核发程序、测绘作业证的使用和管理等内容。

二、本条作出了任何单位和个人不得阻碍测绘人员依法进行测绘活动的规定

测绘人员的外业工作，高度分散，流动性大，需要接触的单位和个人较多，因此测绘活动所涉及的相关单位和个人应当支持和协助，而不得无理阻挠，给合法的测绘活动设置障碍。本条规定的“任何单位和个人”是指一切同测绘活动产生直接或者间接接触，或者在测绘过程中需要其提供便利和协助的单位和个人。“阻碍”是指违反法律、法规规定，以一定的方式致使测绘活动不能进行或者不能正常进行的行为。“依法进行的测绘活动”是指各类测绘单位及其专业技术人员依照法律、法规的规定，取得测绘资质资格证书，并按照有关法律、法规所开展的正常的测绘活动。

相关规定

《国家测绘局办公室关于加强涉军测绘管理工作的紧急通知》;《关于配发测绘作业证工作的通知》。

第三十二条　测绘单位的测绘资质证书、测绘专业技术人员的执业证书和测绘人员的测绘作业证件的式样，由国务院测绘地理信息主管部门统一规定。

条文主旨

本条是关于测绘资质证书、测绘专业技术人员执业证书和测绘作业证件式样的规定。

立法背景

测绘单位的测绘资质证书、测绘专业技术人员的执业资格证书及测绘作业证是测绘单位和测绘作业人员从事测绘活动的法定凭证。

条文解读

为了维护资质证书、执业证书和测绘作业证件的权威性和严肃性，也便于测绘活动当事人辨别真伪，其样式必须由国务院测绘地理信息主管部门统一规定。凡不是由国务院测绘地理信息主管部门统一规定样式的各种测绘资质（资格）证书、测绘作业证件都没有法律效力。

相关规定

《中华人民共和国公路法》第二十四条；《中华人民共和国环境影响评价法》第十九条。

第六章　测绘成果

第三十三条　国家实行测绘成果汇交制度。国家依法保护测绘成果的知识产权。

测绘项目完成后，测绘项目出资人或者承担国家投资的测绘项目的单位，应当向国务院测绘地理信息主管部门或者省、自治区、直辖市人民政府测绘地理信息主管部门汇交测绘成果资料。属于基础测绘项目的，应当汇交测绘成果副本；属于非基础测绘项目的，应当汇交测绘成果目录。负责接收测绘成果副本和目录的测绘地理信息主管部门应当出具测绘成果汇交凭证，并及时将测绘成果副本和目录移交给保管单位。测绘成果汇交的具体办法由国务院规定。

国务院测绘地理信息主管部门和省、自治区、直辖市人民政府测绘地理信息主管部门应当及时编制测绘成果目录，并向社会公布。

条文主旨

本条是关于测绘成果目录和副本汇交制度的规定。

立法背景

测绘成果，是指各类测绘活动形成的记录和描述自然地理要素或者地表人工设施的形状、大小、空间位置及其属性的地理信息、数据、资料、图件和档案。根据内容分为基础测绘成果和非基础测绘成果。测绘成果汇交是指根据测绘成果不同的性质向测绘地理信息主管部门分别汇交副本或者目录。

测绘项目完成后，需汇交的测绘成果种类较多，汇交方式不一，汇交的义务主体和接收主体不同。依据本条规定，2006 年《中华人民共和国测绘成果管理条例》实施，对测绘成果汇交办法作出了具体规定。

条文解读

一、本条第一款作出了国家实行测绘成果汇交制度及依法保护测绘成果知识产权的规定

测绘成果，是指各类测绘活动形成的记录和描述自然地理要素或者地表人工设施的形状、大小、空间位置及其属性的地理信息、数据、资料、图件和档案。根据内容分为基础测绘成果和非基础测绘成果。测绘成果汇交是指根据测绘成果不同的性质向测绘地理信息主管部门分别汇交副本或者目录。

1989年颁布实施的《中华人民共和国测绘成果管理规定》就确立了测绘成果目录和副本汇交制度，1993年施行的测绘法就测绘成果目录和副本汇交也作了规定，并进一步明确了测绘成果接收单位的义务。2002年修订实施的测绘法就测绘成果汇交的主体、内容和办法以及接受主体及其承担的义务做出规定。2006年国务院通过第469号国务院令公布了《中华人民共和国测绘成果管理条例》，在2002年测绘法的规定的原则基础上进一步对测绘成果汇交的主体、内容、费用、期限、手续办理，汇交的测绘成果副本或者目录移交、汇编与发布，以及外国的组织或者个人在我国从事测绘活动时的测绘成果汇交作出了具体规定。通过测绘成果汇交，有利于各级测绘地理信息主管部门及时掌握本行政区域的最新基础地理信息，并向社会提供信息，有利于实现测绘公共信息资源共享，避免重复测绘。

国家依法保护测绘成果的知识产权是本次法律修改增加的内容。知识产权是权利人依法对其智力劳动所创作的成果享有的专有的权利，主要包括著作权、专利权、商标权。《民法总则》对知识产权作出如下定义：知识产权是权利人依法就下列客体享有的专有的权利：（一）作品；（二）发明、实用新型、外观设计；（三）商标；（四）地理标志；（五）商业秘密；（六）集成电路布图设计；（七）植物新品种；（八）法律规定的其他客体。测绘成果种类繁多，其中地图及其数字化成果、地理信息系统、地理信息数据和资料等许多测绘成果都属于知识产权保护的范围，应当依法对权利人的知识产权予以保护。通过对测绘成果知识产权的保护，有利于激励相关方加大投入，多出成果，出好成果，服务经济社会发展需要 。

二、本条第二款对测绘成果汇交的主体、汇交的内容和办法以及接收主体及其承担的义务作了规定

（一）本条规定的承担测绘成果汇交义务的主体为测绘项目的出资人或者承担国家投资的测绘项目的单位。测绘项目出资人往往是测绘成果的所有者，按照未经所有权人同意不得随意处分其财产的民法理念，只有具有测绘成果处分权的出资人才有资格实际履行测绘成果汇交义务，因此测绘法明确测绘项目所形成的测绘成果的汇交义务人为出资人。国家投资的测绘项目，其形成的测绘成果归国家所有，由承担国家投资的测绘项目的单位（一般是测绘项目的组织实施单位）保管测绘成果和行使测绘成果的处分权，因此测绘法规定凡国家投资的测绘项目，由承担国家投资的测绘项目的单位负责汇交测绘成果，更便于操作。本法所称国家投资是指由各级财政投入的资金（包括预算外资金）。其中，中央财政投资完成的测绘项目，由承担测绘项目的单位向国务院测绘地理信息主管部门汇交测绘成果资料；地方财政投资完成的测绘项目，由承担测绘项目的单位向测绘项目所在地的省、自治区、直辖市人民政府测绘地理信息主管部门汇交测绘成果资料。使用其他资金完成的测绘项目，由测绘项目出资人向测绘项目所在地的省、自治区、直辖市人民政府测绘地理信息主管部门汇交测绘成果资料。测绘成果的副本和目录实行无偿汇交。汇交的期限是自测绘项目验收完成之日起 3 个月内，向测绘地理信息主管部门完成汇交。

（二）测绘法规定测绘成果的接收主体是国务院测绘地理信息主管部门或者省、自治区、直辖市人民政府测绘地理信息主管部门。测绘法规定负责接收测绘成果副本和目录的测绘地理信息主管部门应当履行下列义务：1. 出具测绘成果汇交凭证。汇交凭证用于记载汇交的基本内容，并作为汇交履行情况的书面证明。测绘地理信息主管部门收到汇交的测绘成果副本或目录后，应依法主动出具汇交凭证。2. 及时将测绘成果副本和目录移交给保管单位，测绘成果保管单位是指各级政府测绘地理信息主管部门授权或者指定的测绘成果档案管理机构，测绘地理信息主管部门自收到汇交的测绘成果副本或者目录之日起 10 个工作日内，应当将其移交给测绘成果保管单位。

（三）测绘成果汇交的内容形式。本条第二款规定，属于基础测绘项目汇交副本，属于非基础测绘项目汇交目录。基础测绘是国家公益性事业，是国家投资完成的，属公共财政支持的范畴，其成果为基础测绘成果，是国家的公共财产，应当用于公共服务，依法满足公众需求。需要汇交的基础测绘成果是指：1. 为建立全国统一的测绘基准和测绘系统进行的天文测量、三角测量、水准测量、卫星大地测量、重力测量所获取的数据、图件；2. 基础航空摄影所获取的数据、影像资料；3. 遥感卫星和其他航天飞行器对地观测所获取的基础地理信息遥感资料；4. 国家基本比例尺地图、影像图及其数字化产品；5. 基础地理信息系统的数据、信息等。非基础测绘项目，往往与有关单位或者个人的某项工作或者某个需求紧密联系，法律规定只汇交成果目录，既有利于测绘资源信息共享，也有利于维护测绘成果所有权人的合法权益。

三、本条第三款对编制测绘成果目录并向社会公布作了规定

向社会公布测绘成果目录，是便于使用成果的单位快捷地获取所需测绘成果信息，以避免重复测绘，促进测绘成果信息资源共享的重要手段，本条规定了编制测绘成果目录的主体为国务院测绘地理信息主管部门和省、自治区、直辖市人民政府测绘地理信息主管部门。国务院测绘地理信息主管部门和省、自治区、直辖市人民政府测绘地理信息主管部门应当依法确定测绘成果目录的编制周期，及时编制测绘成果目录并向社会公布。

为了更好地贯彻落实本款要求，国家测绘地理信息局组织对“全国地理信息资源目录服务系统”进行了升级改造与数据更新。新版系统整合了测绘地理信息数字成果、控制点成果、模拟地形图、遥感影像等 270 多万条目录数据，能够提供测绘地理信息资源目录发布与查询、成果展示与下载等相关服务。新版“全国地理信息资源目录服务系统”已具备正式提供服务的条件，2016 年 10 月 11 日起正式启用。

相关规定

《中华人民共和国测绘成果管理条例》；《中华人民共和国民法总则》。

第三十四条 县级以上人民政府测绘地理信息主管部门应当积极推进公众版测绘成果的加工和编制工作，通过提供公众版测绘成果、保密技术处理等方式，促进测绘成果的社会化应用。

测绘成果保管单位应当采取措施保障测绘成果的完整和安全，并按照国家有关规定向社会公开和提供利用。

测绘成果属于国家秘密的，适用保密法律、行政法规的规定；需要对外提供的，按照国务院和中央军事委员会规定的审批程序执行。

测绘成果的秘密范围和秘密等级，应当依照保密法律、行政法规的规定，按照保障国家秘密安全、促进地理信息共享和应用的原则确定并及时调整、公布。

条文主旨

本条是关于测绘成果定密、涉密测绘成果管理、测绘成果保管单位应履行的义务和促进测绘成果应用的规定。

立法背景

关于测绘成果的社会化应用。公众版测绘成果是指国家认可的、适合公众公开使用的系列标准化测绘成果。它具备两个重要特性：一是可公开性。基础测绘成果大部分属于国家秘密范畴，不能够直接面向社会公开使用，通过把测绘成果中几何位置精度降低至不影响国家安全的程度，删除涉及国家安全的属性内容，使之符合国家保密政策的要求，可以公开使用；二是通用性。即能满足公众一般的使用需求。这里主要指测绘成果的内容和精度两个方面，内容上要突出共性，满足公众普遍而共同的需求；精度上要保证相对位置的准确，满足公众日常生活应用中一般性的需求。正是因为"公众版测绘成果"具备了上述两个重要特性，因而公众版测绘成果的加工和编制已不是单纯的技术工作，政策性很强。

条文解读

一、本条第一款是关于测绘成果社会化应用的相关规定

本款规定由县级以上测绘地理信息主管部门编制、加工公众版测绘成果，可以最大限度地防止对国家安全造成不利影响，避免各地区、行业出现使用和管理上的混乱。县级以上地方人民政府测绘地理信息主管部门应当积极支持、鼓励企、事业单位和个人使用公众版测绘成果，在公众版测绘成果基础上进行增值加工，这样做既可以避免重复测绘，又可以满足应用，减少这些组织或个人接触保密测绘成果的机会，有利于加强国家安全。

保密处理技术是指依照国家相关法律法规规定，经国家测绘地理信息局会同国家保密局和军队测绘部门共同认定，实现涉密地理信息数据解密处理的技术方法（包括参数及算法等）及其相应的软件程序。随着测绘成果越来越广泛地应用于经济社会各个领域，成果安全保密与广泛应用的矛盾越来越突出。为了在确保测绘成果安全的前提下，促进成果的广泛应用，本条规定通过保密技术处理等方式，促进测绘成果的社会化应用。

二、本条第二款规定测绘成果保管单位应履行两项义务

（一）采取措施保障测绘成果的完整和安全。测绘成果是广大测绘工作者付出艰辛的劳动后获得的结果，有些测绘成果属于国家秘密范畴，事关国家安全，测绘成果一旦灭失很难重新获取，或者重新获取成本很高。因此，测绘成果保管单位应当本着对国家和人民利益高度负责的精神，采取必要的措施管理好测绘成果，防止测绘成果损坏、丢失、灭失和失泄密。测绘成果保管单位应当制定和完善测绘成果存放、保管、提供、销毁、保密等方面的制度，配备存放载体介质的库房设施、存放载体介质的柜架设施、专业技术设备、安全防护设施、管理与服务设备等必要的设施，确保测绘成果资料的安全。测绘成果保管单位对基础测绘成果资料要实行异地备份存放制度，即将基础测绘成果进行备份，并存放于不同地点，以保证基础测绘成果意外损毁后，可以迅速恢复基础测绘成果服务。测绘成果资料的存放设施与条件，应当符合国家保密、消防及档案管理的有关规定和要求。测绘成果保管单位应当按照规定保管测绘成果资料，不得损毁、散失、转让。

（二）按照国家有关规定向社会公开和提供利用。测绘成果向社会公开是充分利用测绘成果，减少重复测绘，发挥测绘成果的实际功能，最终实现成果共享的有效手段。然而，实际工作中常常出现一方面测绘成果保管单位拥有大量的测绘成果，没有充分发挥作用；另一方面有的部门和单位急需测绘成果无处获取，只好雇请测绘单位进行重复测绘。随着国民经济建设和社会的发展，地物地貌不断变化，一些测绘成果如不尽快利用，发挥效益，其使用价值将会大大降低。因此测绘法规定测绘成果保管单位应按照国家有关规定向社会公开和提供利用。《中华人民共和国测绘成果管理条例》第三章对测绘成果利用作出了专章规定。

三、本条第三款对涉密测绘成果的管理和对外提供作了规定

（一）各种测绘成果，是我国各项建设事业的基础性资料，有一些含有非常重要、准确的基础地理信息数据，属于国家秘密范畴，不能公开。需要保密的测绘成果属于《中华人民共和国保守国家秘密法》第九条第一款第（七）项的保密对象，其密级的确定按保守国家秘密法第十条规定分为“绝密”“机密”“秘密”。测绘成果应当按照国家秘密及其密级的具体范围的规定确定密级，同时确定保密期限和知悉范围，建立保密管理制度。测绘成果的密级、保密期限和知悉范围，应当依据《中华人民共和国保守国家秘密法》的规定，根据情况的变化及时变更。密级、保密期限和知悉范围的变更，由原定密机关和单位决定，也可以由其上级机关决定。涉密测绘成果保管期限为长期，属保守国家秘密法另有规定的情形，不得期满自行解密。对在保密期限内因保密事项范围调整不再作为国家秘密事项，或者公开后不会损害国家安全和利益，不需要继续保密的，应当及时解密。

2003 年国家测绘局和国家保密局联合印发的《测绘管理工作国家秘密范围的规定》，对保密测绘成果的范围及其密级做了如下划分：

1. 绝密测绘成果指：国家大地坐标系、地心坐标系以及独立坐标系之间的相互转换参数；分辨率高于 $5' \times 5'$，

精度优于 ±1 毫伽的全国性高精度重力异常成果；1∶1 万、1∶5 万全国高精度数字高程模型；地形图保密处理技术参数及算法。

2. 机密测绘成果指：国家等级控制点坐标成果以及其他精度相当的坐标成果；国家等级天文、三角、导线、卫星大地测量的观测成果；国家等级重力点成果及其他精度相当的重力点成果；分辨率高于 30′×30′，精度优于 ±5 毫伽的重力异常成果，精度优于 ±1 米的高程异常成果，精度优于 ±3″的垂线偏差成果；涉及军事禁区的大于或等于 1∶1 万的国家基本比例尺地形图及其数字化成果；1∶2.5 万、1∶5 万和 1∶10 万国家基本比例尺地形图及其数字化成果；空间精度及涉及的要素和范围相当于上述机密基础测绘成果的非基础测绘成果。

3. 秘密测绘成果指：构成环线或者线路长度超过 1000 米的国家等级水准网成果资料；重力加密点成果；分辨率高于 30′×30′至 1°×1°，精度在 ±5 毫伽至 ±10 毫伽的重力异常成果，精度在 ±1 米至 ±2 米的高程异常成果，精度优于 ±3″至 ±6″的垂线偏差成果；非军事禁区 1∶5000 国家基本比例尺地形图，或多张连续的、覆盖范围超过 6 平方千米的大于 1∶5000 的国家基本比例尺地形图及其数字化成果；1∶50 万、1∶25 万、1∶1 万国家基本比例尺地形图及其数字化成果；军事禁区及国家安全要害部门所在地的航摄影像；空间精度及涉及的要素和范围相当于上述秘密基础测绘成果的非基础测绘成果；涉及军事、国家安全要害部门的点位名称及坐标；涉及国民经济重要工程设施精度优于 ±100 米的点位坐标。属于国家秘密测绘成果的保密期限，一律定为“长期”。

维护国家安全是职责和前提，地理信息的生命力则在于应用。如何科学合理地确定测绘成果保密范围、内容和等级，既要确保国家安全，又要有利于推动测绘地理信息广泛应用，是我们亟待研究解决的重大课题。当前，急需加快修订测绘成果保密管理制度，实现科学定密、合理定密；急需加强技术创新和管理创新，加快保密处理技术研究和公众版产品研发，丰富测绘地理信息公共产品供给；加强地理信息资源开发利用的统筹管理，更大程度地开放基础数据，鼓励企业对测绘成果进行增值开发，推进测绘成果社会化应用的深度、广度和速度，促进地理信息产业健康发展。

（二）对外提供测绘成果管理。随着国际交流日益广泛，目前我国已与 70 多个国家、地区的测绘部门或机构建立了合作关系，特别是围绕服务“一带一路”国家战略实施，测绘地理信息领域对外合作项目越来越多，需要对外提供测绘成果的事例也越来越多，为确保涉密测绘成果安全，必须加强保密管理，建立严格的对外提供使用测绘成果的审批制度，杜绝测绘成果对外提供使用时泄密问题的发生。因此，对外提供属于国家秘密的测绘成果，应当按照国务院和中央军事委员会规定的审批程序，报国务院测绘地理信息主管部门或者省、自治区、直辖市人民政府测绘地理信息主管部门审批；测绘地理信息主管部门在审批前，还应当征求军队有关部门的意见。

对外提供属于国家秘密的测绘成果审批作为一项行政许可，要求申请人具有企业或事业单位法人资格，或为政府部门，同时具有相适应的保密管理制度和成果保管条件。申请对外提供的涉密测绘成果应当是经国家批准的中外经济、文化、科学技术合作项目所必需的测绘资料。对于成果对外提供后妨碍国家安全的、已有非涉密成果能够满足需求的、申请人隐瞒有关情况或者提供虚假材料的，不予批准。

四、本条第四款对测绘成果定密作了规定

我国现行的测绘地理信息成果定密主要依据2003年测绘地理信息部门、保密部门、军队测绘部门联合制定的《测绘管理工作国家秘密范围的规定》。随着测绘地理信息技术的快速进步与日益普及，从当前的实践看，对测绘地理信息秘密范围的划定存在密级偏高、范围偏大、线条较粗的情况，不能适应地理信息产业发展的需求，在一定程度上制约了地理信息应用范围和消费需求。本条从测绘成果保密和应用的实际出发，明确要求应当依照保密法律、行政法规的规定，按照保障国家秘密安全、促进地理信息共享和应用的原则确定并及时调整测绘成果的秘密范围和秘密等级，予以公布，做到“该保的保住，该放的放开”，在全力保障地理信息安全的同时，积极促进地理信息共享应用。

相关规定

《中华人民共和国保守国家秘密法》第十条；《测绘管理工作国家秘密范围的规定》。

第三十五条　使用财政资金的测绘项目和涉及测绘的其他使用财政资金的项目，有关部门在批准立项前应当征求本级人民政府测绘地理信息主管部门的意见；有适宜测绘成果的，应当充分利用已有的测绘成果，避免重复测绘。

条文主旨

本条是关于使用财政资金的测绘项目立项管理的规定。

立法背景

测绘法明确规定使用财政资金的测绘项目和涉及测绘的其他使用财政资金的项目，有关部门批准立项前应当征求本级人民政府测绘地理信息主管部门的意见，这有助于充分发挥财政资金的效率，避免重复投资和重复测绘。由于使用财政资金的测绘项目和涉及测绘的其他使用财政资金的项目的批准渠道和途径不一致，使现有的测绘成果得不到充分利用，会造成重复测绘，浪费国家财政资金。如：

有的城市两个部门分别租用飞机同时进行同一地区、同一比例尺的航空摄影，还有的地区短期内几个部门测制相同的比例尺、功能几乎相同的地图。

各级测绘地理信息主管部门对本辖区测绘工作实施统一监督管理，十分清楚本辖区内测绘成果覆盖区域和状况，法律规定有关部门在批准使用财政资金的测绘项目立项前应当征求本级人民政府测绘地理信息主管部门的意见，可以避免重复测绘，促进测绘成果资源信息有效利用。对有适宜测绘成果，属重复测绘的项目，测绘地理信息主管部门应当及时告知测绘项目立项批准机关，不予立项。

条文解读

本条中的有关部门包括测绘项目的提出部门、审核批准部门和财政资金的拨付部门等，这些部门征求意见必须是在批准立项之前。依据《中华人民共和国测绘成果管理条例》的相关规定，测绘地理信息主管部门应当自收到征求意见材料之日起10日内，向征求意见的部门反馈意见。

本条规定所指的财政资金，包含了国家和各级地方人民政府的财政资金（包括预算外资金），以及各级地方人民政府所属部门和事业单位使用的财政资金。依照本条规定需经立项前征求意见的测绘项目有两类：（1）使用财政资金的测绘项目；（2）涉及测绘的其他使用财政资金的项目。使用财政资金的测绘项目是指基础测绘项目及其他各部门工作所需的各种测绘项目；涉及测绘的其他使用财政资金的项目是指包含在各种项目中，为该项目服务的测绘项目。本条规定的“使用财政资金”包括测绘项目全部使用财政资金和部分使用财政资金两种情形。

第三十六条　基础测绘成果和国家投资完成的其他测绘成果，用于政府决策、国防建设和公共服务的，应当无偿提供。

除前款规定情形外，测绘成果依法实行有偿使用制度。但是，各级人民政府及有关部门和军队因防灾减灾、应对突发事件、维护国家安全等公共利益的需要，可以无偿使用。

测绘成果使用的具体办法由国务院规定。

条文主旨

本条是关于测绘成果无偿提供和有偿使用的规定。

立法背景

国防建设指的是为国家安全利益需要，提高国防能力而进行的各方面的建设，是国家安全与经济发展的基本保证，基础测绘成果和国家投资完成的其他测绘成果用于国防建设的，应当无偿提供。社会公益性事业是服务于广大人民群众的生产、生活活动的非营利性事业，本着取之于民、用之于民的精神，基础测绘成果和国家投资完成的其他测绘成果用于社会公益性事业的，应当无偿提供。

条文解读

一、本条第一款作出了“基础测绘成果和国家投资完成的其他测绘成果，用于政府决策、国防建设和公共服务的，应当无偿提供”的规定

基础测绘成果和国家投资完成的其他测绘成果是由公共财政支付的用于公共服务的产品，其所有权归国家，属于全体人民。作为国家意志的实际执行者的国家机关在决策时，有权无偿使用国家所有的测绘成果。本条所称“用于政府决策”，应当理解为国家行政机关为管理国家事务而决策时需要直接使用测绘成果的情形。本条所称“公共服务”是指使用公共权力和公共资源向公民所提供的各项服务。本条所称“无偿提供”是指不收取测绘成果生产所需要的成本费用。

二、本条第二款作出了“除前款规定情形外，测绘成果依法实行有偿使用制度”的规定

根据本条规定，以下两种情形需要实行有偿使用制度：一是政府决策、国防建设和公共服务需要使用非基础测绘成果和不是国家投资完成的其他测绘成果的；二是不属于政府决策、国防建设和公共服务，需要使用基础测绘成果或者国家投资完成的其他测绘成果的。依法有偿使用测绘成果的，使用人与测绘项目出资人应当签订书面协议，明确双方的权利和义务。这样既有利于维护测绘成果所有权人的合法权益，也是保证涉密测绘成果安全的具体措施。

三、本条第二款规定对于实行有偿使用的测绘成果，各级人民政府及有关部门和军队因防灾减灾、应对突发事件、维护国家安全等公共利益的需要，可以无偿使用

无偿使用测绘成果的前提是各级人民政府及有关部门和军队因防灾减灾、应对突发事件、维护国家安全等公共利益的需要。《中华人民共和国突发事件应对法》规定："本法所称突发事件，是指突然发生，造成或者可能造成严重社会危害，需要采取应急处置措施予以应对的自然灾害、事故灾难、公共卫生事件和社会安全事件。""有关人民政府及其部门为应对突发事件，可以征用单位和个人的财产。被征用的财产在使用完毕或者突发事件应急处置工作结束后，应当及时返还。财产被征用或者征用后毁损、灭失的，应当给予补偿。"测绘成果是通过提供有关数据和信息来实现其使用价值的，测绘成果使用后便无法归还。因此，政府及其有关部门和军队因防灾减灾、应对突发事件、维护国家安全等公共利益的需要，可以无偿使用各种测绘成果。

四、本条第三款作出了"测绘成果使用的具体办法由国务院规定"的规定

2006 年国务院令第 469 号公布的《中华人民共和国测绘成果管理条例》在本款规定的基础上，对测绘成果使用作出了细化规定。此外，国家测绘地理信息局颁布了一系列测绘成果使用的规范性文件，规范测绘成果提供使用行为。如：《基础测绘成果提供使用管理暂行办法》（国测法字〔2006〕13号）、《基础测绘成果应急提供办法》（国测法字〔2007〕13号）、《关于加强涉密测绘成果管理工作的通知》（国测成字〔2008〕2号）、《关于进一步加强涉密测绘成果管理工作的通知》（国测成字〔2009〕3号）、《国家测绘局关于进一步加强涉密测绘成果行政审批与使用管理工作的通知》（国测成发〔2010〕6号）、《关于加强涉密测绘地理信息安全管理的通知》（国测成发〔2012〕11号）、《关于进一步加强测绘地理信息成果安全保密管理的意见》（国测成发〔2015〕8号）等。

相关规定

《中华人民共和国突发事件应对法》；《中华人民共和国测绘成果管理条例》。

第三十七条　中华人民共和国领域和中华人民共和国管辖的其他海域的位置、高程、深度、面积、长度等重要地理信息数据，由国务院测绘地理信息主管部门审核，并与国务院其他有关部门、军队测绘部门会商后，报国务院批准，由国务院或者国务院授权的部门公布。

条文主旨

本条是关于重要地理信息数据审核、公布管理的规定。

立法背景

中华人民共和国领域和管辖的其他海域的位置、高程、深度、面积、长度等重要地理信息数据，关系到国家政治、经济和国际地位以及社会安定，涉及到国家主权和领土完整以及民族尊严，对于国家安全和建设具有非常重要的作用，如果擅自发布中华人民共和国领域和中华人民共和国管辖的其他海域的重要地理信息数据，这些数据的真实性和准确性将无法得到保障，单位和个人如果采用了这些不准确的数据，将会给正常的生产生活带来不利的影响，造成不必要的损失，有些未经批准发布的重要地理信息数据甚至会影响到社会稳定、民族团结以及对外交往。因此，国家对重要地理信息数据实行统一审核与公布制度。任何单位和个人不得擅自公布重要地理信息数据。为贯彻落实测绘法规定，2006 年《中华人民共和国测绘成果管理条例》、2003 年《重要地理信息数据审核公布管理规定 》进一步做出了明确规定。

条文解读

本条所称的重要地理信息数据，是指在中华人民共和国领域和管辖的其他海域内的重要自然和人文地理实体的位置、高程、深度、面积、长度等位置信息数据和重要属性信息数据。主要包括：（1）国界、国家海岸线长度；（2）领土、领海、毗连区、专属经济区面积；（3）国家海岸滩涂面积、岛礁数量和面积；（4）国家版图的重要特征点，地势、地貌分区位置；（5）国务院测绘地理信息主管部门商国务院其他有关部门确定的其他重要自然和人文地理实体的位置、高程、深度、面积、长度等地理信息数据。

本条规定了重要地理信息数据的审核、批准、公布的主体和程序。

重要地理信息数据的审核机构是国务院测绘地理信息主管部门。提出公布重要地理信息数据建议的单位或者个人，应当向国务院测绘地理信息主管部门或者省、自治区、直辖市人民政府测绘地理信息主管部门报送建议材料。对需要公布的重要地理信息数据，国务院测绘地理信息主管部门应当提出审核意见，并与国务院其他有关部门、军队测绘部门会商。审核后的重要地理信息数据由国务院测绘地理信息主管部门或者有关部门报国务院批准。国务院批准后，由国务院或者国务院授权的部门公布。在行政管理、新闻传播、对外交流、教学等对社会公众有影响的活动中，需要使用重要地理信息数据的，应当使用依法公布的重要地理信息数据。

为贯彻落实测绘法，引导社会各界依法使用重要地理信息数据，2005 年国家测绘局组织开展珠峰高程复测，根据《中华人民共和国测绘法》，经国务院批准并授权，2005 年 10 月 9 日，国家测绘局公布珠穆朗玛峰高程新数据为 8844.43 米。2007 年、2008 年、2009 年，国家测绘局按照法定程序审核并报国务院批准后，分三批公布了我国 74 个著名风景名胜山峰高程新数据。这些重要地理信息数据在行政管理、新闻传播、对外交流、公开出版的地图、教材及社会公众活动中得到了广泛使用。

相关规定

《中华人民共和国测绘成果管理条例》；《重要地理信息数据审核公布管理规定》。

第三十八条 地图的编制、出版、展示、登载及更新应当遵守国家有关地图编制标准、地图内容表示、地图审核的规定。

互联网地图服务提供者应当使用经依法审核批准的地图，建立地图数据安全管理制度，采取安全保障措施，加强对互联网地图新增内容的核校，提高服务质量。

县级以上人民政府和测绘地理信息主管部门、网信部门等有关部门应当加强对地图编制、出版、展示、登载和互联网地图服务的监督管理，保证地图质量，维护国家主权、安全和利益。

地图管理的具体办法由国务院规定。

条文主旨

本条是关于地图管理的规定。

立法背景

地图是根据特定的数学法则，将地球上的自然和社会经济现象，通过制图综合，并以符号和注记缩绘在平面或者曲面上的图像。绘有完整国界线的地图是国家版图的主要表现形式，体现着一个国家的主权方面的意志和在国际社会中的政治外交立场，具有鲜明的政治性、严密的科学性和严格的法定性。地图涉及国家主权、安全和利益，关系百姓日常生活，广泛服务于社会各个领域。目前，地图的需求极为旺盛，传统纸质地图和各类电子地图、导航地图、互联网地图快速发展，手机地图用户规模已经超过6亿。地图市场繁荣的同时，也出现一些问题，例如，地图上错绘国界线、行政区域界线以及漏绘我国南海诸岛和钓鱼岛的现象屡禁不止，出现违背“一个中国”原则的错误；在互联网地图上标注和上传涉密信息，泄露国家秘密、危害国家安全的问题时有发生，甚至引发外交争议和涉外事故。“问题地图”引起了党中央、国务院的高度重视，中央领导同志对此多次作出重要批示。国家测绘地理信息局联合其他有关部门，多次开展专项整治活动，查处地图市场的违法违规行为。为规范地图市场行为，维护国家主权、安全和利益，需要在地图编制、出版、展示、登载及更新等各环节加强管理，明确需要遵守的国家有关地图编制标准、地图内容表示、地图审核的规定。

条文解读

一、本条第一款规定了地图的编制、出版、展示、登载及更新应当遵守国家有关地图编制标准、地图内容表示、地图审核的规定

本条所称“地图编制”是指编制地图的作业过程，既包括通过实地测量的结果进行地图绘制，也包括在一张现有的底图上增、减、编辑地理信息数据和要素，还包括通过制图综合由已有的地图编辑生成地图。“地图出版”是指将编制的地图作品编辑加工，经过复制向公众发行。地图出版包括专门的地图（集、册或幅），数字、多媒体等电子地图，报纸、期刊、图书等出版物上插附的地图等。“地图展示”是指以地图为载体在公开场合展出或使用的地图图形，如影视、广告、标牌、橱窗、壁画、宣传背景、票证、展览、展厅中展示和使用的地图图形。“地图登载”是指利用数字地图，经可视化处理，通过网络传输的地图，如互联网上的地图等。“地图更新”是指为了保持地图的现势性、准确性和可靠性，按现实情况对地图内容进行更正的过程。

为了加强地图管理，维护国家主权、安全和利益，促进地理信息共享和产业健康发展，我国对地图编制、出版、展示、登载的监督管理制定了相应的管理规定，因此本条第一款明确要求地图的编制、出版、展示、登载应当遵守国家有关地图编制标准、地图内容表示、地图审核的规定。

二、本条第二款作出了“互联网地图服务提供者应当使用经依法审核批准的地图，建立地图数据安全管理制度，采取安全保障措施，加强对互联网地图新增内容的核校，提高服务质量”的规定

由于互联网地图具有实时、动态、交互等特点，信息化时代应用面十分广泛。根据互联网地图监管的工作实践，本条对互联网地图服务提供者提出三点要求：一是要求互联网地图服务提供者应当使用经依法审核批准的地图；二是规定互联网地图服务的单位应当建立地图数据安全管理制度，采取安全保障措施；三是要求互联网地图服务提供者加强对互联网地图新增内容的核校，提高服务质量。为保证互联网地图的正确性，互联网地图与其他向社会公开的地图一样，要经依法审核批准。由于互联网地图具有实时性和交互性，通过上传、标注等功能在互联网地图上新增的地理信息不可能随时送审，因此测绘地理信息主管部门通过配备安全审校员、每6个月新增兴趣点备案等形式，加强对互联网地图的安全监管。互联网地图服务量大面广、形式多样、服务模式不断创新且发展迅猛，只有提供互联网地图服务的单位自身建立起安全管理制度，加强对互联网地图新增内容的核查校对，才能从源头上杜绝互联网问题地图的出现。

互联网地图服务领域十分宽广，监督管理部门也相对较多，测绘地理信息、工业和信息化、出版、保密、军队等相关部门都有涉及。互联网地图市场管理实践证明，互联网地图市场的发展离不开各部门的密切配合。多年来，国家测绘地理信息局、中央网信办、外交部、教育部、工业与信息化部、公安部、民政部、商务部、海关总署、国家工商总局、新闻出版广电总局、国家保密局等12部门组成的全国国家版图意识宣传教育和地图市场监管协调指导小组，在全国开展了地图市场专项治理行动，进一步加强了地图市场监管。2008年，经国务院同意，国家测绘局、外交部、公安部、工业和信息化部、国家工商行政管理总局、新闻出版总署、国务院新闻办公室、国家保密局8部门联合印发《关于加强互联网地图和地理信息服务网站监管的意见》（国测图字〔2008〕1号），在全国组织开展了对互联网地图和地理信息服务违法违规行为的专项治理行动，也取得了良好成效。因此，本款进一步明确了互联网地图数据安全管理规定，加强对互联网地图内容的核查校对切实维护互联网地理信息安全。

三、本条第三款作出了“县级以上人民政府和测绘地理信息主管部门、网信部门等有关部门应当加强对地图编制、出版、展示、登载和互联网地图服务的监督管理，保证地图质量，维护国家主权、安全和利益”的规定

关于地图工作管理体制。国务院测绘地理信息主管部门负责全国地图工作的统一监督管理。国务院其他有关部门按照国务院规定的职责分工，负责有关的地图工作。县级以上地方人民政府测绘地理信息主管部门负责本行政区域地图工作的统一监督管理。县级以上地方人民政府其他有关部门按照本级人民政府规定的职责分工，负责有关的地图工作。网信部门负责互联网地图服务领域的网络安全和信息化工作。其他有关部门还包括民政、水利、交通、外交、教育、新闻出版等部门。县级以上人民政府和测绘地理信息主管部门、网信部门等有关部门应当加强对地图编制、出版、展示、登载和互联网地图服务的管理，杜绝有政治问题的地图产品，打击侵权盗版、假冒伪劣地图，规范地图市场秩序。

四、本条第四款作出了“地图管理的具体办法由国务院规定”的规定

2015 年 11 月 26 日，国务院令第 664 号颁布了《地图管理条例》，自 2016 年 1 月 1 日起施行，进一步完善了地图编制、审核、出版、监督检查等各个行政管理环节，确立了增强公民国家版图意识、建立健全地理信息资源共建共享机制、加强互联网地图服务监督管理、强化事中事后监管等多项法律制度。《地图管理条例》从国务院行政法规的高度规定了有关地图活动的基本准则，为地图管理提供基本依据，它的颁布实施，有利于进一步规范地图市场秩序，营造公正公开公平的市场环境，有利于提高测绘地理信息行业单位和从业人员守法意识，有利于加快推进测绘地理信息产业规范发展。2006 年，国土资源部颁布了《地图审核管理规定》，进一步明确和细化了地图审核管理工作，目前正在根据《地图管理条例》加紧修订中。

相关规定

《地图管理条例》；《地图审核管理规定》。

第三十九条　测绘单位应当对完成的测绘成果质量负责。县级以上人民政府测绘地理信息主管部门应当加强对测绘成果质量的监督管理。

条文主旨

本条是关于测绘成果质量管理的规定。

立法背景

测绘工作是国民经济和社会发展的前期性、基础性工作，担负着为经济建设、国防建设、社会发展提供测绘保障的任务，测绘成果质量是各项工程建设质量的基础，直接影响着后续建设的成效。实践中，曾经发生过因测绘成果质量存在问题，使后续建设受到影响，造成重大损失的事例。

条文解读

一、本条作出了“测绘单位应当对完成的测绘成果质量负责”的规定

本条首先明确规定了测绘成果质量责任主体，测绘单位应当对其完成的测绘成果质量负责。如果测绘成果质量出了问题，首先对其负责的是测绘成果的施测单位。测绘单位对测绘成果不符合质量要求的要承担行政责任和民事责任。行政责任即测绘单位因施测的测绘成果不合格可能被测绘地理信息主管部门依法查处，如停业整顿、降低测绘资质等级或吊销测绘资质证书等。民事责任即民商事法规定的责任，如《中华人民共和国合同法》第二百六十二条规定："承揽人交付的工作成果不符合质量要求的，定作人可以要求承揽人承担修理、重作、减少报酬、赔偿损失等违约责任。"

我国历来十分重视测绘成果的质量管理，发布了一系列的规章制度和各种技术规范。为提高测绘单位产品质量，测绘单位应当建立健全覆盖本单位测绘地理信息业务范围的质量管理体系并有效运行。测绘单位应当建立质量责任制，明确岗位职责，制定并落实岗位考核办法和质量责任。测绘地理信息项目实施所使用的仪器设备应按照国家有关规定进行检定、校准。测绘地理信息项目实施，应当坚持先设计后生产，不允许边设计边生产，禁止没有设计进行生产。测绘地理信息项目实行"两级检查、一级验收"制度。法律法规或委托方有明确要求实施监理的测绘地理信息项目，应依法开展监理工作。测绘单位对其完成的测绘地理信息成果质量负责，所交付的成果，必须保证是合格品。测绘单位应建立质量信息征集机制，主动征求用户对测绘地理信息成果质量的意见，并为用户提供咨询服务。测绘地理信息项目通过验收后，测绘单位应将项目质量信息报送项目所在地测绘地理信息行政主管部门。测绘地理信息项目依照国家有关规定实行项目分包的，分包出的任务由总承包方向发包方负完全责任。为了保证测绘成果质量，测绘行业还建立了注册测绘师制度，要求在测绘活动中形成的技术设计和测绘成果质量文件，必须由注册测绘师签字并加盖执业印章后方可生效，注册测绘师要保证执业活动中相应的测绘成果质量并承担终身责任。

二、本条作出了“县级以上人民政府测绘地理信息主管部门应当加强对测绘成果质量的监督管理”的规定

本条明确规定了行使测绘成果质量监督管理职责的部门是县级以上人民政府测绘地理信息主管部门，这与《中华人民共和国产品质量法》规定是一致的，该法第八条第三款明确规定：“法律对产品质量的监督部门另有规定，依照有关法律的规定执行。”质量监督管理是测绘地理信息行政管理的重要职责。测绘地理信息主管部门履行测绘成果质量监督管理的主要技术依据有国家标准、行业标准及测绘活动双方约定的特殊技术要求。测绘法明文规定，从事测绘活动，应当使用国家规定的测绘基准和测绘系统，执行国家规定的测绘技术规范和标准。因此测绘活动双方对测绘成果质量的特殊约定必须符合国家规定的测绘基准、测绘系统、测绘技术规范和标准的要求，否则依照《中华人民共和国合同法》第五十二条第（五）项的规定，此种约定条款是无效的。测绘地理信息主管部门履行质量监督管理职责的主要方式有：（1）制定国家标准和行业标准；（2）建立质量监督管理体系；（3）对测绘地理信息质量实行监督检查制度；（4）依法查处质量不合格的测绘成果及施测单位；（5）向社会公布测绘地理信息质量监督检查结果。

此外，测绘地理信息主管部门履行质量监督管理职责的方式还有对测绘单位在生产中使用的测量器具是否经法定的计量检定机构检测合格进行监督，组织对全行业测绘成果质量评定，进行奖励等。测绘地理信息主管部门对测绘成果进行监督检查中需要进行的检验、鉴定、检测等监督检验活动，由实施监督检查的测绘地理信息主管部门委托测绘地理信息成果质量检验机构承担。

第四十条　国家鼓励发展地理信息产业，推动地理信息产业结构调整和优化升级，支持开发各类地理信息产品，提高产品质量，推广使用安全可信的地理信息技术和设备。

县级以上人民政府应当建立健全政府部门间地理信息资源共建共享机制，引导和支持企业提供地理信息社会化服务，促进地理信息广泛应用。

县级以上人民政府测绘地理信息主管部门应当及时获取、处理、更新基础地理信息数据，通过地

理信息公共服务平台向社会提供地理信息公共服务，实现地理信息数据开放共享。

条文主旨

本条是关于促进地理信息产业发展与地理信息共享应用的规定。

立法背景

地理信息产业是指以现代测绘和地理信息系统、遥感、卫星导航定位等技术为基础，以地理信息开发利用为核心，从事地理信息获取、处理、应用的高技术服务业。涉及测绘装备制造和地理信息相关软件开发、地理信息工程服务、卫星遥感及航空摄影、位置及导航服务、网络地图服务、地图出版、工程和房产测绘服务等内容。地理信息产业综合效益好、带动系数大、国际化程度高，是与国家安全紧密关联的特殊产业，具有高新技术产业和战略性新兴产业特征。

随着近年来地理信息产业迅速兴起并保持高速增长，这一战略性新兴产业在我国经济社会发展中的作用日益显现，其重大意义主要体现在以下几个方面：（1）发展地理信息产业是实现科学发展的重要支撑。地理信息是重要的基础性信息资源，是国家信息资源的重要组成部分。开发利用地理信息，有利于促进国土空间布局优化，有利于促进工业化、信息化、城镇化、农业现代化同步推进，有利于推动经济社会科学发展。(2)发展地理信息产业是维护国家安全的重要保证。地理信息是重要的战略性信息资源，关系到国家主权、安全和利益，在维护政治、经济、军事、科技和其他非传统领域国家安全中发挥着重要作用。加强重要地理信息资源的开发利用监管，对维护国家安全具有重要意义。(3)发展地理信息产业是加快转变经济发展方式的重要手段。地理信息产业的不断发展，将促进物联网、智慧城市以及关联服务业的发展，完善"网格化"社会管理，支撑重大项目科学决策，带动创业就业，对转变经济发展方式起到"助推器"的作用。(4)发展地理信息产业是保障和改善民生的重要内容。地理信息已成为人民群众日常生活中不可或缺的关键信息，在旅游出行、医疗卫生、扶老助残等方面应用广泛。加快地理信息产业发展，有利于人民群众更多更好地分享改革开放的成果。

条文解读

一、本条第一款明确国家鼓励发展地理信息产业

2014年1月22日《国务院办公厅关于促进地理信息产业发展的意见》(国办发〔2014〕2号)明确指出，地理信息产业是战略性新兴产业。要促进地理信息深层次应用。推进面向政府管理决策、面向企业生产运营、面向人民群众生活的地理信息应用。繁荣地图市场，鼓励制作和出版多层次、个性化、群众喜闻乐见的优秀地图产品，开发出版城市及公路水路交通多媒体地图和三维虚拟地图等特色

地图。积极发展地理信息文化创意产业，开发以地图为媒介的动漫、游戏、科普、教育等新型文化产品，培育大众地理信息消费市场。要做好统筹规划，加快地理信息产业结构调整和优化升级，促进产业集聚、整体推进和全面提升，加强分类指导，大力发展对产业具有支撑、牵引作用的重点领域，鼓励优势企业通过兼并重组等方式做大做强。按照国务院要求，2014 年国家发展改革委和国家测绘地理信息局联合印发了《国家地理信息产业发展规划（2014—2020 年)》。这是在国家层面上首个地理信息产业规划，对于推进我国地理信息蓬勃发展具有重要指导意义。因此本条根据国务院的总体要求，在总结近年来我国地理信息产业发展实践与经验的基础上，明确国家鼓励发展地理信息产业，推动地理信息产业结构调整和优化升级，支持开发各类地理信息产品，提高产品质量，推广使用安全可信的地理信息技术和设备，促进和规范地理信息产业健康有序发展。

二、本条第二款明确县级以上人民政府应当建立健全政府部门间地理信息资源共建共享机制，引导和支持企业提供地理信息社会化服务，促进地理信息广泛应用

国办发〔2014〕2 号文提出，推进地理信息开放共享。组织开展地理信息资源共享政策性试点工作，建立健全政府部门间地理信息资源共建共享机制，明确共建共享的内容、方式和责任，统筹协调地理信息获取分工、更新和共享工作，在切实保障政府部门应用需求的前提下，避免重复建设和资源浪费。2015 年，国务院出台了《促进大数据发展行动纲要》(国发〔2015〕50 号)，首先要求推动政府信息系统和公共数据开放共享，明确在 2017 年年底前基本形成跨部门数据资源共享共用格局，要求加快完善空间地理基础信息库等国家基础数据资源。

目前，各级测绘地理信息主管部门与公安、交通运输、国土资源、环保、气象、地震、军队等部门签订地理信息共享协议，在提供 1:25 万、1:5 万、1:1 万等基础地理信息数据的同时，也共享了有关人口、气象、交通、地质等专业地理信息，进一步丰富了基础地理信息资源。但是目前我国地理信息共享机制还不健全。有些部门地理信息数据分散在多个下属单位，共享协调困难，社会化应用缓慢，难以有效利用地理信息的价值。这些都需要县级以上人民政府统筹协调，建立健全政府部门间地理信息资源共建共享机制，明确共建共享的内容、方式和责任，统筹协调地理信息获取分工、更新和共享工作，在切实保障政府部门应用需求的前提下，避免重复建设和资源浪费，同时引导和支持企业提供地理信息社会化服务，促进地理信息广泛应用。

三、本条第三款规定县级以上人民政府测绘地理信息主管部门应当及时获取、处理、更新基础地理信息数据，通过地理信息公共服务平台向社会提供地理信息公共服务，实现地理信息数据开放共享

地理信息公共服务平台是指以地理空间框架数据为基

础，以地理信息系统为主要管理工具，整合与空间信息有关的非空间信息，以宽带网络为载体，以各种信息终端为媒介，面向政府、公众、行业提供地理信息服务。测绘地理信息主管部门应当积极作为、加强能力建设，按照“及时”的要求获取、处理、更新基础地理信息数据，通过地理信息公共服务平台提供公共服务，有效实现地理信息数据开放共享。将数据开放给社会使用，目的在于促进地理信息数据的充分应用，方便政府部门和企业公众及时获取准确、详细的地理信息数据，促进产业发展和产品开发。

相关规定

《国务院办公厅关于促进地理信息产业发展的意见》；《促进大数据发展行动纲要》。

第七章　测量标志保护

第四十一条　任何单位和个人不得损毁或者擅自移动永久性测量标志和正在使用中的临时性测量标志，不得侵占永久性测量标志用地，不得在永久性测量标志安全控制范围内从事危害测量标志安全和使用效能的活动。

本法所称永久性测量标志，是指各等级的三角点、基线点、导线点、军用控制点、重力点、天文点、水准点和卫星定位点的觇标和标石标志，以及用于地形测图、工程测量和形变测量的固定标志和海底大地点设施。

条文主旨

本条是关于不得损毁或者擅自移动测量标志、侵占测量标志用地、从事危害测量标志活动以及永久性测量标志的范围的规定。

立法背景

测量标志是国家的一种重要的基础设施和宝贵财富，它对经济建设、国防建设和社会发展具有重要作用。每一个测量标志都是经过测绘工作者精心建设和测量后留存下来的，它们不仅仅是一个固定标识物，更重要的是每一个标志都标记着相应的精确测量成果数据。测量标志为国民经济建设各个部门服务，如地形测图、工程测量、勘探矿藏，进行地质科学研究，观测地壳沉降、位移扭曲，进行地震预报科学研究，土地资源详查等都需要使用精确、完好的测量标志。中华人民共和国成立以来，在全国各地建立了各类永久性测量标志，包括各等级的天文点、重力点、三角点、导线点、卫星定位点、水准点以及其他控制点的永久性测量标志。

条文解读

测量标志是在陆地和海洋标定测量控制点位置的标石、觇标以及其他标记的总称。标石（一般）是埋设于地下固定标识物，标定控制点的位置；觇标是建在地面上或其他建筑物顶部的测量专用标架，作为观测照准目标和供升高仪器位置之用。根据用途和使用期限，测量标志可分为永久性测量标志和临时性测量标志。永久性测量标志是指设有固定标志物以供测绘单位长期使用的需永久保存的测量标志；临时性测量标志是指测绘单位在测量过程中设置和使用的，工作结束后不需要长期保存的标志物和标记。

全国人民代表大会、国务院、中央军委对保护测量标志一直十分重视。1955 年 12 月 29 日周恩来总理签署了《国务院关于长期保护测量标志的命令》，要求测量单位作好委托保管工作，全国各部门、各单位、各族人民都应妥为保护。1981 年 9 月 12 日国务院和中央军委联合发布的《关于长期保护测量标志的通告》，对此提出了严格的要求。1984 年 1 月 7 日国务院公布了《测量标志保护条例》。1996 年 9 月 4 日重新修订发布《中华人民共和国测量标志保护条例》。《中华人民共和国刑法》中也规定：故意破坏国家边境界碑、界桩或者永久性测量标志的处三年以下有期徒刑或者拘役。这些都说明了保护测量标志工作的重要性。本法设立一章对测量标志保护作出规定。

一、本条作出了任何单位和个人不得损毁或者擅自移动永久性测量标志和正在使用中的临时性测量标志的规定

本条所称损毁永久性测量标志是指人为造成测量标志部分或全部失去使用效能的违法行为；擅自移动永久性测量标志是指未按法律、法规的规定履行报批手续，或超越职权移动、迁建测量标志，改变测量标志原来的位置或高程的非法行为。损毁或者擅自移动永久性测量标志，都属于故意破坏永久性测量标志的行为，应当依照本法第五十九条的规定承担法律责任。损毁或者擅自移动永久性测量标志造成的危害是十分严重的，它不仅是对国家财产的一种破坏，而且还会影响正常的国家经济建设和国防建设。因此，禁止任何单位和个人损毁或者擅自移动永久性测量标志和正在使用中的临时性测量标志。不论是损毁永久性测量标志还是擅自移动永久性测量标志，都要受到法律的制裁。

二、本条作出了不得侵占永久性测量标志用地的规定

永久性测量标志用地是指按照国家有关规定确定的每一个永久性测量标志的占地范围。对于永久性测量标志的占地范围，《中华人民共和国测量标志保护条例》对建设永久性测量标志需要占用土地及地面标志占用土地的范围、地下标志占用土地的范围等都作出了具体规定，任何单位和个人都不得侵占永久性测量标志的上述占地范围。在现实生活中，侵占永久性测量标志占地范围的情况时有发生，特别是建立在耕地中的永久性测量标志的占地范围被侵占的情况更为严重。这种侵占行为不仅影响测量标志的使用效能，严重的会造成测量标志的破坏。侵占永久性测量标志用地的行为有很多，如在测量标志用地范围内采矿、取土、挖沙、采石、爆破、耕作、建造建筑物等，这些行为都是违法行为，应当依照本法第六十二条的规定承担法律责任。

三、本条作出了不得在永久性测量标志安全控制范围内从事危害测量标志安全和使用效能的活动的规定

本条所称的永久性测量标志安全控制范围是指为了保

障测量标志的安全和使用效能，防止人为破坏和减少自然侵蚀，依法在永久性测量标志周围划定的，禁止某种活动的区域。这里所说的危害测量标志安全和使用效能的活动是指：在测量标志占地范围内烧荒、耕种、挖沙、取土；在距测量标志50米范围内放炮、采石；在测量标志120米内架设高压电线；在测量标志的标架上附挂电线或通信线；将测量标志当作观望台、搭帐篷和拴牲畜；在有测量标志的地面上建造建筑物；触动和震动地下测量标志的标石；在两个相邻测量标志之间建造建筑物，使测量标志之间不能通视等。在永久性测量标志安全控制范围内从事危害测量标志安全和使用效能的活动，应当依照本法第六十四条的规定承担法律责任。

四、本条作出了永久性测量标志范围的规定

根据用途和使用期限，测量标志可分为永久性测量标志和临时性测量标志。永久性测量标志设有固定标识物，可以长期使用，需要永久保存。本法所称的永久性测量标志是指各等级的三角点、基线点、导线点、军用控制点、重力点、天文点、水准点和卫星定位点的觇标和标石标志，以及用于地形测图、工程测量和形变测量的固定标志和海底大地点设施等。除上述这些以外，还有一些十分重要的永久性测量标志，如：国家基准性的测量标志（国家大地原点、水准原点、重力基准点）。临时性测量标志在测绘单位测量过程中设置和使用，工作结束后不需要长期保存的标志和标记。如：测站点的木桩、活动觇标、测旗、测杆、航空摄影的地面标志、绘在地面或建筑物上的标记等。

相关规定

《中华人民共和国刑法》第三百二十三条；《中华人民共和国测量标志保护条例》；《中华人民共和国测绘法》第六十四条。

第四十二条　永久性测量标志的建设单位应当对永久性测量标志设立明显标记，并委托当地有关单位指派专人负责保管。

条文主旨

本条是关于永久性测量标志设立明显标记和委托保管的规定。

立法背景

我国永久性测量标志遍及全国各个地方，城市、农村、草原、山区、大漠地区等都有测量标志。长期以来，我国的测量标志破坏情况是十分严重的，除了自然损毁以外，还有人为的破坏。为了使测量标志得到妥善的保护，必须依靠建设单位、测量标志所在地的人民群众和当地政府。委托当地有关单位指派专人负责保管永久性测量标志，最初是1955年12月29日由周恩来总理签署的《国务院关于长期保护测量标志的命令》规定的。之后，一直沿用此种管理方式。

条文解读

一、本条作出了永久性测量标志的建设单位应当对永久性测量标志设立明显标记的规定

测量标志被破坏，有相当一部分原因是群众不认识测量标志、不知其重要性而造成的，例如，有人将觇标拆毁或将标石挖出，做成门窗、房屋基石或地界桩等，给国家造成了很大的损失。因此，除了对群众进行宣传教育以外，还应当对测量标志设立必要的明显标记，使人民群众识别测量标志，同时也起到一定的警示作用，更为测绘工作者使用测量标志提供方便。因此，本条规定永久性测量标志的建设单位应当对永久性测量标志设立明显标记。各建设永久性测量标志的单位都应当依法作好这项工作。

二、本条作出了永久性测量标志建设单位应当将永久性测量标志委托当地有关单位指派专人负责保管永久性测量标志的规定

建设永久性测量标志的单位委托当地有关单位指派专人负责保管永久性测量标志，应当签订测量标志委托保管书，并由建设单位将委托保管书抄送乡级人民政府和县级以上地方人民政府测绘地理信息主管部门备案。签订委托保管书时，应当明确双方的权利和义务，并告知保管人有关测量标志的重要作用、我国法律有关测量标志保护的规定以及测量标志保管方面的基本知识，使保管单位和保管人员宣传有材料，保管有依据，保护有办法。本条所称的有关单位，既可以是政府机关，也可以是企业事业单位，所称指派专人是指将保管责任落实到人。负责保管测量标志的单位和人员的责任是保管好测量标志，避免破坏和移动；定期与测绘地理信息主管部门联系，通报测量标志状况等。

相关规定

《中华人民共和国测绘法》第四十一条。

第四十三条 进行工程建设，应当避开永久性测量标志；确实无法避开，需要拆迁永久性测量标志或者使永久性测量标志失去使用效能的，应当经省、自治区、直辖市人民政府测绘地理信息主管部门批准；涉及军用控制点的，应当征得军队测绘部门的同意。所需迁建费用由工程建设单位承担。

条文主旨

本条是关于工程建设避开永久性测量标志、拆迁永久性测量标志的批准、迁建费支付的规定。

立法背景

建设一座测量标志投资是很大的，首先要经过踏勘、选定位置，然后投入钢材、砂石、水泥等材料建造测量标志，再经过精密的测量和控制网整体平差计算得出平面坐标和高程，这其中要消耗大量的人力、物力、财力。永久性测量标志一经建立，就应长期发挥作用。因此，进行工程建设应当避开永久性测量标志，尽量避免损毁测量标志或者使测量标志失去使用效能。确实无法避开的，应当严格履行审批程序，并承担迁建费用。

条文解读

一、本条作出了进行工程建设，应当避开永久性测量标志的规定

工程建设避开永久性测量标志是指，工程建设避开测量标志用地，在两个相邻测量标志之间建设建筑物不能影响相邻标志之间相互通视，在测量标志附近建设建筑物不得影响卫星定位设备接收卫星传送信号，工程建设不得造成测量标志沉降或者位移，在测量标志附近建设微波站、广播电视台站、雷达站、架设线路等，要避免受到电磁干扰影响测量仪器正常使用等。

二、本条作出了工程建设确实无法避开，需要拆迁永久性测量标志或者使永久性测量标志失去效能的，应当经省、自治区、直辖市人民政府测绘地理信息主管部门批准；涉及军用控制点的，应当征得军队测绘导部门的同意的规定

工程建设应当避开永久性测量标志，但在实践中，无法避开永久性测量标志的重要工程建设项目很多，往往需要拆迁测量标志或者使测量标志失去效能。在这种情况下，工程建设单位，在工程建设施工前，要及时按照规定程序报批。例如，工程建设占用测量标志用地的，在两个相邻测量标志之间建设建筑物的，在测量标志附近建设建筑物影响卫星定位设备接收卫星传送信号的，工程建设有可能造成测量标志沉降或者位移的，在测量标志附近建设微波站、广播电视台站、雷达站、架设线路的，都要按照规定程序报批。未经批准的，不得拆除、拆迁永久性测量标志，也不得使永久性测量标志失去效能。

根据本条规定，工程建设在无法避开永久性测量标志时，第一，工程建设单位应当向省、自治区、直辖市测绘地理信息主管部门提出拆迁申请；第二，省、自治区、直辖市测绘地理信息主管部门按照职责分工做出批准或不批准、拆除或拆迁的决定；第三，按照省、自治区、直辖市测绘地理信息主管部门批准的拆迁方法进行拆迁。

军用控制点是指军事上专用的控制点。军用控制点的测量标志对于国防建设具有十分重要的作用，省、自治区、直辖市测绘地理信息主管部门在审批拆迁或者使军用控制点测量标志失去效能时，应当听取军队测绘部门的意见。

三、本条作出了工程建设单位支付永久性测量标志的迁建费用的规定

省、自治区、直辖市测绘地理信息主管部门批准拆除或者拆迁永久性测量标志后，工程建设单位必须按照国家有关规定依法支付必需的费用，用于重建永久性测量标志。目前费用的核算标准是国家测绘局与财政部制定的《测绘生产成本费用定额》。永久性测量标志的重建工作由收取测量标志迁建费用的部门或单位组织实施。

相关规定

《中华人民共和国测量标志保护条例》；《测绘生产成本费用定额》；《中华人民共和国测绘法》第四条。

第四十四条 **测绘人员使用永久性测量标志，应当持有测绘作业证件，并保证测量标志的完好。**

保管测量标志的人员应当查验测量标志使用后的完好状况。

条文主旨

本条是关于使用永久性测量标志的规定。

立法背景

永久性测量标志作为国家的宝贵财产，过去曾长期存在着随意使用和不便于严格管理的现象。有的测绘人员使用时不注意保护，使用后不恢复原状，随意弃置，从而使测量标志遭到破坏失去效能。针对这一问题，测绘法作出了本条规定。

条文解读

一、本条作出了测绘人员使用永久性测量标志，应当持有测绘作业证件，并保证测量标志的完好的规定

测绘人员凭测绘作业证件使用测量标志是保护测量标志的一个有效的措施。第一，本规定对增强测绘人员的测量标志保护意识，履行测量标志保护责任具有重要意义，测绘人员使用永久性测量标志应当持有测绘工作证件，这是测绘人员使用永久性测量标志应当履行的手续，测绘人员应当主动向保管测量标志的人员出示测绘作业证件，没有测绘作业证件不得使用永久性测量标志；第二，有利于测量标志保管人员有效的履行保管责任，测量标志保管人员通过查验使用测量标志的测绘人员作业证件，掌握测量标志的使用情况，监督测量标志的使用；第三，测量标志保管人员通过查验测绘作业证件，有证件的测绘人员允许其使用测量标志，无证件的人员不允许其使用测量标志，可以有效地防止随意使用测量标志对测量标志造成损坏，也可防止犯罪分子故意破坏测量标志；第四，保证测量标志完好是测绘人员应负的责任，所谓的保证测量标志的完好，就是要求测绘人员在使用测量标志时不得造成测量标志的损坏、位移，使用完后要恢复原状，测绘人员在使用测量标志过程中造成测量标志的损坏，必须承担相应的责任。

二、本条作出了保管测量标志的人员应当查验测量标志使用后的完好状况的规定

在测绘人员使用测量标志后，保管测量标志的人员应当对测量标志是否受到损坏进行查验。测量标志完好的，保管人员监督测绘人员将测量标志恢复原状；发现测量标志受到损坏，要及时采取措施并向当地测绘地理信息主管部门报告情况。

相关规定

《中华人民共和国测量标志保护条例》；《中华人民共和国测绘法》第三十条、第六十四条、第六十五条；《注册测绘师执业管理办法（试行)》。

第四十五条　县级以上人民政府应当采取有效措施加强测量标志的保护工作。

县级以上人民政府测绘地理信息主管部门应当按照规定检查、维护永久性测量标志。

乡级人民政府应当做好本行政区域内的测量标志保护工作。

条文主旨

本条是关于县级以上人民政府、县级以上人民政府测绘地理信息主管部门、乡级人民政府对测量标志保护责任的规定。

立法背景

测量标志是属于国家所有的财产，是经济建设、国防建设的重要基础设施，各级人民政府对保护测量标志都负有义不容辞的责任。测量标志数量多，分布地域广，乡级人民政府是我国的基层人民政府，将测量标志保护责任落实到乡级人民政府是行之有效的办法。

条文解读

一、本条作出了县级以上人民政府应当采取有效措施加强测量标志保护工作的规定

本条所称“县级以上人民政府应当采取有效措施加强测量标志的保护工作”是指县级以上人民政府应当高度重视测量标志保护工作，加强对测量标志保护工作的领导；加强对测量标志保护的宣传教育，提高全民的测量标志保护意识；协调解决当地测量标志保护中的重大问题等。

二、本条作出了县级以上人民政府测绘地理信息主管部门应当按照规定检查、维护永久性测量标志的规定

对测量标志进行检查、维护是保护测量标志十分重要的工作，是县级以上人民政府测绘地理信息主管部门重要责任。检查、维护测量标志的主要工作内容是：第一，定期对测量标志进行普查，建立档案，对测量标志的完好状况做到心中有数；第二，对测量标志进行维护，保证测量标志处于完好状态；第三，对损坏的测量标志进行维修，恢复测量标志的使用效能。当然，县级以上人民政府测绘地理信息主管部门作为测绘工作的监督管理机构，在测量标志保护方面还有许多其他责任，如：组织测量标志保护的宣传，指导测量标志保管人做好测量标志保管工作，采取措施加强测量标志保护，查处测量标志的违法案件等。

测量标志检查、维护具有一定的技术要求，需要按照规范、规程和其他相关规定进行。所以，检查、维护测量标志应当遵守有关规定。

三、本条作出了乡级人民政府应当做好本行政区域内的测量标志保护工作的规定

乡级人民政府做好测量标志保护工作，主要是：做好宣传工作，使辖区的人民群众了解测量标志保护的意义和有关知识；对委托保管书进行备案，协助落实保管责任；发现测量标志被损毁的情况，及时报告县级以上人民政府测绘地理信息主管部门或者当地公安机关进行查处，并协助查处案件；制止损害标志的行为；对建设测量标志提供便利等。

相关规定

《中华人民共和国测绘法》第四条、第四十九条。

第八章　监督管理

第四十六条　县级以上人民政府测绘地理信息主管部门应当会同本级人民政府其他有关部门建立地理信息安全管理制度和技术防控体系，并加强对地理信息安全的监督管理。

条文主旨

本条是关于县级以上人民政府各部门建立健全地理信息安全管理制度和技术防控体系的规定，是对于加强地理信息安全监管的总的规定。

立法背景

本条是修改后新增加的规定。

测绘事业是一个为国家经济建设、生态文明建设、国防建设和社会发展服务的基础性、先进性、公益性事业，是现代化建设事业中必不可少的重要保障。地理信息是国家重要的基础性、战略性资源，直接关系国家主权、安全和利益。其中，自然资源的地理信息数据是我国地理国情的重要组成部分，是地理国情普查和监测的重点内容，这些地表自然和人文地理要素信息对资源、环境、灾害问题的分析和解决、自然资源监管监测、资源的统筹与合理开发、环境保护规划和城市发展规划具有重要意义。

随着经济社会的快速发展，测绘科技水平不断提升，社会需求日益增长，对地理信息应用和管理提出新要求，现行测绘法部分规定已不能适应新形势的需要：地理信息安全风险增大，泄密事件频发。地理信息生产、采集、利用从专业化向大众化转变，服务内容从静态数据向网络动态数据转变，服务对象从以部门为主向以社会公众为主转变，安全风险不断增大，亟须加强地理信息保护。

条文解读

卫星定位、遥感和信息技术的快速发展，使地理信息日益呈现高精度、易采集、易传输等特点，测绘地理信息领域正在发生显著变化，主要体现在以下五个方面：一是测绘技术更新，从传统的测绘方式转变为信息化测绘，地理信息的获取和更新更加便捷；二是成果呈现形式转变，从纸质、模拟测绘成果转变为数字化测绘成果，地理信息的存储和转移更加简易；三是用户范围扩大，从政府部门和工程建设及设计类单位为主扩展到各行各业，并迅速向人民群众个人扩展，基于各类终端的位置服务电子产品走入寻常百姓家，汽车导航、手机定位和互联网地图服务成为方便群众出行的重要手段，地理信息的用户由有限相对可控变为无限和不可控；四是从业者性质多元化，从国有单位为主转变到各种经济组织甚至个人；五是传播方式网络化，从传统的纸介质转变为通过各种介质以及互联网在线方式，地理信息传播速度快、受众广。

测绘技术的发展和地理信息应用服务的日益广泛，给地理信息安全监管带来了严峻挑战，主要体现有以下五个方面：一是地理信息交易传播中失泄密问题日益严重。一些企事业单位和个人保密观念淡薄，擅自交易、传播涉密地理信息数据，导致失、泄密事件不断发生。二是地理信息非法采集、加工中损害国家利益事件时有发生。一些企事业单位非法进行地理信息采集、加工和使用，还有的擅自进入军事禁区采集数据，严重侵害国家利益，危及我国防军事安全。三是互联网地理信息服务危害国家安全问题突出。部分互联网地理信息服务单位，未经批准擅自上传、标注、登载大量涉密和危害国家安全的地理信息数据，对国家安全构成严重威胁。四是危害我国安全的涉外地理信息采集获取活动屡禁不止。近年来，国外的一些组织或者个人，与我国一些企事业单位合资合作，或以旅游、探险、科研、考察、考古、软件开发等隐蔽手段非法采集处理我国要害部位地理信息数据，给国家安全带来隐患。五是测绘活动中搜集的个人信息安全没有保障。因此，加强对地理信息安全的监督管理尤为必要。

由于地理信息技术和成果的应用面十分广泛，地理信息数据安全受到威胁，需要测绘地理信息主管部门会同国家安全、工业和信息化、保密、军队等有关部门，通过建立地理信息安全管理制度和技术防控体系，共同加强对地理信息安全的监督管理。

安全管理制度方面，需要测绘地理信息主管部门与多个部门建立联合工作机制，充分发挥各部门的职能优势，共同加强地理信息安全监管。测绘地理信息产业有公益性的部分，也有营利性的部分，单纯地依靠市场机制调节，可能会损害公共利益，不利于测绘产业长期发展。为了保护国家利益和社会公共利益、维护市场秩序、保障公平竞争，政府必须对地理信息市场进行管理和制约。

2009 年 1 月 17 日，国务院办公厅转发国家测绘局等 7 部门《关于整顿和规范地理信息市场秩序意见的通知》（国办发〔2009〕4 号），由国家测绘局牵头，会同工业和信息化部、国家安全部、工商总局、新闻出版总署、国家保密局、总参测绘局 7 部门联合开展了全国地理信息市场专项整治工作。各地区、各部门根据国务院的统一部署，高度重视，团结协作，周密组织，加强监管，用一年多的时间，有效整顿和规范了全国地理信息市场秩序，营造了比较好的地理信息产业发展环境，有力地维护了国家安全和利益，推动了地理信息产业快速发展。2010 年 4 月 23 日，国家测绘局等 7 部门在全面总结全国地理信息市场专项整治工作经验的基础上，联合印发了《关于加强地理信息市场监管工作的意见》，对严把市场准入关、加强地理信息市场动态监管、建立市场监测预警机制、进一步加大联合执法力度、加大涉密地理信息保密监管力度等提出了明确要求。各级测绘地理信息主管部门应与有关部门建立健全协作工作机制，完善相关监管制度，共同加强地理信息安全监管，形成地理信息安全监管合力。

技术防控体系方面，随着计算机、网络技术的出现和测绘成果从传统的模拟产品向数字化转变，容易复制、携带和传递成为测绘地理信息安全的隐患。为防止涉密数据的失泄密，各级测绘地理信息安全保密监管部门必须加强测绘地理信息安全保密基础理论研究，着力测绘成果安全保密技术标准攻关，积极稳妥地推进身份认证、数字水印、非线性处理等保密技术应用。引进和创新各种安全技术，完善涉密地理信息采集、处理、提供、使用、登载的安全监管政策和支撑手段，制定涉密敏感地理信息生产管理规范，开发覆盖涉密测绘成果生产、更新、管理与分发全过程的一体化、网络化安全监控系统，建立覆盖全国、多级互动、快速响应的地理信息安全监控平台，提高涉密地理信息的网络化、社会化监督水平。对地理信息相关管理、技术人员定期开展安全和技术培训，全面提升相关人员的地理信息安全意识。制定地理信息成果安全等级规范，解决测绘地理信息数据的保密问题，提高数据的安全性。

地理信息安全技术设备是确保数据安全的基本应对措施，包括硬件设备、软件系统、网络安全和数据安全。其中硬件设备要符合国家计算机机房建设标准，经权威部门检测，安全可靠，谨防窃密；软件系统的配置要使用经国家认定的正版应用软件，及时修补系统漏洞和后门，防止病毒感染和黑客攻击；网络安全要防止冒充合法用户非法接入网络并访问非授权资源；数据要避免存储故障导致丢失，病毒破坏造成数据不再可用，被恶意修改而无法追踪记录，被非法复制和拷贝造成泄密等。

相关规定

《关于加强地理信息市场监管工作的意见》；《关于整顿和规范地理信息市场秩序意见的通知》。

第四十七条 地理信息生产、保管、利用单位应当对属于国家秘密的地理信息的获取、持有、提供、利用情况进行登记并长期保存，实行可追溯管理。

从事测绘活动涉及获取、持有、提供、利用属于国家秘密的地理信息，应当遵守保密法律、行政法规和国家有关规定。

地理信息生产、利用单位和互联网地图服务提供者收集、使用用户个人信息的，应当遵守法律、行政法规关于个人信息保护的规定。

条文主旨

本条是关于涉及国家秘密及个人信息的地理信息保护的相关规定，并设立了涉密地理信息登记保存制度。

立法背景

本条是修改后新增加的规定。

近年来，我国地理信息产业发展迅猛，地理信息数据应用广泛，但涉密地理信息数据开发利用和保护中出现了不少问题。非法获取、提供、买卖以及互联网传递、公开涉密地理信息的案件时有发生，涉密测地理信息失泄密隐患十分严重，地理信息安全监管形势更加严峻。本着规范监管、强化责任的修改原则，通过登记管理制度实施可追溯管理，实现各环节信息可查询、来源可追溯、去向可跟踪、责任可追究。

随着测绘活动网络化和社会信息化发展，个人信息安全问题逐渐暴露，互联网特别是移动互联网环境下，利用手机等终端设备采集、记录、传输用户的地理位置等个人信息越来越便捷。中央电视台 2013 年“3·15”晚会，曾对安卓手机软件搜集用户地理位置信息等进行了深入报道。央视调查显示当时热门的 330 多款手机软件中，58% 以上都有隐私信息泄密的问题。只要用户使用手机和这些软件，就能够定位，并且可以在地图上把用户的位置标出来，在用户不知情的情况下跟踪用户的位置。当前一些真三维地图、街景地图、虚拟现实地图等地理信息产品，在生产制作过程中也收集、使用了大量个人信息。个人信息安全关乎公民的经济利益和人身安全，也关乎社会秩序和国家安全。因此，加强移动互联网时代的地理位置信息监管，防止对个人信息的滥用，对于保护个人信息安全具有重要意义。

条文解读

一、涉密地理信息登记保存制度

主体是地理信息生产、保管、利用单位，这些单位经常并且大量地接触属于国家秘密的地理信息，为保障涉密地理信息的安全，维护国家主权、安全和利益，加强其对地理信息安全重要性的认识，建立健全其保密管理制度，增强单位领导和员工保密意识，增加其人员的保密知识，有利于从源头上解决涉密地理信息使用中失泄密隐患，保障涉密地理信息安全。登记的内容包括涉密地理信息的获取、持有、提供、利用情况，并且对登记内容要求长期保存，这是加强事中事后监督管理的具体措施，有利于加强涉密地理信息的全过程监督管理。

二、测绘活动及涉密地理信息管理除遵守本法的规定外，还要遵守国家保密法律、行政法规和国家有关规定的其他要求

各地理信息生产、保管、利用单位必须严格遵守国家保密法律法规的规定。《中华人民共和国保守国家秘密法实

施条例》第三章“保密制度”中对国家秘密载体的生产、保管、使用等有明确要求。国家秘密载体管理应当遵守下列规定：（1）制作国家秘密载体，应当由机关、单位或者经保密行政管理部门保密审查合格的单位承担，制作场所应当符合保密要求。（2）收发国家秘密载体，应当履行清点、编号、登记、签收手续。（3）传递国家秘密载体，应当通过机要交通、机要通信或者其他符合保密要求的方式进行。（4）复制国家秘密载体或者摘录、引用、汇编属于国家秘密的内容，应当按照规定报批，不得擅自改变原件的密级、保密期限和知悉范围，复制件应当加盖复制机关、单位戳记，并视同原件进行管理。（5）保存国家秘密载体的场所、设施、设备，应当符合国家保密要求。（6）维修国家秘密载体，应当由本机关、本单位专门技术人员负责。确需外单位人员维修的，应当由本机关、本单位的人员现场监督；确需在本机关、本单位以外维修的，应当符合国家保密规定。（7）携带国家秘密载体外出，应当符合国家保密规定，并采取可靠的保密措施；携带国家秘密载体出境的，应当按照国家保密规定办理批准和携带手续。

为加强地理信息安全监管，切实维护国家安全和利益，强监管、保安全、促应用主线，还应遵守测绘地理信息定密、涉密测绘地理信息成果使用审批、测绘地理信息安全保密监管、地理信息公开使用等管理制度的规定。

1. 测绘地理信息定密管理。根据国家保密法律法规及测绘成果管理条例的规定，测绘成果的秘密范围和秘密等级由国家测绘地理信息局、国家保密局商军队测绘部门确定。《测绘管理工作国家秘密范围的规定》，列出了4项绝密级测绘成果范围、7项机密级测绘成果范围、8项秘密级测绘成果范围，并对控制范围做出了相应要求。测绘管理工作国家秘密范围是测绘成果保密管理的重要依据。

2. 涉密地理信息提供使用管理。涉密地理信息直接涉及国防军事安全，因此国家对涉密地理信息的提供使用实行许可制度，通过审核申请人的成果保管条件、使用目的和范围，确保涉密地理信息使用的安全。涉密地理信息提供使用审批涉及面广、审批量大，是测绘地理信息主管部门一项十分重要的审批事项，应建立完善的审批管理制度，对审批规范化管理。

3. 测绘地理信息安全保密监管。在安全保密监管方面，应建立健全完善的安全监管工作机制，从涉密测绘成果保密检查、测绘成果核心涉密人员管理、网上地理信息等多方面对测绘地理信息进行安全监管。(1) 涉密测绘成果保密检查。开展涉密测绘成果保密检查是一项重要的监管措施，多种检查方式、不同规模的检查可以结合开展，包括全国范围的大检查以及针对重点行业领域开展的大检查，各省（区、市）测绘地理信息主管部门结合本地实际开展的成果使用跟踪检查等。测绘地理信息主管部门可与保密等有关部门开展联合检查，通过对涉密测绘成果生产、保管和使用单位的检查，排查失泄密隐患、整改违规行为、堵塞管理漏洞、增强安全保密意识，从而达到加强监管，维护地理信息安全的目的。（2）网上地理信息安全监管。由于地理信息应用网络化发展，网上地理信息安全监管工作也是地理信息安全监管体制的重要一环。网络的监管需与相关部门联动协作，同时，明确各级测绘地理信息主管部门间监管职责分工，形成国家、省级间快速发现、分工研判、协同处理的互联网地理信息安全监管联动机制。（3）测绘成果核心涉密人员管理。不仅要加强对测绘涉密人员保密意识的培养，更要通过制度来规范。《国家测绘地理信息局关于进一步贯彻落实测绘成果核心涉密人员保密管理制度的通知》要求从事涉密测绘成果生产、保管和使用的单位设定涉密人员岗位，涉密人员必须经培训合格后持证上岗，核心涉密人员管理和培训要纳入测绘资质管理和涉密测绘成果审批管理。核心涉密人员由国家测绘地理信息局和省级测绘地理信息主管部门分级组织培训。

4. 地理信息公开使用管理。《中华人民共和国测绘成果管理条例》《地图管理条例》都作出了相应的规定。同时，为确保地理信息公开使用的安全，测绘地理信息主管部门从明确公开使用要求、研发保密处理技术和地图审核三环节着手，形成了较为完善的公开使用管理制度。国家测绘地理信息局先后出台《公开地图内容表示补充规定》《基础地理信息公开表示内容的规定（试行）》《遥感影像公开使用管理规定（试行）》《关于规范卫星导航定位基准站数据密级划分和管理的通知》等规范性文件，明确了地理信息公开使用的要求。研发了军、地测绘主管部门共同认定的地形图保密处理技术。建立了地理信息安全应用评估制度和完善的地图审核制度，经保密技术处理的涉密测绘成果，必须经地图审核后方可公开。地理信息公开使用制度直接推动了导航电子地图和互联网地图、天地图、数字城市的应用发展。

三、地理信息生产、利用单位和互联网地图服务提供者收集、使用用户个人信息的，应当遵守法律、行政法规关于个人信息保护的规定，防止个人信息的泄露、丢失或者滥用

《中华人民共和国网络安全法》对网络个人信息保护作出了明确规定，要求“网络运营者收集、使用个人信息，应当遵循合法、正当、必要的原则，公开收集、使用规则，明示收集、使用信息的目的、方式和范围，并经被收集者同意”。

《全国人大常委会关于加强网络信息保护的决定》第一条规定：“国家保护能够识别公民个人身份和涉及公民个人隐私的电子信息。任何组织和个人不得窃取或者以其他非法方式获取公民个人电子信息，不得出售或者非法向他人提供公民个人电子信息。”第二条第一款规定：“网络服务提供者和其他企业事业单位在业务活动中收集、使用公民个人电子信息，应当遵循合法、正当、必要的原则，明示收集、使用信息的目的、方式和范围，并经被收集者同意，不得违反法律、法规的规定和双方收集、使用信息的约定。”第十条第一款要求“有关主管部门应当在各自职权范围内依法履行职责，采取技术措施和其他必要措施，防范、制止和查处窃取或者以其他非法方式获取、出售或者非法向他人提供公民个人电子信息的违法犯罪行为以及其他网络信息违法犯罪行为。有关主管部门依法履行职责时，网络服务提供者应当予以配合，提供技术支持”。国务院印发的部门“三定”方案中，确定国家测绘地理信息局负有强化“监督管理地理信息获取与应用等测绘活动”职责。

《地图管理条例》第三十五条明确规定：“互联网地图服务单位收集、使用用户个人信息的，应当明示收集、使用信息的目的、方式和范围，并经用户同意。互联网地图服务单位需要收集、使用用户个人信息的，应当公开收集、使用规则，不得泄露、篡改、出售或者非法向他人提供用户的个人信息。互联网地图服务单位应当采取技术措施和其他必要措施，防止用户的个人信息泄露、丢失。”

相关规定

《中华人民共和国保守国家秘密法实施条例》；《测绘管理工作国家秘密范围的规定》；《国家测绘地理信息局关于进一步贯彻落实测绘成果核心涉密人员保密管理制度的通知》；《中华人民共和国测绘成果管理条例》；《地图管理

条例》；《公开地图内容表示补充规定》；《基础地理信息公开表示内容的规定（试行）》；《遥感影像公开使用管理规定（试行）》；《关于规范卫星导航定位基准站数据密级划分和管理的通知》；《全国人大常委会关于加强网络信息保护的决定》；《中华人民共和国网络安全法》。

第四十八条　县级以上人民政府测绘地理信息主管部门应当对测绘单位实行信用管理，并依法将其信用信息予以公示。

条文主旨

本条是对测绘单位实行信用管理制度及信用信息公示制度的规定。

立法背景

本条是修改后新增加的规定。

加强信用管理是政府部门的一项重要职责。国务院发布的《社会信用体系建设规划纲要（2014—2020 年）》指出：“各地区、各部门分别根据本地区、相关行业信用体系建设的需要，制定地区或行业信用建设的规章制度”。

测绘在社会发展规划、生态文明建设、国民经济建设、国防建设、资源的统筹与合理开发、环境保护规划等诸多领域都发挥着其独特的作用，对测绘单位实行信用管理是加强对测绘产业监督的重要手段。《国务院办公厅关于促进地理信息产业发展的意见》也明确要求健全地理信息市场信用体系。因此，加快完善测绘地理信息市场信用管理制度，既是简政放权、放管结合、优化服务的一项重要举措，也是加强市场监管的关键一招，对于维护市场公平竞争、促进单位诚信自律、保障地理信息产业健康发展等，具有重要意义。

2008 年，国家测绘地理信息局在部分地方开展信用体系建设试点。2009 年，印发《关于加快测绘市场信用体系建设的通知》，提出指导性意见。2012 年，印发《测绘地理信息市场信用信息管理暂行办法》和《测绘地理信息市场信用评价标准（试行）》，测绘地理信息信用体系初步建立，2015 年对信用管理办法和标准进行了修订完善，明确了适用范围、职责分工、信息分类、信用征集、发布查询、异议处理、失信惩戒等内容，于 2016 年 1 月 1 日起施行。2016 年组织开展了全国测绘地理信息行业信用信息征集工作，建立了全国统一的测绘地理信息行业信用管理平台，并于 2016 年 9 月 28 日向社会首次发布全国甲级测绘资质单位信用信息。

条文解读

测绘地理信息主管部门是对测绘单位实施信用管理的主体，应充分发挥其监管职责，加快实施测绘地理信息市场信用管理制度，促进全行业逐步形成“守信激励，失信惩戒”的机制，促进形成公平有序的市场环境，提高管理信息化水平，转变“重审批轻监管”的传统管理方式，强化信用约束，提高政府监管效能，引导测绘资质单位诚信自律经营，推动测绘地理信息行业行风建设，并且依照法定的公示方式和程序将测绘单位的信用信息予以公示。

测绘企业信用信息公示一方面扩大了社会监督，切实保障了公民在测绘产业监管中的知情权、参与权和监督权；另一方面增强了测绘单位自我约束、自我管理的意识，对维护市场公平竞争、促进行业单位诚信自律、保障地理信息产业健康发展、提高全行业服务水平等都具有重要而深远的意义。

相关规定

《社会信用体系建设规划纲要（2014—2020年）》；《国务院办公厅关于促进地理信息产业发展的意见》；《国家测绘地理信息局关于加快测绘市场信用体系建设的通知》；《测绘地理信息市场信用评价标准（试行）》。

第四十九条　县级以上人民政府测绘地理信息主管部门应当建立健全随机抽查机制，依法履行监督检查职责，发现涉嫌违反本法规定行为的，可以依法采取下列措施：

（一）查阅、复制有关合同、票据、账簿、登记

台账以及其他有关文件、资料；

（二）查封、扣押与涉嫌违法测绘行为直接相关的设备、工具、原材料、测绘成果资料等。

被检查的单位和个人应当配合，如实提供有关文件、资料，不得隐瞒、拒绝和阻碍。

任何单位和个人对违反本法规定的行为，有权向县级以上人民政府测绘地理信息主管部门举报。接到举报的测绘地理信息主管部门应当及时依法处理。

条文主旨

本条是对测绘地理信息主管部门履行监督检查职责，建立随机抽查机制，依法采取强制措施、被查单位的配合义务及监督举报机制的规定。

立法背景

本条是修改后新增加的规定。

建立随机抽查机制是简政放权、放管结合、优化服务的重要举措。2015 年 7 月 22 日的国务院常务会议上，李克强总理指出："建立随机抽取被检查对象、随机选派检查人员的'双随机'抽查机制，意味着每个市场主体的头上都悬着一把'达摩克利斯之剑'，企业必须增强守法自觉性；同时也意味着执法人员只能阳光行政，不能再'看谁不顺眼’就去检查，即用制度限制监管部门的自由裁量权”。随机抽查机制是切实履行监督检查职责、加强事中事后监管的一项重大举措。

条文解读

县级以上人民政府测绘地理信息主管部门应当建立健全随机抽查机制，依法履行监督检查职责。2015 年 7 月 29 日，《国务院办公厅关于推广随机抽查规范事中事后监管的通知》（国办发〔2015〕58 号）就推广随机抽查、规范事中事后监管作出了明确要求，要求进一步推进简政放权、放管结合、优化服务的部署和要求，大力推广随机抽查，规范监管行为，创新管理方式，强化市场主体自律和社会监督，切实解决当前一些领域存在的检查任性和执法扰民、执法不公、执法不严等问题，提高监管效能，激发市场活力，营造公平竞争的发展环境。

建立健全随机抽查机制，一是要制定随机抽查事项清单。对法律法规规章规定的检查事项，要大力推广随机抽查，制定随机抽查事项清单，明确抽查依据、抽查主体、抽查内容、抽查方式等内容。二是建立“双随机”抽查机制。建立随机抽取检查对象、随机选派执法检查人员的“双随机”抽查机制，严格限制监管部门自由裁量权。三是合理确定随机抽查的比例和频次。既要保证必要的抽查覆盖面和工作力度，又要防止检查过多和执法扰民。对投诉举报多、列入经营异常名录或有严重违法违规记录等情况的市场主体，要加大随机抽查力度。四是加强抽查结果运用。对抽查发现的违法违规行为，要依法依规加大惩处力度。抽查情况及查处结果要及时向社会公布，接受社会监督。

根据《中华人民共和国行政强制法》第二条第二款的规定，行政强制措施是指行政机关在行政管理过程中，为制止违法行为、防止证据损毁、避免危害发生、控制危险扩大等情形，依法对公民的人身自由实施暂时性限制，或者对公民、法人或者其他组织的财物实施暂时性控制的行为。其主要特点：一是暂时性，即行政强制措施是过程中的行政行为，不是最终行政行为，最终行政行为一经作出，行政强制措施即须解除；二是保全性，即行政强制措施是为了保障最终行政决定的合法有效作出，本身并不是目的；三是单向性，即行政强制措施由行政机关单方面实施。根据《中华人民共和国行政强制法》第九条之规定，行政强制措施的种类有以下五条：（一）限制公民人身自由；（二）查封场所、设施或者财物；（三）扣押财物；（四）冻结存款、汇款；（五）其他行政强制措施。

行政强制措施由法律设定。测绘地理信息主管部门履行行政管理职责，由具备资格的测绘地理信息行政执法人员依法实施行政强制措施。本条规定监督检查中，测绘地理信息主管部门可以采取下列措施：（一）查阅、复制有关合同、票据、账簿以及其他有关文件、资料；（二）查封、扣押与涉嫌违法测绘行为直接相关的设备、工具、原材料、测绘成果资料等。

实施行政强制措施要注意以下问题：

1. 实施主体。根据《中华人民共和国行政强制法》，行政强制措施由法律、法规规定的行政机关在法定职权范围内实施，因此，本条所规定的行政强制措施，应当由县级以上人民政府测绘地理信息行政主管部门实施。

2. 实施规定。执法人员实施行政强制措施应当遵守下列规定：实施前须向行政机关负责人报告并经批准；由两名以上行政执法人员实施；出示测绘行政执法身份证件；通知当事人到场；当场告知当事人采取行政强制措施的理由、依据以及当事人依法享有的权利、救济途径；听取当事人的陈述和申辩；制作现场笔录；现场笔录由当事人和行政执法人员签名或者盖章，当事人拒绝的，在笔录中予以注明；当事人不到场的，邀请见证人到场，由见证人和行政执法人员在现场笔录上签名或者盖章；法律、法规规定的其他程序。

3. 对查封、扣押的特殊规定。查封、扣押限于涉案的场所、设施或者财物，不得查封、扣押与违法行为无关的场所、设施或者财物；不得查封、扣押公民个人及其所扶养家属的生活必需品。当事人的场所、设施或者财物已被其他国家机关依法查封的，不得重复查封。行政机关决定实施查封、扣押的，应当制作并当场交付查封、扣押决定书和清单。查封、扣押决定书应当载明下列事项：当事人的姓名或者名称、地址；查封、扣押的理由、依据和期限；查封、扣押场所、设施或者财物的名称、数量等；申请行政复议或者提起行政诉讼的途径和期限；行政机关的名称、印章和日期。

本条还对检查对象的义务作出了规定。为了保证监督检查的顺利开展，被检查单位和个人有配合检查的义务，任何单位和个人不得阻挠、干涉检查。具体而言，测绘地理信息主管部门依法履行检查职责时，被检查的单位和个人应当配合，如实提供有关文件、资料，不得隐瞒、拒绝和阻碍。一是有关单位和个人应当如实提供有关文件和资料。要求检查对象按照测绘地理信息主管部门的要求，将自己所掌握的有关监督检查所需要的文件和资料，实事求是地向测绘地理信息主管部门提供。二是不得隐瞒、拒绝、阻碍检查。在接受检查时，有关单位和个人要如实反映情况，要为监督检查机构依法履行职责提供便利，不能消极应付，不能隐瞒、更不能采取违法方式阻碍检查。如果违反了配合义务，或者阻挠、干涉了检查，需要承担法律责任。

同时本条也对社会监督作出了规定。任何单位和个人从事测绘活动都必须遵守本法规定，对于违反测绘法律、行政法规的行为，必须坚决制止，严肃制裁。测绘活动涉及面广，与国家安全、主权和利益密切相关，为有效打击各种测绘违法行为，应当动员全社会的力量，对测绘活动实行广泛的社会监督。因此，本条规定对测绘活动也实行社会监督。社会监督具有广泛性、及时性的特点，充分发挥社会监督的力量，有利于保障法律的有效实施，切实保护国家主权、安全和利益。县级以上人民政府测绘地理信息主管部门接到举报后，应当及时依法处理。如不及时依法处理，要承担法律责任。

相关规定

《国务院办公厅关于推广随机抽查规范事中事后监管的通知》；《中华人民共和国行政强制法》。

第九章　法律责任

第五十条　违反本法规定，县级以上人民政府测绘地理信息主管部门或者其他有关部门工作人员利用职务上的便利收受他人财物、其他好处或者玩忽职守，对不符合法定条件的单位核发测绘资质证书，不依法履行监督管理职责，或者发现违法行为不予查处的，对负有责任的领导人员和直接责任人员，依法给予处分；构成犯罪的，依法追究刑事责任。

条文主旨

本条是关于县级以上人民政府测绘地理信息主管部门工作人员违反本法有关规定应当承担的法律责任的规定。

条文解读

一、违法行为的两种类型

（一）县级以上人民政府测绘地理信息主管部门或者其他有关部门工作人员利用职务上的便利收受他人财物、其他好处或者玩忽职守，对不符合法定条件的单位核发测绘资质证书、不依法履行监督管理职责等行为要追究其相应的法律责任。

（二）发现违法行为不予查处的，县级以上人民政府测绘地理信息主管部门或者其他有关部门工作人员查处测绘违法行为是本法赋予他们的主要职责之一，发现违法行为不予查处是一种玩忽职守的表现，也要追究其相应的法律责任。

二、违法行为承担的法律责任的两种形式

（一）行政责任

根据本条的规定，县级以上人民政府测绘地理信息主管部门或者其他有关部门工作人员有上述违法行为之一，对直接负责的主管人员和其他直接责任人员，可以由其所在单位或者上级机关依法给予处分，包括警告、记过、记大过、降级、降职、撤职、留用察看和开除公职等方式。

（二）刑事责任

根据本条的规定，县级以上人民政府测绘地理信息主管部门或者其他有关部门工作人员有上述违法行为之一，造成严重后果，构成犯罪的，由司法机关依法追究直接负责的主管人员和其他直接责任人员的刑事责任。本条所涉及的罪名主要有受贿罪和玩忽职守罪等。

1. 受贿罪。县级以上人民政府测绘地理信息主管部门或者其他有关部门工作人员利用职务上的便利收受他人财物、其他好处，对不符合法定条件的单位核发测绘资质证书不依法履行监督管理职责，或者发现违法行为不予查处的，可能构成本罪。根据我国刑法第三百八十三条和第三百八十六条的规定，对犯受贿罪的，根据受贿所得数额及情节轻重，分别给予下列处罚：（1）受贿数额较大或者有其他较重情节的，处三年以下有期徒刑或者拘役，并处罚金。（2）受贿数额巨大或者有其他严重情节的，处三年以上十年以下有期徒刑，并处罚金或者没收财产。（3）受贿数额特别巨大或者有其他特别严重情节的，处十年以上有期徒刑或者无期徒刑，并处罚金或者没收财产；数额特别巨大，并使国家和人民利益遭受特别重大损失的，处无期徒刑或者死刑，并处没收财产。对多次受贿未经处理的，按照累计贪污数额处罚。索贿的从重处罚。

2. 玩忽职守罪。县级以上人民政府测绘地理信息主管部门或者其他有关部门工作人员发现违法行为或者接到对违法行为的举报不予查处或者不依法查处，或者有其他不依法履行职责的行为，致使公共财产、国家和人民利益遭受重大损失的，构成玩忽职守罪。县级以上人民政府测绘地理信息主管部门工作人员构成玩忽职守罪应具备以下条件：（1）县级以上人民政府测绘地理信息主管部门或者其他有关部门工作人员具有玩忽职守的行为。所谓“玩忽职守”的行为是指不履行、不正确履行规定的职责的行为。不履行职责，即职责上的不作为，不尽自己应尽的职责或者擅离职守；不正确履行职责，即对自己的本职工作严重不负责任、严重失职。(2) 县级以上人民政府测绘地理信息主管部门或者其他有关部门工作人员的玩忽职守行为，导致公共财产、国家和人民利益遭受重大损失。这是构成玩忽职守罪的重要条件。所谓“重大损失”，主要指造成的经济损失数额巨大或造成的政治影响等。(3) 玩忽职守的行为与重大损失之间有必然的因果关系，公共财产、国家和人民利益遭受重大损失是由于县级以上人民政府测绘地理信息主管部门或者其他有关部门工作人员玩忽职守的行为所造成的。如果县级以上人民政府测绘地理信息主管部门或者其他有关部门工作人员虽然具有玩忽职守的行为，但是没有给公共财产、国家和人民利益遭受重大损失，或者虽然造成公共财产、国家和人民利益遭受重大损失，但不是由于县级以上人民政府测绘地理信息主管部门或者其他有关部门工作人员玩忽职守的行为造成的，都不能构成玩忽职守罪。根据刑法第三百九十七条第一款的规定，构成玩忽职守罪的，处三年以下有期徒刑或者拘役；情节特别严重的，处三年以上七年以下有期徒刑。

相关规定

《中华人民共和国刑法》。

第五十一条 违反本法规定，外国的组织或者个人未经批准，或者未与中华人民共和国有关部门、

单位合作，擅自从事测绘活动的，责令停止违法行为，没收违法所得、测绘成果和测绘工具，并处十万元以上五十万元以下的罚款；情节严重的，并处五十万元以上一百万元以下的罚款，限期出境或者驱逐出境；构成犯罪的，依法追究刑事责任。

条文主旨

本条是关于外国的组织或者个人违法在我国进行测绘活动应当承担的法律责任的规定。

条文解读

一、本条所称违反本法规定，是指违反本法第八条的规定

本法第八条规定，“外国的组织或者个人在中华人民共和国领域和中华人民共和国管辖的其他海域从事测绘活动，应当经国务院测绘地理信息主管部门会同军队测绘部门批准，并遵守中华人民共和国有关法律、行政法规的规定”。“外国的组织或者个人在中华人民共和国领域从事测绘活动，应当与中华人民共和国有关部门或者单位合作进行，并不得涉及国家秘密和危害国家安全”。测绘事业是经济建设、国防建设、社会发展、生态保护和维护国家地理信息安全的基础性事业。测绘工作同国家主权、安全和利益密切相关，许多地理要素和地表设施都属于国家秘密，国外的情报部门千方百计地去获取相关地理信息。外国的组织

或者个人在我国领域和我国管辖的其他海域从事测绘活动涉及主权管辖和保守国家秘密，还涉及外交关系方面的纠纷，为了国家安全，对外国人在我国从事测绘活动应当依法严格控制。

二、本条规定的违法行为有两种

一是外国的组织或者个人未经批准，擅自从事测绘活动。这里所称未经批准，是指没有经过国务院测绘地理信息主管部门会同军队测绘部门的批准。二是外国的组织或者个人未与中华人民共和国有关部门、单位合作，擅自在中华人民共和国领域从事测绘活动。根据本条规定，外国的组织和个人只要有上述所列违法行为之一的，就要承担本条规定的相应法律责任。

三、本条规定了两种法律责任

（一）行政法律责任。本条规定的行政处罚有三种

1. 没收违法所得、测绘成果和测绘工具，即由县级以上人民政府测绘地理信息主管部门根据本条规定作出决定，没收违反规定进行测绘、有上述所列行为之一的外国组织或者个人的违法所得、测绘成果和测绘工具。

2. 罚款，即由县级以上人民政府测绘地理信息主管部门根据本条规定，在责令停止违法行为，没收测绘成果和测绘工具的同时，还应当强制违反规定进行测绘、有上述所列行为之一的外国的组织或者个人交纳一定数量的货币的行政处罚。处罚的具体数额由县级以上人民政府测绘地

理信息主管部门根据当事人的违法行为的具体情节而定，一般的幅度为十万元以上五十万元以下；情节严重的，为五十万元以上一百万元以下。本条规定的这两种行政处罚应当同时适用。

3. 限期出境或者驱逐出境，即对违反规定在我国从事测绘活动、情节严重的外国的组织或者个人，在责令停止违法行为，没收测绘成果和用于违法测绘的工具，并处五十万元以上一百万元以下的罚款的同时，由公安机关责令其限期出境或者驱逐出境。

（二）刑事法律责任

根据本条的规定，外国的组织或者个人有上述违法行为之一，构成犯罪的，依法追究刑事责任。本条规定的刑事责任，依照我国刑法第二百八十二条第一款关于非法获取国家秘密罪的规定进行追究。刑法第二百八十二条第一款规定："以窃取、刺探、收买方法，非法获取国家秘密的，处三年以下有期徒刑、拘役、管制或者剥夺政治权利；情节严重的，处三年以上七年以下有期徒刑。"

相关规定

《中华人民共和国刑法》。

第五十二条 违反本法规定，未经批准擅自建立相对独立的平面坐标系统，或者采用不符合国家

标准的基础地理信息数据建立地理信息系统的，给予警告，责令改正，可以并处五十万元以下的罚款；对直接负责的主管人员和其他直接责任人员，依法给予处分。

条文主旨

本条是关于擅自建立相对独立平面坐标系统和采用不符合国家标准的基础地理信息数据所应承担的法律责任的规定。

条文解读

一、本条所称违反本法规定，是指违反本法第十一条和第二十四条的规定

（一）本法第十一条规定，因建设、城市规划和科学研究的需要，国家重大工程项目和国务院确定的大城市确需建立相对独立的平面坐标系统的，由国务院测绘地理信息主管部门批准；其他确需建立相对独立的平面坐标系统的，由省、自治区、直辖市人民政府测绘地理信息主管部门批准。建立相对独立的平面坐标系统的，应当与国家坐标系统相联系。建立相对独立的平面坐标系统需要经过法定的审批程序，这是因为目前我国统一的坐标系统是由国家建立的，包括大地坐标系统、平面坐标系统、高程系统、地心坐标系统和重力测量系统，这一系列的坐标系统与全国统一的大地基准、高程基准、深度基准和重力基准相联系，构成了全国统一的测绘基准和测绘系统。建立全国统一的坐标系统，其目的就是在我国领域和我国管辖的其他海域的范围内规范测绘数据的标准，避免因测绘坐标系统的不统一而造成的混乱。建立全国统一的坐标系统，有利于规范测绘市场，有利于测绘地理信息主管部门对测绘成果的管理，有利于数据共享，避免不必要的重复测绘，节约人力、物力和资金。因此，只有因建设、城市规划、科学研究以及大城市和国家重大工程项目确有需要，才可以申请建立独立的平面坐标系统。

（二）本法第二十四条规定，建立地理信息系统，应当采用符合国家标准的基础地理信息数据。建立地理信息系统，应当采用符合国家标准的基础地理信息数据。这是因为地理信息系统目前应用比较广泛，可以为国家、部门和单位的决策提供依据，同时也可以为许多重大建设工程项目提供详实的数据，这就要求地理信息系统采用的数据必须真实、准确。目前，我国领域和管辖的其他海域的位置、高程、深度、面积、长度等重要的地理信息数据，都是经过国务院测绘地理信息主管部门审核，并与国务院其他有关部门和军队测绘部门会商后，由国务院批准的。因此，采用符合国家标准的基础地理信息数据可以保证其真实性、准确性和统一性，可以有效避免测绘数据的混乱，有利于测绘成果的共享。

二、本条规定的两种违法行为及法律责任承担

（一）未经批准，擅自建立相对独立的平面坐标系统

的。本条所称未经批准，是指国家重大工程项目和国务院确定的大城市建立相对独立的平面坐标系统，没有经过国务院测绘地理信息主管部门批准；其他建立相对独立的平面坐标系统，没有经过省、自治区、直辖市人民政府测绘地理信息主管部门批准。

（二）建立地理信息系统，采用不符合国家标准的基础地理信息数据的。

三、本条规定的两种行政法律责任

行政法律责任，是指因实施违反本法规定的行为而引起的，由行政机关依法给予制裁的，并且是必须承担的法律后果。行政法律责任分为行政处罚和行政处分。按照本条规定，实施上述违法行为，由县级以上人民政府测绘地理信息主管部门给予行政处罚；对负有直接责任的主管人员和其他直接责任人员，依法给予行政处分。

（一）本条规定的行政处罚有警告、罚款两种形式：

1. 警告。所谓警告，是指对违法者予以告诫和谴责，申明其行为已构成违法，要求其以后不再重犯。警告一般适用于情节比较轻微的违法行为。本条是指县级以上人民政府测绘地理信息主管部门对未经批准擅自建立相对独立的平面坐标系统或者建立地理信息系统采用不符合国家标准的基础地理信息数据行为的当事人予以告诫和谴责，申明其实施的行为已构成违法。

2. 罚款。即由县级以上人民政府测绘地理信息主管部门根据本条的规定，强制未经批准擅自建立相对独立的平面坐标系统或者建立地理信息系统采用不符合国家标准的基础地理信息数据行为的违法行为人交纳一定数量的货币的行政处罚。罚款属于财产罚。本条规定的罚款是在对违法行为人给予警告或者责令改正处罚的同时对违法行为人实施的行政处罚，不可对违法行为人单处罚款。本条规定的罚款幅度是五十万元以下，具体数额由县级以上测绘地理信息主管部门根据当事人的违法行为的具体情况决定。

（二）根据本条的规定，县级以上人民政府测绘地理信息主管部门在对测绘活动的监督检查过程中，发现并确认当事人未经批准擅自建立相对独立的平面坐标系统或者建立地理信息系统采用不符合国家标准的基础地理信息数据的行为，以行政命令的方式责令违法行为人纠正其违法行为，使其行为符合法律、行政法规的规定。

（三）按照本条规定，对直接负责的主管人员和其他直接责任人员，应当依法给予处分。

处分，亦称行政纪律处分，是指行政机关内部上级对下级以及监察机关、人事部门和企事业单位按照行政隶属关系，对违反政纪的人员依法给予的一种法律制裁。目前，我国实行公务员制度，对直接负责的主管人员和其他直接责任人员的行政处分应当按照《中华人民共和国公务员法》的规定执行。一般而言，给予行政处分大致分为三种情况：其一，对违法行为较轻，仍能担任现任职务的人员，可以给予警告、记过、降级处分；其二，对违法行为较重，不宜继续担任现任职务的人员，给予降职或者撤职处分；其三，对严重违法失职，屡教不改的，可以给予开除处分。具体给予违法行为人何种处分，应当由其任免单位、监察机关根据不同情况做出。

相关规定

《中华人民共和国公务员法》。

第五十三条　违反本法规定，卫星导航定位基准站建设单位未报备案的，给予警告，责令限期改正；逾期不改正的，处十万元以上三十万元以下的罚款；对直接负责的主管人员和其他直接责任人员，依法给予处分。

条文主旨

本条是关于卫星导航定位基准站建设单位未报测绘地理信息主管部门备案应当承担的法律责任的规定。

条文解读

（一）本条所称违反本法规定，是指违反本法第十三条的规定。

（二）本法第十三条第一款规定："建设卫星导航定位基准站的，建设单位应当按照国家有关规定报国务院测绘地理信息主管部门或者省、自治区、直辖市人民政府测绘地理信息主管部门备案。国务院测绘地理信息主管部门应当汇总全国卫星导航定位基准站建设备案情况，并定期向军队测绘部门通报。”

（三）行政法律责任。按照本条规定，实施上述违法行为的，由县级以上人民政府测绘地理信息主管部门给予行政处罚；对直接负责的主管人员和其他直接责任人员，依法给予行政处分。

1. 本条规定的行政处罚有警告、罚款两种形式：

（1）警告。是指县级以上人民政府测绘地理信息主管部门对违反本法规定，未报测绘地理信息主管部门备案的卫星导航定位基准站建设单位予以告诫和谴责，申明其实施的行为已构成违法。

（2）罚款。即由县级以上人民政府测绘地理信息主管部门根据本法规定，强制未报测绘地理信息主管部门备案的卫星导航定位基准站建设单位交纳一定数量的货币的行政处罚。本条规定的罚款不是必须实施的行政处罚，实施的条件是违法行为人逾期不改正违法行为，由县级以上人民政府测绘地理信息主管部门根据当事人的违法行为的具体情况实施处罚。本条规定的罚款幅度是十万元以上三十万元以下，具体数额由县级以上人民政府测绘地理信息主管部门根据当事人的违法行为的具体情况决定。

2. 按照本条规定，对直接负责的主管人员和其他直接责任人员，应当依法给予行政处分。即监察机关或者违法行为人的任免机关在监督检查过程中，发现并确认违法行为人实施了本条所规定的违法行为的，应当依照《中华人民共和国公务员法》的规定对违法行为人给予警告、记过、记大过、降级、撤职或者开除等纪律处分。

相关规定

《中华人民共和国公务员法》。

第五十四条 违反本法规定，卫星导航定位基准站的建设和运行维护不符合国家标准、要求的，给予警告，责令限期改正，没收违法所得和测绘成果，并处三十万元以上五十万元以下的罚款；逾期不改正的，没收相关设备；对直接负责的主管人员和其他直接责任人员，依法给予处分；构成犯罪的，依法追究刑事责任。

条文主旨

本条是关于违反卫星导航定位基准站建设和运行维护的规定应当承担的法律责任的规定。

条文解读

一、本条所称违反本法规定，是指违反本法第十四条的规定。

二、本法第十四条规定："卫星导航定位基准站的建设和运行维护应当符合国家标准和要求，不得危害国家安全。卫星导航定位基准站的建设和运行维护单位应当建立数据安全保障制度，并遵守保密法律、行政法规的规定。县级以上人民政府测绘地理信息主管部门应当会同本级人民政府其他有关部门，加强对卫星导航定位基准站的建设和运行维护的规范和指导。"

三、法律责任。本条规定的法律责任有行政法律责任和刑事法律责任。

（一）行政法律责任。主要有行政处罚和行政处分两种。

1. 警告。是指由县级以上人民政府测绘地理信息主管部门对建设和运行维护不符合国家标准和要求的卫星导航定位基准站的行为人予以告诫和谴责，申明其实施的行为已构成违法。

2. 没收违法所得和测绘成果。即由县级以上人民政府测绘地理信息主管部门根据本条规定作出决定，没收违反规定、建设和运行维护不符合国家标准和要求的卫星导航定位基准站、危害国家安全的行为人的违法所得和测绘成果。

3. 罚款。即由县级以上人民政府测绘地理信息主管部门根据本法规，强制建设和运行维护不符合国家标准和要求的卫星导航定位基准站、危害国家安全的违法行为人交纳一定数量的货币的行政处罚。本条规定的罚款在对违法行为人给予警告或者责令改正处罚，没收违法所得和测绘成果的同时对违法行为人处以罚款，不可对违法行为人单处罚款，本条规定的罚款幅度是三十万元以上五十万元以下，具体数额由县级以上人民政府测绘地理信息主管部门根据当事人的违法行为的具体情况而定。

4. 没收设备。逾期不改正的，没收相关设备。按照本法规定，没收相关设备处罚实施的条件是行为人逾期不改正违法行为，由县级以上人民政府测绘地理信息主管部门根据当事人的违法行为的具体情况给予处罚。

5. 对直接负责的主管人员和其他直接责任人员，依法给予处分。本条未对行政处分的种类作出规定，可由行政机关根据违法行为的轻重、造成危害程度的大小等具体情况，作出具体的行政处分决定。

（二）刑事法律责任。按照本条规定，卫星导航定位基准站的建设和运行维护不符合国家标准和要求、危害国家安全的，而且同时其行为同时触犯了刑法的有关规定，构成了犯罪，则违法行为人就应当承担相应的刑事法律责任。例如：刑法第三百九十八条规定的故意泄露国家秘密罪、过失泄露国家秘密罪，即国家机关工作人员违反保守国家秘密法的规定，故意或者过失泄露国家秘密，情节严重的，处三年以下有期徒刑或者拘役；情节特别严重的，处三年以上七年以下有期徒刑。非国家机关工作人员犯前款罪的，依照前款的规定酌情处罚。

相关规定

《中华人民共和国刑法》。

第五十五条 违反本法规定，未取得测绘资质证书，擅自从事测绘活动的，责令停止违法行为，没收违法所得和测绘成果，并处测绘约定报酬一倍以上二倍以下的罚款；情节严重的，没收测绘工具。

以欺骗手段取得测绘资质证书从事测绘活动的，吊销测绘资质证书，没收违法所得和测绘成果，并处测绘约定报酬一倍以上二倍以下的罚款；情节严重的，没收测绘工具。

条文主旨

本条是关于未取得测绘资质证书擅自从事测绘活动和以欺骗手段取得测绘资质证书从事测绘活动所应承担的法律责任的规定。

条文解读

一、本条所称违反本法规定，是指违反本法第二十七条和第二十八条的规定

（一）本法第二十七条规定，国家对从事测绘活动的单位实行测绘资质管理制度。从事测绘活动的单位应当有法

人资格、具备与其从事的测绘活动相适应的专业技术人员，技术装备和设施，有健全的技术、质量保证体系、安全保障措施、信息安全保密管理制度和测绘成果及资料档案管理制度，并依法取得相应等级的测绘资质证书后，方可从事测绘活动。

这一条明确规定了从事测绘活动的单位应当具备的条件，这四项条件包含了法人资格、相应的专业技术人员、技术装备和设施、技术质量保证体系和测绘成果管理制度等，基本上体现了测绘活动的要求，只有符合这四项条件的测绘单位才可以向测绘地理信息主管部门申请领取测绘资质证书，未取得测绘资质证书的单位不得从事测绘活动。这样规定统一了测绘市场的准入制度，有利于测绘地理信息主管部门对从事测绘活动的单位的管理，以规范测绘市场，保证测绘成果的质量，避免因测绘活动而产生的各种纠纷。

（二）本法第二十八条规定，国务院测绘地理信息主管部门和省、自治区、直辖市人民政府测绘地理信息主管部门按照各自的职责负责测绘资质审查、发放测绘资质证书。具体办法由国务院测绘地理信息主管部门商国务院其他有关部门规定。军队测绘部门负责军事测绘单位的测绘资质审查。

本条明确了测绘资质审查和测绘资质证书发放的行政主管部门，可以有效地避免目前存在的测绘资质多头管理、重复发证等问题。

二、本条规定了两种违法行为

（一）未取得测绘资质证书，擅自从事测绘活动的。测绘资质证书的取得，需要经过省级以上人民政府测绘地理信息主管部门的严格审查，只有达到本法第二十七条规定的全部条件的测绘单位，测绘地理信息主管部门才会给其发放测绘资质证书。因此，未取得测绘资质证书从事测绘活动的单位，往往是因其自身条件达不到本法第二十七条规定的可以从事测绘活动的条件。这些没有取得测绘资质证书的测绘单位，其测绘成果的质量难以保证，委托人也会因此而受到损失。即使有的单位可能其自身条件已经达到本法第二十七条的规定，但是未通过省级以上测绘地理信息主管部门的资质审查并取得测绘资质证书，也不能从事测绘活动。

（二）以欺骗手段取得测绘资质证书从事测绘活动的。即从事测绘活动的单位，因为其自身条件达不到本法第二十七条的规定或者因为其他原因，无法通过省级以上测绘地理信息主管部门的资质审查获取测绘资质证书，而采用不正当手段欺骗对其测绘资质进行审查的测绘地理信息主管部门，骗取测绘资质证书的行为。

三、本条对实施上述两种违法行为分别规定了处罚措施

（一）违反本法规定，未取得测绘资质证书，擅自从事测绘活动的，责令停止违法行为，没收违法所得和测绘成果，并处测绘约定报酬一倍以上二倍以下的罚款；情节严重的，没收违法工具。

1. 没收违法所得和测绘成果。即由县级以上人民政府测绘地理信息主管部门根据本法规定，将违法行为人通过擅自进行测绘活动所获得的收入以及所取得的测绘成果强制无偿收归国有。该处罚的相对人，是在擅自进行测绘活动的过程中，取得所得或者测绘成果的当事人。对没有违法所得或者没有取得测绘成果的违法行为人，不适用该处罚措施。

2. 罚款。即由县级以上人民政府测绘地理信息主管部门根据本法规定，强制未取得测绘资质证书即擅自从事测绘活动行为的违法行为人交纳一定数量的货币的行政处罚。根据本条的规定，应当在对违法行为人给予责令停止违法行为以及没收违法所得和测绘成果处罚的同时对违法行为人处以罚款，但不可对违法行为人单处罚款。本条规定的罚款幅度是测绘约定报酬一倍以上二倍以下，测绘约定报酬是指未取得测绘资质证书擅自从事测绘活动的单位与测绘项目委托人就测绘活动协商并互相认可的价款数额，对违反本条规定的罚款的具体数额由县级以上人民政府测绘地理信息主管部门根据当事人的违法行为的具体情况决定。依照本法规定，县级以上人民政府测绘地理信息主管部门在行政执法中，发现并确认违法行为人在没有取得测绘资质证书的情况下就擅自进行测绘活动后，以行政命令的方式责令违法行为人停止正在进行的违法行为。

3. 没收测绘工具。县级以上测绘地理信息主管部门认为未取得测绘资质证书，擅自从事测绘活动情节严重的，在责令停止违法行为，没收违法所得和测绘成果，并处测绘约定报酬一倍以上二倍以下的罚款后，还可以没收测绘工具。如果没有取得违法所得和测绘成果，不影响作出没收测绘工具的处罚。测绘工具包括直接从事测绘活动的仪器、设备，也包括辅助工具如无人飞机等。

（二）违反本法规定，以欺骗手段取得测绘资质证书从事测绘活动的，吊销测绘资质证书，没收违法所得和测绘成果，并处测绘约定报酬一倍以上二倍以下的罚款；情节严重的，没收测绘工具。

1. 吊销测绘资质证书。根据本法第六十六条的规定，吊销测绘资质证书的行政处罚由颁发测绘资质证书的部门决定，即颁发测绘资质证书的部门发现并确认从事测绘活动的单位以欺骗手段取得测绘资质证书从事测绘活动的，应当吊销其测绘资质证书。

2. 没收违法所得和测绘成果。即由县级以上人民政府测绘地理信息主管部门根据本法规定，将违法行为人通过以欺骗手段取得测绘资质证书从事测绘活动所获得的收入以及所取得的测绘成果强制无偿收归国有。该处罚的相对人，是在以欺骗手段取得测绘资质证书从事测绘活动的过程中，取得所得或者测绘成果的当事人。对没有违法所得或者没有取得测绘成果的违法行为人，不适用该处罚措施。

3. 罚款。即由县级以上人民政府测绘地理信息主管部门根据本法规定，强制以欺骗手段取得测绘资质证书从事测绘活动行为的违法行为人交纳一定数量的货币的行政处罚。根据本条的规定，应当在对违法行为人吊销测绘资质证书以及没收违法所得和测绘成果处罚的同时对违法行为人处以罚款，但不可对违法行为人单处罚款。本条规定的罚款幅度是测绘约定报酬一倍以上二倍以下，具体数额由县级以上人民政府测绘地理信息主管部门根据当事人的违法行为的具体情况决定。

4. 没收测绘工具。县级以上测绘地理信息主管部门认为以欺骗手段取得测绘资质证书从事测绘活动情节严重的，在吊销测绘资质证书，没收违法所得和测绘成果，并处测绘约定报酬一倍以上二倍以下的罚款后，还可以没收测绘工具。如果没有取得违法所得和测绘成果，不影响作出没收测绘工具的处罚。测绘工具包括直接从事测绘活动的仪器、设备，也包括辅助工具如无人飞机等。

第五十六条　**违反本法规定，测绘单位有下列行为之一的，责令停止违法行为，没收违法所得和测绘成果，处测绘约定报酬一倍以上二倍以下的罚款，并可以责令停业整顿或者降低测绘资质等级；情节严重的，吊销测绘资质证书：**

（一）超越资质等级许可的范围从事测绘活动；

（二）以其他测绘单位的名义从事测绘活动；

（三）允许其他单位以本单位的名义从事测绘活动。

条文主旨

本条是关于测绘单位超越资质等级从事测绘活动或者允许其他单位以本单位名义从事测绘活动所应承担的法律责任的规定。

条文解读

（一）本条所称违反本法规定，是指违反本法第二十九条第一款的规定。

本法第二十九条第一款规定，测绘单位不得超越资质等级许可的范围从事测绘活动，不得以其他测绘单位的名义从事测绘活动，不得允许其他单位以本单位的名义从事测绘活动。

测绘资质等级是测绘地理信息主管部门根据从事测绘活动的单位具有的条件和测绘地理信息主管部门制定的有关测绘资质管理的办法，按照一定的标准，对测绘单位进行评定等级。从事测绘活动的单位只能承揽其资质等级范围内允许的测绘任务，不能超越资质等级规定的范围从事测绘活动，这样规定可以避免一些自身条件达不到测绘任务要求的测绘单位任意承揽测绘任务，以保证测绘成果的质量。同时，考虑到目前一些测绘资质等级达不到要求的测绘单位为了承揽其资质范围以外的测绘任务，经常以其他资质等级符合要求的测绘单位的名义承揽测绘任务，扰乱了测绘市场的正常秩序，因此这一款还专门规定了测绘单位不得以其他测绘单位的名义从事测绘活动，也不得允许其他单位以本单位的名义从事测绘活动。

（二）本条规定了三种违法行为，测绘单位只要实施了本条规定的三种行为之一，就应当承担本条规定的法律责任。

1. 超越资质等级许可的范围从事测绘活动。即测绘单位未按照测绘地理信息主管部门审核的测绘资质等级规定的范围从事测绘活动。测绘单位只要超越资质等级许可的范围从事测绘活动的，就应当承担本条规定的法律责任。

2. 以其他测绘单位的名义从事测绘活动。即测绘单位不以本单位的名义从事测绘活动，而冒用其他测绘单位的名义从事测绘活动。测绘单位冒用其他测绘单位的名义从事测绘活动，往往是因为其自身不具有测绘资质或者其测绘资质等级不符合测绘任务的要求，为了能够承揽其测绘资质等级许可范围以外的测绘任务，而使用其他具有测绘资质或者测绘资质等级符合测绘任务要求的测绘单位的名义从事测绘活动。这种行为不仅使测绘成果的质量无法得到保证，还扰乱了测绘市场的正常秩序，损害了其他测绘单位的名誉。因此，测绘单位以其他测绘单位的名义从事测绘活动的，应当承担本条规定的法律责任。

3. 允许其他单位以本单位的名义从事测绘活动。本条规定测绘单位不得以其他测绘单位的名义从事测绘活动的同时，还规定测绘单位不得允许其他测绘单位以本单位的名义从事测绘活动。如果因利益驱动或者其他原因允许其他测绘单位以本单位的名义从事测绘活动，会扰乱测绘市场秩序，也会受到法律的惩处。

（三）对实施了上述三种违法行为之一的测绘单位，按照本条规定，由县级以上人民政府测绘地理信息主管部门在行政执法中，发现并确认违法行为人有超越资质等级许可的范围从事测绘活动、以其他测绘单位的名义从事测绘活动或者允许其他单位以本单位的名义从事测绘活动的行为之一的，以行政命令的方式责令违法行为人停止正在进行的违法行为。处以下列处罚：没收违法所得和测绘成果，处测绘约定报酬一倍以上二倍以下的罚款，并可以责令停业整顿或者降低资质等级；情节严重的，吊销测绘资质证书。

1. 没收违法所得和测绘成果。即由县级以上人民政府测绘地理信息主管部门根据本法规定，将违法行为人通过超越资质等级许可的范围从事测绘活动、以其他测绘单位的名义从事测绘活动或者允许其他单位以本单位的名义从事测绘活动所获得的收入以及所取得的测绘成果强制无偿收归国有。该处罚的相对人，是在违法从事测绘活动的过程中，取得违法所得或者测绘成果的当事人。对没有违法所得或者没有取得测绘成果的违法行为人，不适用该处罚措施。

2. 罚款。即由县级以上人民政府测绘地理信息主管部门根据本法规定，强制对以超越资质等级许可的范围从事测绘活动、以其他测绘单位的名义从事测绘活动或者允许其他单位以本单位的名义从事测绘活动行为的违法行为人交纳一定数量的货币的行政处罚。根据本条规定，应当在对违法行为人给予责令停止违法行为以及没收违法所得和测绘成果处罚的同时对违法行为人处以罚款，但不可对违法行为人单处罚款。本条规定的罚款幅度为测绘约定报酬的一倍以上二倍以下，具体数额由县级以上人民政府测绘地理信息主管部门根据当事人的违法行为的具体情况决定。

3. 责令停业整顿。即对超越资质等级许可的范围从事测绘活动、以其他测绘单位的名义从事测绘活动或者允许其他单位以本单位的名义从事测绘活动的测绘单位，由县级以上人民政府测绘地理信息主管部门责令其在一段时间内停止业务活动，予以整顿。按照本条规定，县级以上人民政府测绘地理信息主管部门可以在对实施了本条规定的三种违法行为之一的测绘单位给予责令停止违法行为、没收违法所得和测绘成果、罚款处罚的同时对违法行为人处以责令停业整顿的处罚，也可以不对违法行为人处以责令停业整顿的处罚，但不可以对违法行为人单处责令停业整顿的处罚。是否处以责令停业整顿的行政处罚，由县级以上人民政府测绘地理信息主管部门根据违法行为的具体情况决定。

4. 降低测绘资质等级。即对实施了本法规定的三种违法行为之一的测绘单位，由颁发测绘资质证书的部门降低其资质等级。按照本条规定，县级以上人民政府测绘地理信息主管部门可以在对构成本条规定的违法行为的测绘单位给予其责令停止违法行为、没收违法所得和测绘成果、罚款处罚的同时决定是否对违法行为人处以降低测绘资质等级的处罚，也可以不对违法行为人处以降低资质等级的处罚，但不可以对违法行为人单处降低资质等级的处罚。对违法测绘单位处以责令停业整顿还是降低测绘资质等级的处罚，由测绘地理信息主管部门根据具体情况决定。

5. 吊销测绘资质证书。即由颁发测绘资质证书的部门对实施了本法规定的三种违法行为之一的测绘单位吊销其测绘资质证书，使其不能再从事测绘活动。这是对测绘单位的最严厉的处罚，因此本法规定只有违法情节严重的测绘单位，才适用这一处罚。情节严重，是指多次实施符合本条规定的违法行为，屡教不改，违法所得数额较大或者造成社会恶劣影响等情形。

第五十七条 **违反本法规定，测绘项目的招标单位让不具有相应资质等级的测绘单位中标，或者**

让测绘单位低于测绘成本中标的，责令改正，可以处测绘约定报酬二倍以下的罚款。招标单位的工作人员利用职务上的便利，索取他人财物，或者非法收受他人财物为他人谋取利益的，依法给予处分；构成犯罪的，依法追究刑事责任。

条文主旨

本条是关于违反测绘项目招投标管理规定所应承担的法律责任的规定。

条文解读

一、本条所称违反本法规定，是指违反本法第二十九条第二款的规定

本法第二十九条第二款规定，测绘项目实行招投标的，测绘项目的招标单位应当依法在招标公告或者招标邀请书中对测绘单位资质作出要求，不得让不具有相应测绘资质等级的单位中标，不得让测绘单位低于测绘成本中标。这一条明确了测绘项目招标与投标的规范。为了保证测绘成果的质量，测绘项目的招标单位应当首先了解投标项目的测绘单位的资质等级，只有测绘单位的资质等级符合测绘项目的要求，招标方才可以让测绘单位对项目投标。同时，这一条还规定测绘项目的招标方不得让测绘单位低于测绘成本中标。让测绘单位低于测绘成本中标，其直接后果就是测绘单位以牺牲测绘成果质量为代价粗制滥造，使测绘

成果的质量无法得到保证，也会给后续的建设项目带来严重的隐患。

二、按照本条的规定，测绘项目的招标单位让不具有相应测绘资质等级的测绘单位中标，或者让测绘单位低于测绘成本中标的，测绘项目的招标单位只要实施了这两种行为之一，就应当承担本条规定的行政法律责任

本条规定的行政法律责任为：罚款。即由县级以上人民政府测绘地理信息主管部门根据本法规定，让不具有相应测绘资质等级的测绘单位中标，或者让测绘单位低于测绘成本中标的测绘单位交纳一定数量的货币的行政处罚。根据本条规定，可以对违法行为人单处罚款。本条规定的罚款幅度为测绘约定报酬二倍以下，具体数额由县级以上人民政府测绘地理信息主管部门根据当事人的违法行为的具体情况决定。

根据本条规定，县级以上测绘地理信息主管部门在对测绘活动的监督检查过程中，发现并确认测绘项目的招标单位让不具有相应测绘资质等级的测绘单位中标或者让测绘单位低于测绘成本中标的行为，以行政命令的方式责令违法行为人纠正其违法行为，使其行为符合法律、行政法规的规定。

三、根据本条规定，招标单位的工作人员利用职务上的便利，索取他人财物或者非法收受他人财物为他人谋取利益的，依法给予处分；构成犯罪的，依法追究刑事责任

1. 按照本条规定，招标单位的工作人员利用职务上的便利，索取他人财物或者非法收受他人财物为他人谋取利益，对直接负责的主管人员和其他直接责任人员，应当依法给予处分。即监察机关或者违法行为人的任免机关在监督检查过程中，发现并确认违法行为人实施了本条所列举的两种违法行为之一的，应当依照《中华人民共和国公务员法》的规定对违法行为人给予警告、记过、记大过、降级、撤职或者开除等纪律处分。

2. 按照本条规定，招标单位的工作人员利用职务上的便利，索取他人财物或者非法收受他人财物为他人谋取利益，构成犯罪的，应当依照刑法的有关规定对其进行处罚。例如：刑法第一百六十三条规定："公司、企业或者其他单位的工作人员利用职务上的便利，索取他人财物或者非法收受他人财物，为他人谋取利益，数额较大的，处五年以下有期徒刑或者拘役；数额巨大的，处五年以上有期徒刑，可以并处没收财产。""公司、企业或者其他单位的工作人员在经济往来中，利用职务上的便利，违反国家规定，收受各种名义的回扣、手续费，归个人所有的，依照前款的规定处罚。""国有公司、企业或者其他国有单位中从事公务的人员和国有公司、企业或者其他国有单位委派到非国有公司、企业以及其他单位从事公务的人员有前两款行为的，依照本法第三百八十五条、第三百八十六条的规定定罪处罚。"刑法第三百八十五条规定："国家工作人员利用职务上的便利，索取他人财物的，或者非法收受他人财物，为他人谋取利益的，是受贿罪。”“国家工作人员在经济往来中，违反国家规定，收受各种名义的回扣、手续费，归个人所有的，以受贿论处。”

相关规定

《中华人民共和国公务员法》;《中华人民共和国刑法》。

第五十八条　违反本法规定，中标的测绘单位向他人转让测绘项目的，责令改正，没收违法所得，处测绘约定报酬一倍以上二倍以下的罚款，并可以责令停业整顿或者降低测绘资质等级；情节严重的，吊销测绘资质证书。

条文主旨

本条是关于中标的测绘单位将测绘项目转让所应承担的法律责任的规定。

条文解读

一、本条所称违反本法规定，是指违反本法第二十九条第三款的规定

本法第二十九条第三款规定，中标的测绘单位不得向他人转让测绘项目。这是针对目前测绘市场上测绘项目层层转让而专门制定的，有的测绘项目几经转包后，费用低于国家规定收费标准的 50%，有的测绘项目的转包费用甚至达不到测绘成本，根本无法保障测绘成果的质量。不仅如此，测绘项目的层层转让还会给测绘地理信息主管部门的管理带来不利影响，有的测绘项目转让后，承接测绘项目的单位测绘资质等级达不到要求，有的单位甚至根本不具有测绘资质证书。

二、按照本条规定，测绘单位将测绘项目转让的，县级以上人民政府测绘地理信息主管部门在对测绘活动的监督检查过程中，发现并确认测绘单位将测绘项目转让的行为后，以行政命令的方式责令违法行为人纠正其违法行为，使其行为符合法律、行政法规的规定，并应当承担本条规定的法律责任

（一）没收违法所得。即由县级以上人民政府测绘地理信息主管部门根据本法规定，将测绘单位通过转让所获得的收入强制无偿收归国有。该处罚的相对人，是在将测绘项目转让的过程中取得所得的测绘单位。对没有违法所得的违法行为人，不适用该处罚措施。

（二）罚款。即由县级以上人民政府测绘地理信息主管部门根据本法规定，强制将测绘项目转让的测绘单位交纳一定数量的货币的行政处罚。根据本条规定，应当在对将测绘项目转让的测绘单位给予责令改正违法行为以及没收违法所得的同时对违法行为人处以罚款，但不可对违法行为人单处罚款。本条规定的罚款幅度为测绘约定报酬一倍以上二倍以下，具体数额由县级以上人民政府测绘地理信息主管部门根据当事人的违法行为的具体情况决定。

（三）责令停业整顿。即对将测绘项目转让的测绘单位，由县级以上人民政府测绘地理信息主管部门责令其在一段时间内停止业务活动，予以整顿。按照本条规定，停业整顿不是必须实施的行政处罚，县级以上人民政府测绘地理信息主管部门可以在对将测绘项目转让的测绘单位给予责令改正，没收违法所得和罚款处罚的同时对违法行为人处以责令停业整顿的处罚，也可以不对违法行为人处以责令停业整顿的处罚。是否处以责令停业整顿的行政处罚，由县级以上人民政府测绘地理信息主管部门根据违法行为的具体情况决定。

（四）降低测绘资质等级。即对将测绘项目转让的测绘单位，由颁发测绘资质证书的部门降低其测绘资质等级。按照本条规定，降低测绘资质等级也不是必须实施的行政处罚，可以在县级以上人民政府测绘地理信息主管部门对构成本条规定的违法行为的测绘单位给予其责令改正，没收违法所得和罚款处罚的同时由颁发测绘资质证书的部门决定是否对违法行为人处以降低测绘资质等级的处罚，也可以不对违法行为人处以降低测绘资质的处罚。对违法测绘单位处以责令停业整顿还是降低测绘资质等级的处罚，由测绘地理信息主管部门和颁发测绘资质证书的部门根据具体情况决定。

（五）吊销测绘资质证书。即对将测绘项目转让的测绘单位，由颁发测绘资质证书的部门吊销其测绘资质证书，使其不能再从事测绘活动。这是对测绘单位最严厉的处罚，因此本法规定只有违法情节严重的测绘单位，才适用这一处罚。情节严重，是指多次实施本条规定的违法行为，即中标单位多次将测绘项目转让，并且屡教不改，违法所得数额较大或者造成社会影响恶劣等情形。

第五十九条　违反本法规定，未取得测绘执业资格，擅自从事测绘活动的，责令停止违法行为，没收违法所得和测绘成果，对其所在单位可以处违法所得二倍以下的罚款；情节严重的，没收测绘工具；造成损失的，依法承担赔偿责任。

条文主旨

本条是关于未取得测绘执业资格擅自从事相应测绘活动所应承担的法律责任的规定。

条文解读

一、本条所称违反本法规定，是指违反本法第三十条的规定

本法第三十条规定，从事测绘活动的专业技术人员应当具备相应的执业资格条件。具体办法由国务院测绘地理信息主管部门会同国务院人力资源社会保障主管部门规定。

执业资格是我国目前对专业技术人员采用的一种普遍的从业准入制度。具有执业资格的专业技术人员应当具有与其从事的活动相适应的知识、技术和素质等能力。从事测绘活动的专业技术人员应当具备相应的执业资格条件，表明其具有相应的知识、技术和素质，能够胜任测绘任务的要求。从事测绘活动的专业技术人员的执业资格取得的具体办法，由国务院测绘地理信息主管部门会同国务院人力资源社会保障主管部门规定。

二、按照本条规定，未取得测绘执业资格，擅自从事相应测绘活动的，首先由县级以上人民政府测绘地理信息主管部门在行政执法中，发现并确认违法行为人未取得测绘执业资格，以专业技术人员的名义从事相应测绘活动的，以行政命令的方式责令违法行为人停止正在进行的违法测绘活动，并应当承担本条规定的法律责任

（一）行政法律责任。本条规定的行政法律责任有责令停止违法行为、没收违法所得和测绘成果、罚款、没收测绘工具。

1. 没收违法所得和测绘成果。即由县级以上人民政府测绘地理信息主管部门根据本法规定，将未取得测绘执业资格，以专业技术人员的名义从事相应测绘活动所获得的收入以及所取得的测绘成果强制无偿收归国有。该处罚的相对人，是未取得测绘执业资格，以专业技术人员的名义从事相应测绘活动的取得所得或者测绘成果的行为人。对没有违法所得或者没有取得测绘成果的违法行为人，不适用该处罚措施。

2. 罚款。即由县级以上人民政府测绘地理信息主管部门根据本法规定，强制未取得测绘执业资格，擅自从事测绘活动的行为人所在单位交纳一定数量的货币的行政处罚。根据本条的规定，罚款不是必须实施的行政处罚，可以在责令违法行为人停止违法行为、没收违法所得和测绘成果的同时对违法行为人所在单位处以罚款，也可以不对违法行为人所在单位处以罚款，但不可对违法行为人所在单位单处罚款。是否对违法行为人所在单位并处罚款，由县级以上人民政府测绘地理信息主管部门根据当事人的违法行为的具体情况而定。本条规定的罚款幅度为违法行为人所获得的违法所得的二倍以下，具体数额由县级以上人民政府测绘地理信息主管部门根据当事人的违法行为的具体情况决定。

3. 没收测绘工具。县级以上测绘地理信息主管部门认为未取得测绘执业资格，擅自从事测绘活动的，在责令停止违法行为，没收违法所得和测绘成果，可以处违法所得二倍以下的罚款后，还可以没收测绘工具。如果没有取得违法所得和测绘成果，不影响作出没收测绘工具的处罚。测绘工具包括直接从事测绘活动的仪器、设备，也包括辅助工具如无人飞机等。

（二）民事法律责任。对于违法行为人因未取得测绘执业资格，以专业技术人员的名义从事相应测绘活动造成损失的，本条规定违法行为人应当依法承担赔偿责任。承担民事损害赔偿责任，一般应当具备以下条件：

1. 行为人的不正当行为给他人的正常活动造成了实际损失。

2. 违法行为人造成的损害与其不正当行为有因果关系。

3. 符合有关法律应当给予赔偿的情形。

损害赔偿责任可以由测绘地理信息主管部门以调解的方式要求违法行为人承担，受害人也可以提起民事诉讼，请求人民法院判决违法行为人承担损害赔偿责任。

第六十条 **违反本法规定，不汇交测绘成果资料的，责令限期汇交；测绘项目出资人逾期不汇交的，处重测所需费用一倍以上二倍以下的罚款；承担国家投资的测绘项目的单位逾期不汇交的，处五万元以上二十万元以下的罚款，并处暂扣测绘资质证书，自暂扣测绘资质证书之日起六个月内仍不汇交的，吊销测绘资质证书；对直接负责的主管人员和其他直接责任人员，依法给予处分。**

条文主旨

本条是关于不汇交测绘成果资料所应承担的法律责任的规定。

条文解读

（一）本条所称违反本法规定，是指违反本法第三十三条第一款和第二款的规定。

本法第三十三条第一、二款规定，“国家实行测绘成果汇交制度。国家依法保护测绘成果的知识产权。”“测绘项目完成后，测绘项目出资人或者承担国家投资的测绘项目的单位，应当向国务院测绘地理信息主管部门或者省、自治区、直辖市人民政府测绘地理信息主管部门汇交测绘成果资料。属于基础测绘项目的，应当汇交测绘成果副本；属于非基础测绘项目的，应当汇交测绘成果目录……”汇交测绘成果资料有利于国家对测绘工作的统一管理和统筹规划，有利于各类测绘成果的充分利用，信息共享，避免重复测绘，浪费资源。对违反上述规定不汇交测绘成果资料的，就要依照本条规定，追究违法行为人的法律责任。

（二）根据本条规定，违法行为人承担本条规定的法律责任主要有两种情况。

一是不汇交测绘成果资料；二是测绘地理信息主管部门要求违法行为人限期汇交，而违法行为人逾期仍不汇交测绘成果资料的行为。不论是哪种情况，只要违法行为人不依法汇交测绘成果资料，就要承担本条规定的法律责任。

（三）本条规定的违法行为人所应承担的法律责任只有

一种形式即承担行政法律责任，包括行政处罚和行政处分两类。

追究违法行为人的行政法律责任，按照本法第六十六条的规定，由颁发测绘资质证书的部门和县级以上人民政府测绘地理信息主管部门按照权限依法追究。颁发测绘资质证书的部门和县级以上人民政府测绘地理信息主管部门在进行测绘监督管理活动中，发现并经确认有违反本法规定，不汇交测绘成果资料的行为后，县级以上人民政府测绘地理信息主管部门首先向违法行为人发出责令限期汇交通知，以行政命令的方式责令违法行为人在一定的期限内汇交测绘成果资料。违法行为人在接到责令限期汇交的行政命令后，应当立即汇交，这样就可以避免受到处罚。违法行为人逾期仍不汇交的，根据违法行为的具体情况，可以依据本条规定作出下列处罚：

1. 罚款。如果当事人逾期不汇交的，则由县级以上人民政府测绘地理信息主管部门对测绘项目出资人处以重测所需费用一倍以上二倍以下的罚款；对承担国家投资的测绘项目的单位处以五万元以上二十万元以下的罚款。测绘地理信息主管部门责令限期汇交的行政处罚决定一经作出，即对当事人产生拘束力，当事人在限定的期限内仍不汇交的，则要给予罚款的处罚。罚款是一种财产罚，是对违法行为人在经济上给予的一定惩罚，以补偿其造成的损失或者加强惩戒作用。本条规定的罚款数额有一定的幅度，具体罚多少，则由县级以上人民政府测绘地理信息主管部门根据违法行为的轻重、造成的后果以及重测所需要的费用等实际情况确定。

2. 暂扣测绘资质证书。根据本条的规定，应当在对违法行为人处以罚款处罚的同时对违法行为人实施暂扣测绘资质证书的处罚，但不可以对违法行为人单处暂扣测绘资质证书。根据本法第六十六条的规定，实施暂扣测绘资质证书的行政处罚，由颁发测绘资质证书的部门决定。也就是说，谁颁发的测绘资质证书，就由谁实施暂扣测绘资质证书的行政处罚。暂扣测绘资质证书的行政处罚，只对承担国家投资的测绘项目的单位实施。

3. 吊销测绘资质证书。即对违法行为人作出暂扣测绘资质证书后，违法行为人六个月内仍不汇交测绘成果资料的，则要吊销其测绘资质证书。实施吊销测绘资质证书的行政处罚，由颁发资质证书的部门决定，并只对承担国家投资的测绘项目的单位实施。

4. 行政处分。即对直接负责的主管人员和其他直接责任人员依法给予处分。按照本法第三十三的规定，汇交测绘成果资料的主体是测绘项目出资人和承担国家投资的测绘项目的单位，即通常所说的单位。单位不汇交测绘成果资料，法律责任应由单位承担。但是，单位作为一个社会系统，它的主体是自然人，单位整体的活动是通过有意识、有目的的自然人的自觉活动实现的。单位只是一个人格化的社会关系主体，其违法行为的整体意志的形成和违法的整体行为的实施，都有赖于作为其构成要素的自然人。因此，为了有效地防止单位违法，除了必须追究单位的责任外，对负有责任的单位成员也必须追究其责任。因此，本条规定对直接负责的主管人员和其他直接责任人员依法给予处分。这里规定的“直接负责的主管人员”是指在单位违法行为中负有直接领导责任的人员，包括违法行为的决策人，事后对单位违法行为予以认可和支持的领导人员，以及由于疏于管理或放任，而对单位的违法行为负有不可推卸责任的领导人员；“其他直接责任人员”是指直接实施单位违法行为的人员。

（四）本条规定的行政处罚是有顺序的。

对违法行为人应当首先以行政命令的形式责令限期汇交，违法行为人如果汇交了测绘成果资料，就不能给予罚款且同时暂扣测绘资质证书的行政处罚。违法行为人逾期仍不汇交的，才给予罚款且同时暂扣测绘资质证书的行政处罚。也就是说，实施罚款且同时暂扣测绘资质证书处罚的前提是违法行为人逾期仍不汇交测绘成果资料。实施吊销测绘资质证书处罚的前提是当事人自暂扣测绘资质证书之日起六个月内仍不汇交测绘成果资料。

第六十一条　**违反本法规定，擅自发布中华人民共和国领域和中华人民共和国管辖的其他海域的**

重要地理信息数据的，给予警告，责令改正，可以并处五十万元以下的罚款；对直接负责的主管人员和其他直接责任人员，依法给予处分；构成犯罪的，依法追究刑事责任。

条文主旨

本条是关于擅自发布重要地理信息数据所应承担的法律责任的规定。

条文解读

（一）本条所称违反本法规定，是指违反本法第三十七条的规定。

本法第三十七条规定，中华人民共和国领域和中华人民共和国管辖的其他海域的位置、高程、深度、面积、长度等重要地理信息数据，由国务院测绘地理信息主管部门审核，并与国务院其他有关部门、军队测绘部门会商后，报国务院批准，由国务院或者国务院授权的部门公布。

这样规定一是考虑到这些重要的地理信息数据对于国家安全和建设具有非常重要的作用，不能任意发布，必须经过严格的审批程序，由国务院或者国务院授权的部门发布。二是如果擅自发布中华人民共和国领域和中华人民共和国管辖的其他海域的重要地理信息数据，这些数据的真实性和准确性将无法得到保障。测绘单位如果采用了这些不准确的数据将会给正常的测绘工作带来不利的影响，造成不必要的损失。因此，由国家法定部门发布我国领域和我国管辖的其他海域的重要地理信息数据，可以充分保证这些重要数据的准确性和权威性。

（二）本条规定当事人只要实施了擅自发布中华人民共和国领域和中华人民共和国管辖的其他海域的重要地理信息数据的违法行为，就应当承担本条规定的法律责任。按照本法规定，除国务院和国务院授权的部门外，其他任何单位、组织或者个人都无权发布重要的地理信息数据，因此其他任何单位、组织或者个人一旦发布，就属于擅自发布的违法行为。这一项中的重要地理信息数据，是指中华人民共和国领域和中华人民共和国管辖的其他海域的位置、高程、深度、面积、长度等重要地理信息数据。

（三）本条规定的法律责任有两种：一是行政法律责任，二是刑事法律责任。

1. 行政法律责任。按照本条规定，实施上述违法行为的，由县级以上人民政府测绘地理信息主管部门给予行政处罚；对负有直接责任的主管人员和其他直接责任人员，依法给予处分。

（1）本条规定的行政处罚有警告、罚款两种形式：

一是警告。是指县级以上人民政府测绘地理信息主管部门对擅自发布中华人民共和国领域和中华人民共和国管辖的其他海域的重要地理信息数据行为的当事人予以告诫和谴责，申明其实施的行为已构成违法。

二是罚款。即由县级以上人民政府测绘地理信息主管部门根据本法规定，强制擅自发布中华人民共和国领域和管辖的其他海域的重要地理信息数据行为的违法行为人交纳一定数量的货币的行政处罚。本条规定的罚款不是必须实施的行政处罚，可以在对违法行为人给予警告或者责令改正处罚的同时对违法行为人处以罚款，也可以不对违法行为人处以罚款，但不可对违法行为人单处罚款，是否对违法行为人并处罚款，由县级以上人民政府测绘地理信息主管部门根据当事人的违法行为的具体情况而定。本条规定的罚款幅度是五十万元以下，具体数额由县级以上人民政府测绘地理信息主管部门根据当事人的违法行为的具体情况决定。

（2）根据本条规定，县级以上人民政府测绘地理信息主管部门在对测绘活动的监督检查过程中，发现并确认当事人擅自发布中华人民共和国领域和中华人民共和国管辖的其他海域的重要地理信息数据的行为，以行政命令的方式责令违法行为人纠正其违法行为，使其行为符合法律、行政法规的规定。

（3）按照本条规定，对直接负责的主管人员和其他直接责任人员，应当依法给予处分。即监察机关或者违法行为人的任免机关在监督检查过程中，发现并确认违法行为人实施了本条规定的违法行为的，应当依照《中华人民共和国公务员法》的规定对违法行为人给予警告、记过、记大过、降级、撤职或者开除等纪律处分。

2. 刑事责任。亦称刑事法律责任，是指具有刑事责任能力的人实施了刑事法律所禁止的行为（犯罪行为）所必须承担的法律义务。刑事责任是最严厉的法律责任。按照本条规定，违法行为人不仅实施了本条规定的行为，并且其行为同时触犯了刑法的有关规定，构成了犯罪，则违法行为人就应当承担相应的刑事法律责任。例如：刑法第三百九十七条规定："国家机关工作人员滥用职权或者玩忽职守，致使公共财产、国家和人民利益遭受重大损失的，处三年以下有期徒刑或者拘役；情节特别严重的，处三年以上七年以下有期徒刑。本法另有规定的，依照规定。""国家机关工作人员徇私舞弊，犯前款罪的，处五年以下有期徒刑或者拘役；情节特别严重的，处五年以上十年以下有期徒刑。本法另有规定的，依照规定。"刑法第三百九十八条规定："国家机关工作人员违反保守国家秘密法的规定，故意或者过失泄露国家秘密，情节严重的，处三年以下有期徒刑或者拘役；情节特别严重的，处三年以上七年以下有期徒刑"。"非国家机关工作人员犯前款罪的，依照前款的规定酌情处罚"。

相关规定

《中华人民共和国刑法》。

第六十二条 违反本法规定，编制、出版、展示、登载、更新的地图或者互联网地图服务不符合国家有关地图管理规定的，依法给予行政处罚、处分；构成犯罪的，依法追究刑事责任。

条文主旨

本条是关于违反地图管理的规定所应承担的法律责任的规定。

条文解读

（一）本条所称违反本法规定，是指违反本法第三十八条第三款的规定。本法第三十八条第三款规定，“县级以上人民政府和测绘地理信息主管部门、网信部门等有关部门应当加强对地图编制、出版、展示、登载和互联网地图服务的监督管理，保证地图质量，维护国家主权、安全和利益”。这是本法授权国务院制定行政法规，对地图的编制、出版、展示、登载、更新和互联网地图服务等监督管理工作作出具体规定。编制、出版、展示、登载、更新地图和互联网地图服务，应当保证地图的质量，维护国家主权、安全和利益。现实中，编制、出版、展示、登载、更新地图或者互联网地图服务不符合国家有关地图管理规定，造成不良影响的事例时有发生，给我国政治、外交和国家安全带来了负面影响。因此，编制、出版、展示、登载、更新地图和互联网地图服务的单位应当遵守国家有关地图管理规定，保证地图的质量，维护国家主权、安全和利益。如果发生不符合国家有关地图管理规定，损害国家利益的，就要承担本条规定的法律责任。

（二）根据本条规定，违法行为人所应承担的法律责任的形式有两种，即行政法律责任和刑事法律责任。

1. 行政法律责任。对实施本条所规定的违法行为，依法给予行政处罚或者处分。本条规定的行政处罚和行政处分是承担行政责任的两种不同方式。行政处罚和行政处分虽然都是对犯有一般违法行为追究的行政责任，但是，两者有明显的区别：（1）行政处罚与行政处分的对象不同。行政处罚的对象是任何犯有一般违法行为的单位或个人；行政处分的对象则只能是犯有一般违法行为的国家机关的工作人员和企事业单位的职工。（2）行政处罚与行政处分的依据不同。行政处罚的依据是有关的法律和法规；行政处分的依据主要是《中华人民共和国公务员法》。（3）行政处罚与行政处分争议的处理程序不同。对行政处罚不服的，可以向作出处罚决定的机关的上一级机关申请行政复议，也可以向人民法院起诉；对行政处分不服的，只能向作出处分决定的机关或政府主管部门提出申诉，或者提请劳动仲裁，不能向人民法院起诉。

2. 刑事法律责任。实施本条所规定的违法行为，构成犯罪的，应当根据刑法的规定承担刑事法律责任。这是一种最为严厉的法律责任，它不仅可以剥夺被判刑人的财产，还可以剥夺其人身自由、政治权利，甚至可以剥夺其生命。行为人只有实施了犯罪行为，才会承担刑事责任，因此，按照刑法的有关规定是否构成犯罪是确定应否承担本条规定的刑事责任的基本条件。本条规定的刑事责任所涉及的罪名为刑法第三百九十八条规定的泄密罪，即“国家机关工作人员违反保守国家秘密法的规定，故意或者过失泄露国家秘密，情节严重的，处三年以下有期徒刑或者拘役；情节特别严重的，处三年以上七年以下有期徒刑。非国家机关工作人员犯前款罪的，依照前款的规定酌情处罚”。但是，由于技术原因造成的错绘、漏绘，不承担本条规定的刑事责任。

（三）本条未对行政处罚和行政处分的种类作出规定，具体规定由《地图管理条例》作出。

相关规定

《中华人民共和国公务员法》；《中华人民共和国刑法》。

第六十三条　违反本法规定，测绘成果质量不合格的，责令测绘单位补测或者重测；情节严重的，责令停业整顿，并处降低测绘资质等级或者吊销测绘资质证书；造成损失的，依法承担赔偿责任。

条文主旨

本条是关于测绘单位因测绘成果质量不合格所应承担的法律责任的规定。

条文解读

一、本条所称违反本法规定，是指违反本法第三十九条的规定

本法第三十九条规定，“测绘单位应当对其完成的测绘成果质量负责”。测绘是国民经济和社会发展的一项前期性、基础性的工作，测绘成果的质量关系到国家经济建设、国防建设、科学研究、文化教育、行政管理等工作能否顺利进行。因此，确保测绘成果的质量合格不仅是各个测绘单位应当一贯遵循的准则，同时也是测绘单位义不容辞的责任。违反本法规定，测绘成果质量不合格的，就要依照本条规定承担民事和行政法律责任。

二、测绘单位因测绘成果质量不合格所应承担的行政法律责任

本条规定的行政法律责任有责令测绘单位补测或者重测；情节严重的，责令整顿，并处降低测绘资质等级或者吊销测绘资质证书。测绘资质等级和测绘资质证书都是测绘地理信息管理机关对测绘单位承担测绘项目能力的一种认可，如果测绘单位的测绘成果质量不合格，不仅造成经济上的损失，而且对国家财产也是一种浪费，同时也说明该测绘单位已经不具备承担测绘项目的能力。因此，本条规定，情节严重的，责令停业整顿，并处降低测绘资质等级或者吊销测绘资质证书。其中“情节严重”主要是指该测绘单位多次测绘成果质量不合格或者给造成的损失较严重等情况。根据本条规定，应当在对违法行为人处以责令停业整顿的同时处以降低测绘资质等级或者吊销测绘资质证书的处罚，不能单处降低测绘资质或者吊销测绘资质证书。根据本法第六十六条的规定，降低测绘资质等级和吊销测绘资质证书的处罚由颁发测绘资质证书的部门决定；责令测绘单位补测或者重测，责令整顿的处罚由县级以上人民政府测绘地理信息主管部门决定。

三、测绘单位因测绘成果质量不合格所应承担的民事法律责任

所谓民事法律责任，是指违反测绘法规定的民事义务，依照法律或者合同的规定所应承担的责任。由于民事法律责任是一种以财产责任和等价、有偿性质为主的法律责任，因此，违反测绘法的民事法律责任具有以下特征：

（一）民事法律责任的主体，即测绘单位同用户之间处于平等的法律地位，双方可以通过协商解决赔偿责任和赔偿金额的纠纷。在追究行为人的民事法律责任时，原则上应当由受害人主张，测绘地理信息管理机关和人民法院一般不主动追究。

（二）民事法律责任尽管也有惩罚违法行为人的目的，但主要还是为了弥补受害人的损失。这与主要侧重于处罚的刑事法律责任和行政法律责任不同。

（三）民事法律责任是通过协商、调解、仲裁、起诉等民事法律程序追究的。我国民法总则规定了十一种承担民事法律责任的方式，有停止侵害、返还财产、恢复原状、继续履行、赔偿损失、支付违约金、赔礼道歉等。本条规定的民事法律责任的主要形式是赔偿损失，即法律强制民事违法行为人向受害人支付一定的金钱，以弥补受害人因违法行为所遭受的财产损失和人身伤害。这是民事法律责任中最重要和最常见的责任形式，也是保护用户合法权益的最常用有效的法律手段。

根据本条规定，承担民事赔偿责任的行为应当具备以下条件：

1. 测绘成果质量不合格，即测绘成果的质量不符合国家有关法律和法规、行业质量标准或者当事人双方签订的合同的规定。这是测绘单位承担民事赔偿责任的前提条件。

2. 造成损失，这里主要指的是给用户造成的经济上的损失，如因测量的误差使整个工程延误工期、需要返工等。

3. 测绘成果质量不合格同造成的损失之间有着必然的因果关系，即造成的损失是由于测绘成果质量的不合格造成的。以上三个条件是缺一不可的，如果没有测绘成果质量不合格的前提，或者虽有这一前提，但并未造成损失的，都不应由测绘单位承担民事赔偿责任。

第六十四条 违反本法规定，有下列行为之一的，给予警告，责令改正，可以并处二十万元以下的罚款；对直接负责的主管人员和其他直接责任人员，依法给予处分；造成损失的，依法承担赔偿责任；构成犯罪的，依法追究刑事责任：

（一）损毁、擅自移动永久性测量标志或者正在使用中的临时性测量标志；

（二）侵占永久性测量标志用地；

（三）在永久性测量标志安全控制范围内从事危害测量标志安全和使用效能的活动；

（四）擅自拆迁永久性测量标志或者使永久性测量标志失去使用效能，或者拒绝支付迁建费用；

（五）违反操作规程使用永久性测量标志，造成永久性测量标志毁损。

条文主旨

本条是关于违反有关保护测量标志的规定所应承担的法律责任的规定。

条文解读

一、本条所称违反本法规定，是指违反本法第四十一条第一款、第四十三条和第四十四条第一款的规定

本法第四十一条第一款规定：“任何单位和个人不得

损毁或者擅自移动永久性测量标志和正在使用中的临时性测量标志，不得侵占永久性测量标志用地，不得在永久性测量标志安全控制范围内从事危害测量标志安全和使用效能的活动。”第四十三条规定：“进行工程建设，应当避开永久性测量标志；确实无法避开，需要拆迁永久性测量标志或者使永久性测量标志失去效能的，应当经省、自治区、直辖市人民政府测绘地理信息主管部门批准；涉及军用控制点的，应当征得军队测绘部门的同意。所需迁建费用由工程建设单位承担。”第四十四条第一款规定：“测绘人员使用永久性测量标志，应当持有测绘作业证件，并保证测量标志的完好。”测量标志是国家的一种基础性设施和宝贵财富，它是各部门、各地方的测绘单位在测量时建立和测量后留存在地面和地下的各种标志与建筑物，是广大测绘人员长期艰苦奋战付出巨大代价所得到的重要成果。因此本法对测量标志的保护管理单设一章作出具体规定。

二、对违反测量标志保护管理的行为，本条以列举的方式作了规定

（一）损毁、擅自移动永久性测量标志或者正在使用中的临时性测量标志的行为。永久性测量标志一经建立，将长期发挥作用，一旦遭到损毁或移动将造成严重损失和后果。一般恢复一座永久性测量标志要付出建造时几倍的工作量，高等级的永久性测量标志一旦破坏将很难恢复，直接影响国家的建设。损毁测量标志，是指人为地造成测量标志部分或全部失去效能。擅自移动测量标志，是指未按法律、法规的规定履行报批手续，或超越职权挪动、迁建测量标志，改变测量标志原来的地理位置或高程。损毁或者擅自移动测量标志，都属于故意破坏测量标志的行为，都要依照本条规定追究其法律责任。

（二）侵占永久性测量标志用地的行为。建设一座永久性测量标志需要在测定的位置上占用一定的土地，任何人、任何单位都应以国家建设为重，为永久性测量标志用地提供方便，更不得侵占永久性测量标志用地。

（三）在永久性测量标志安全控制范围内从事危害测量标志安全和使用效能的活动的行为。永久性测量标志安全控制范围，是指为了保障测量标志的安全及其使用效能，防止人为破坏和减少自然的侵蚀，依法在永久性测量标志周围划定的，禁止进行某种活动的区域。从事危害测量标志安全和使用效能的活动一般包括采矿、取土、挖沙、采石、爆破、射击以及其他危害测量标志安全和使用效能的活动。

（四）擅自拆迁永久性测量标志或者使永久性测量标志失去使用效能，或者拒绝支付迁建费用的行为。由于工程建设需要拆迁或者使永久性测量标志失去效能的，应当按照本法第四十条规定的审批程序进行报批，有关测绘地理信息主管部门审批同意后方可拆迁。否则，就属于本法规定的违法行为，就要承担本条规定的法律责任。

（五）违反操作规程使用永久性测量标志，造成永久性测量标志毁损的行为。按照正确的操作规程使用永久性测量标志，是保证测量标志完好无损的一个先决条件，否则，就会对永久性测量标志造成毁损。实施这一违法行为的行政管理相对人主要是测绘人员。

三、根据本条规定，追究违法行为人法律责任的形式有行政法律责任、民事法律责任和刑事法律责任三种形式

（一）行政法律责任，包括行政处罚和行政处分两种方式。本条规定的行政处罚的种类有警告、罚款两种。同时，县级以上人民政府测绘地理信息主管部门可以按照权限对违法行为人提出责令改正的要求。本条规定的罚款不是必须实施的行政处罚，可以由有关测绘地理信息主管部门按照权限根据违法行为的性质、情节和造成的后果等具体情况，在作出警告、责令改正处罚的同时，决定是否给予罚款的处罚，这种处罚可以处，也可以不处，但不能单独使用。本条规定的具体罚款数额是二十万元以下，二十万元以下的罚款幅度由有关测绘地理信息主管部门确定。同时，对直接负责的主管人员和其他直接责任人员，依法给予处分。本条未对行政处分的种类作出规定，可由行政机关根据违法行为的轻重、造成危害程度的大小等具体情况，作出具体的行政处分决定。

（二）民事法律责任。根据本条规定，凡是实施本条所列举的违法行为之一，给他人（主要指测绘单位）造成经济损失或者其他损失的，应当依照民事法律的规定，承担相应的民事责任。本条规定承担民事责任的方式是赔偿损失。按照本条规定，承担赔偿责任的条件是：第一，有违反保护测量标志规定的行为；第二，给有关单位造成了损失；第三，违反保护测量标志规定的行为同有关单位的损失之间有着必然的因果关系，即有关单位的损失是由违反保护测量标志规定的行为造成的。上述三个条件缺一不可，如果没有违反保护测量标志的规定，或者虽有这一条件，但并未给有关单位造成损失，都不应承担赔偿责任。赔偿损失应当坚持完全赔偿的原则，凡属因承担民事责任一方造成的经济损失都应当赔偿。

（三）刑事法律责任。实施本条所列举的违法行为之一情节特别严重，构成犯罪的，应当依照刑法的规定承担刑事责任。涉及的刑法主要罪名是第三百二十三条规定的故意破坏永久性测量标志罪，即违法行为人明知是受保护的永久性测量标志，而故意予以破坏的，才构成犯罪。对故意破坏永久性测量标志的犯罪，处三年以下有期徒刑或者拘役。

相关规定

《中华人民共和国刑法》。

第六十五条 违反本法规定，地理信息生产、保管、利用单位未对属于国家秘密的地理信息的获取、持有、提供、利用情况进行登记、长期保存的，给予警告，责令改正，可以并处二十万元以下的罚款；泄露国家秘密的，责令停业整顿，并处降低测绘资质等级或者吊销测绘资质证书；构成犯罪的，依法追究刑事责任。

违反本法规定，获取、持有、提供、利用属于国家秘密的地理信息的，给予警告，责令停止违法行为，没收违法所得，可以并处违法所得二倍以下的罚款；对直接负责的主管人员和其他直接责任人员，依法给予处分；造成损失的，依法承担赔偿责任；构成犯罪的，依法追究刑事责任。

条文主旨

本条是关于违反测绘地理信息安全保密的规定应当承担的法律责任的规定。

条文解读

（一）本条所称违反本法规定，是指违反本法第四十七条第一款和第二款的规定。

（二）本法第四十七条第一款和第二款规定，“地理信息生产、保管、利用单位应当对属于国家秘密的地理信息的获取、持有、提供、利用情况进行登记并长期保存，实行可追溯管理。从事测绘活动涉及获取、持有、提供、利用属于国家秘密的地理信息，应当遵守保密法律、行政法规和国家有关规定”。

（三）本条规定了两种违法行为。

1. 地理信息生产、保管、利用单位未对属于国家秘密的地理信息的获取、持有、提供、利用情况进行登记、长期保存的。

2. 违反本法规定，获取、持有、提供、利用属于国家秘密的地理信息的。

（四）本条对上述两种违法行为分别规定了处罚措施。

1. 违反本法规定，地理信息生产、保管、利用单位未对属于国家秘密的地理信息的获取、持有、提供、利用情况进行登记、长期保存的，给予警告，责令改正，可以并处二十万元以下的罚款；泄露国家秘密的，责令停业整顿，并处降低测绘资质等级或者吊销测绘资质证书；构成犯罪的，依法追究刑事责任。

（1）警告。是指由县级以上人民政府测绘地理信息主管部门对未对属于国家秘密的地理信息的获取、持有、提供、利用情况进行登记、长期保存的地理信息生产、保管、利用单位予以告诫和谴责，申明其实施的行为已违法。

（2）罚款。即由县级以上人民政府测绘地理信息主管部门根据本法规定，强制未对属于国家秘密的地理信息的获取、持有、提供、利用情况进行登记、长期保存的地理信息生产、保管、利用单位交纳一定数量的货币的行政处罚。本条规定的罚款不是必须实施的行政处罚，可以在对违法行为人给予警告或者责令改正处罚的同时对违法行为人处以罚款，但不可对违法行为人单处罚款，是否对违法行为人并处罚款，由县级以上人民政府测绘地理信息主管部门根据当事人的违法行为的具体情况而定。本条规定的罚款幅度是二十万元以下，具体数额由县级以上人民政府测绘地理信息主管部门根据当事人的违法行为的具体情况而定。

（3）责令停业整顿。即对未对属于国家秘密的地理信息的获取、持有、提供、利用情况进行登记、长期保存的地理信息生产、保管、利用单位，由县级以上人民政府测绘地理信息主管部门责令其在一段时间内停止业务活动，予以整顿。

（4）降低测绘资质等级或者吊销测绘资质证书。降低测绘资质等级，即对未对属于国家秘密的地理信息的获取、持有、提供、利用情况进行登记、长期保存的地理信息生产、保管、利用单位，由颁发资质证书的部门降低其资质等级。吊销测绘资质证书，即由颁发测绘资质证书的部门对未对属于国家秘密的地理信息的获取、持有、提供、利用情况进行登记、长期保存的地理信息生产、保管、利用单位，吊销其测绘资质证书，使其不能再从事测绘活动。

按照本条规定，降低测绘资质等级或者吊销测绘资质证书必须在县级以上人民政府测绘地理信息主管部门对违法测绘单位给予责令停业整顿处罚的同时，对违法测绘单位处以降低测绘资质等级或者吊销测绘资质证书的处罚。

（5）刑事责任。按照本条规定，地理信息生产、保管、利用单位不仅未对属于国家秘密的地理信息的获取、持有、提供、利用情况进行登记、长期保存，而且同时其行为同时触犯了刑法的有关规定，构成了犯罪，则违法行为人就应当承担相应的刑事法律责任。例如：刑法第三百九十七条规定的玩忽职守罪，即国家机关工作人员玩忽职守，致使公共财产、国家和人民利益遭受重大损失的，处三年以下有期徒刑或者拘役；情节特别严重的，处三年以上七年以下有期徒刑。本法另有规定的，依照规定。

2. 违反本法规定，获取、持有、提供、利用属于国家秘密的地理信息的，给予警告，责令停止违法行为，没收违法所得，可以并处违法所得二倍以下的罚款；对直接负责的主管人员和其他直接责任人员，依法给予处分；造成损失的，依法承担赔偿责任；构成犯罪的，依法追究刑事责任。

（1）警告。是指由县级以上人民政府测绘地理信息主管部门对违反本法规定，获取、持有、提供和利用属于国家秘密的地理信息的违法行为人予以告诫和谴责，申明其实施的行为已构成违法。

（2）罚款。即由县级以上人民政府测绘地理信息主管部门根据本法的规定，即强制违反本法规定，获取、持有、提供和利用属于国家秘密的地理信息的单位交纳一定数量的货币的行政处罚。本条规定的罚款不是必须实施的行政处罚，可以在对违法行为人给予警告或者责令改正处罚的同时对违法行为人处以罚款，但不可对违法行为人单处罚款，是否对违法行为人并处罚款，由县级以上人民政府测绘地理信息主管部门根据当事人的违法行为的具体情况而定。本条规定的罚款幅度是违法所得二倍以下，具体数额由县级以上人民政府测绘地理信息主管部门根据当事人的违法行为的具体情况而定。

（3）对直接负责的主管人员和其他直接责任人员，依法给予处分。本条未对行政处分的种类作出规定，可由行政机关根据违法行为的轻重、造成危害程度的大小等具体情况，作出具体的行政处分决定。

（4）造成损失的，依法承担赔偿责任。本条规定承担民事责任的方式是赔偿损失。按照本条规定，承担赔偿责任的条件是：第一，有违反本法规定，获取、持有、提供和利用属于国家秘密的地理信息的行为；第二，给有关单位造成了损失；第三，违反本法规定，获取、持有、提供和利用属于国家秘密的地理信息的行为同有关单位的损失之间有着必然的因果关系，即有关单位的损失是由违反本法的规定，获取、持有、提供和利用属于国家秘密的地理信息的行为造成的。上述三个条件缺一不可，如果没有违反本法规定，获取、持有、提供和利用属于国家秘密的地理信息的行为，或者虽有这一条件，但并未给有关单位造成损失，都不应承担赔偿责任。赔偿损失应当坚持完全赔偿的原则，凡属因承担民事责任一方造成的经济损失都应当赔偿。

（5）刑事法律责任。实施本条所列举的违法行为之一情节特别严重，构成犯罪的，应当依照刑法的规定承担刑事责任。涉及的刑法主要罪名是第二百八十二条规定的非法获取国家秘密罪，即以窃取、刺探、收买方法，非法获取国家秘密的，处三年以下有期徒刑、拘役、管制或者剥夺政治权利；情节严重的，处三年以上七年以下有期徒刑。

相关规定

《中华人民共和国刑法》。

第六十六条　本法规定的降低测绘资质等级、暂扣测绘资质证书、吊销测绘资质证书的行政处罚，由颁发测绘资质证书的部门决定；其他行政处罚，由县级以上人民政府测绘地理信息主管部门决定。

本法第五十一条规定的限期出境和驱逐出境由公安机关依法决定并执行。

条文主旨

本条是关于行使本法规定的行政处罚权的执法机关的规定。

条文解读

根据本条规定，有权依据测绘法作出行政处罚的部门有三个：一是颁发测绘资质证书的部门。本法第二十八条规定："国务院测绘地理信息主管部门和省、自治区、直辖市人民政府测绘地理信息主管部门按照各自的职责负责测绘资质审查、发放测绘资质证书，具体办法由国务院测绘地理信息主管部门商国务院其他有关部门规定。""军队测绘部门负责军事测绘单位的测绘资质审查。"颁发测绘资质证书的部门有权作出降低资质等级、暂扣测绘资质证书、吊销测绘资质证书的行政处罚决定。由颁发测绘资质证书的部门作出有关测绘资质的处罚，主要是因为颁发测绘资质证书的部门对测绘单位的测绘资质情况比较清楚，在实践中易于操作，有利于加强对测绘资质及证书的管理。二是县级以上人民政府测绘地理信息主管部门。县级以上人民政府测绘地理信息主管部门有权依据本法作出责令停止违法行为、责令停业整顿、责令补测或者重测、责令限期汇交、没收违法所得、没收测绘成果和罚款等的行政处罚。三是公安机关。本法规定的对外国的组织和个人责令限期出境和驱逐出境的行政处罚由公安机关决定。责令限期出境和驱逐出境属于治安管理处罚的一种。治安管理处罚是一种特殊的行政处罚，它是由公安机关依照《中华人民共和国治安管理处罚法》的规定，对侵害治安管理秩序的违法者实施的一种行政制裁。由于治安管理处罚只能由公安机关行使，测绘地理信息主管部门无权采取这种措施，这就要求测绘地理信息主管部门在测绘执法中与公安机关密切配合，互通信息。

相关规定

《中华人民共和国治安管理处罚法》。

第十章　附　　则

第六十七条　**军事测绘管理办法由中央军事委员会根据本法规定。**

条文主旨

本条是关于制定军事测绘管理办法的规定。

立法背景

之所以作这样的规定，主要是由军事测绘的特殊性决定的。所谓军事测绘，是指有关军事作战、训练、战略准备和军事工程等具有军事内容的测绘活动。由此，军事测绘与一般的测绘活动不同，它是为国防建设服务，是军事活动的重要保障，是现代战争实施远程打击的手段，测绘工作特别是军事测绘涉及国家秘密、关系国家主权与安全、民族安危。

条文解读

军事测绘具有特殊性，军事测绘管理办法需要由中央军事委员会规定，军事测绘管理办法应当根据测绘法的原则来规定，测绘法规定的原则应当是指测绘法规定的测绘基准、测绘系统和测绘技术规范和标准等以及本法有关涉及军事测绘或军事测绘主管部门职责的一些规定。根据本法规定，县级以上人民政府测绘地理信息主管部门负责本行政区域测绘工作的统一监督管理；军队测绘部门负责军事部门的测绘工作，并按照国务院、中央军事委员会规定的职责分工负责管理海洋基础测绘工作；军队测绘部门负责军事测绘规划，按照国务院、中央军事委员会规定的职责分工负责编制海洋基础测绘规划；对一些测绘活动涉及国家秘密和国家安全的，如外国的组织或者个人在我国领域和管辖的其他海域从事测绘活动，本法还规定了由国务院测绘地理信息主管部门会同军队测绘部门批准；对国家设立和采用的全国统一的大地基准、高程基准、深度基准和重力基准，其数据由国务院测绘地理信息主管部门审核，并与国务院其他有关部门、军队测绘部门会商，报国务院批准。同时也规定了军队测绘部门负责军事测绘单位的测绘资质审查。此次修订还规定军队测绘部门和测绘地理信息主管部门加强对全国卫星导航定位基准站建设备案情况的通报，共同维护国家地理信息安全。

军事测绘管理办法一方面应当根据本法的原则规定；另一方面军事测绘的特殊性决定了对军事测绘如何管理，属中央军事委员会的职权。我国国防法、立法法都已明确规定，中央军事委员会可以根据宪法和法律制定军事法规。

因此在本法附则中规定："军事测绘管理办法由中央军事委员会根据本法制定。

相关规定

《中华人民共和国国防法》;《中华人民共和国立法法》。

第六十八条　本法自2017年7月1日起施行。

条文主旨

本条是关于本法生效日期的规定。

立法背景

新中国第一部测绘法是1992年12月28日由第七届全国人大常委会第二十九次会议通过的，我国测绘事业从此走上法治化轨道。在全面总结测绘法实施的实践经验基础上，针对我国测绘事业面临的新情况和新问题，适应加强测绘管理，促进经济建设、国防建设和社会发展服务的需要，第九届全国人大常委会第二十九次会议于2002年8月29日通过了修订。随着此次修订后的测绘法于2017年7月1日起的施行，原测绘法同时自行废止。

条文解读

本条的规定，主要有以下两个方面的内容：

（一）新修订的测绘法是第十二届全国人大常委会第二

十七次会议于 2017 年 4 月 27 日修订通过的，生效日期是 2017 年 7 月 1 日，留出一段时间为实施本法作必要的准备工作，一方面要向广大人民群众宣传这部法律，使他们了解这部法律；另一方面有关行政执法部门及其工作人员要认真学习掌握这部法律，为实施测绘法做必要的准备。

（二）在修订后的测绘法生效以前即 2017 年 7 月 1 日以前，仍将适用原测绘法，也就是说，本法对其施行前发生的事实和行为不发生效力，这些事实和行为只有在本法施行后仍然存续的才适用本法规定，这一原则即法律不溯及既往原则。

一、法律原文

中华人民共和国测绘法

（1992年12月28日第七届全国人民代表大会常务委员会第二十九次会议通过　2002年8月29日第九届全国人民代表大会常务委员会第二十九次会议第一次修订　2017年4月27日第十二届全国人民代表大会常务委员会第二十七次会议第二次修订）

目　　录

第一章　总　　则

第一条　为了加强测绘管理，促进测绘事业发展，保障测绘事业为经济建设、国防建设、社会发展和生态保护服务，维护国家地理信息安全，制定本法。

第二条　在中华人民共和国领域和中华人民共和国管辖的其他海域从事测绘活动，应当遵守本法。

本法所称测绘，是指对自然地理要素或者地表人工设施的形状、大小、空间位置及其属性等进行测定、采集、表述，以及对获取的数据、信息、成果进行处理和提供的活动。

第三条　测绘事业是经济建设、国防建设、社会发展的基础性事业。各级人民政府应当加强对测绘工作的领导。

第四条　国务院测绘地理信息主管部门负责全国测绘工作的统一监督管理。国务院其他有关部门按照国务院规定的职责分工，负责本部门有关的测绘工作。

县级以上地方人民政府测绘地理信息主管部门负责本行政区域测绘工作的统一监督管理。县级以上地方人民政府其他有关部门按照本级人民政府规定的职责分工，负责本部门有关的测绘工作。

军队测绘部门负责管理军事部门的测绘工作，并按照国务院、中央军事委员会规定的职责分工负责管理海洋基础测绘工作。

第五条　从事测绘活动，应当使用国家规定的测绘基准和测绘系统，执行国家规定的测绘技术规范和标准。

第六条　国家鼓励测绘科学技术的创新和进步，采用先进的技术和设备，提高测绘水平，推动军民融合，促进测绘成果的应用。国家加强测绘科学技术的国际交流与合作。

对在测绘科学技术的创新和进步中做出重要贡献的单位和个人，按照国家有关规定给予奖励。

第七条 各级人民政府和有关部门应当加强对国家版图意识的宣传教育，增强公民的国家版图意识。新闻媒体应当开展国家版图意识的宣传。教育行政部门、学校应当将国家版图意识教育纳入中小学教学内容，加强爱国主义教育。

第八条 外国的组织或者个人在中华人民共和国领域和中华人民共和国管辖的其他海域从事测绘活动，应当经国务院测绘地理信息主管部门会同军队测绘部门批准，并遵守中华人民共和国有关法律、行政法规的规定。

外国的组织或者个人在中华人民共和国领域从事测绘活动，应当与中华人民共和国有关部门或者单位合作进行，并不得涉及国家秘密和危害国家安全。

第二章 测绘基准和测绘系统

第九条 国家设立和采用全国统一的大地基准、高程基准、深度基准和重力基准，其数据由国务院测绘地理信息主管部门审核，并与国务院其他有关部门、军队测绘部门会商后，报国务院批准。

第十条 国家建立全国统一的大地坐标系统、平面坐标系统、高程系统、地心坐标系统和重力测量系统，确定国家大地测量等级和精度以及国家基本比例尺地图的系列和基本精度。具体规范和要求由国务院测绘地理信息主管部门会同国务院其他有关部门、军队测绘部门制定。

第十一条 因建设、城市规划和科学研究的需要，国家重大工程项目和国务院确定的大城市确需建立相对独立的平面坐标系统的，由国务院测绘地理信息主管部门批准；其他确需建立相对独立的平面坐标系统的，由省、自治区、直辖市人民政府测绘地理信息主管部门批准。

建立相对独立的平面坐标系统，应当与国家坐标系统相联系。

第十二条 国务院测绘地理信息主管部门和省、自治区、直辖市人民政府测绘地理信息主管部门应当会同本级人民政府其他有关部门，按照统筹建设、资源共享的原则，建立统一的卫星导航定位基准服务系统，提供导航定位基准信息公共服务。

第十三条 建设卫星导航定位基准站的，建设单位应当按照国家有关规定报国务院测绘地理信息主管部门或者省、自治区、直辖市人民政府测绘地理信息主管部门备案。国务院测绘地理信息主管部门应当汇总全国卫星导航定位基准站建设备案情况，并定期向军队测绘部门通报。

本法所称卫星导航定位基准站，是指对卫星导航信号进行长期连续观测，并通过通信设施将观测数据实时或者定时传送至数据中心的地面固定观测站。

第十四条 卫星导航定位基准站的建设和运行维护应当符合国家标准和要求，不得危害国家安全。

卫星导航定位基准站的建设和运行维护单位应当建立数据安全保障制度，并遵守保密法律、行政法规的规定。

县级以上人民政府测绘地理信息主管部门应当会同本级人民政府其他有关部门，加强对卫星导航定位基准站建设和运行维护的规范和指导。

第三章 基础测绘

第十五条 基础测绘是公益性事业。国家对基础测绘实行分级管理。

本法所称基础测绘，是指建立全国统一的测绘基准和测绘系统，进行基础航空摄影，获取基础地理信息的遥感资料，测制和更新国家基本比例尺地图、影像图和数字化产品，建立、更新基础地理信息系统。

第十六条 国务院测绘地理信息主管部门会同国务院其他有关部门、军队测绘部门组织编制全国基础测绘规划，报国务院批准后组织实施。

县级以上地方人民政府测绘地理信息主管部门会同本级人民政府其他有关部门，根据国家和上一级人民政府的基础测绘规划及本行政区域的实际情况，组织编制本行政区域的基础测绘规划，报本级人民政府批准后组织实施。

第十七条 军队测绘部门负责编制军事测绘规划，按照国务院、中央军事委员会规定的职责分工负责编制海洋基础测绘规划，并组织实施。

第十八条 县级以上人民政府应当将基础测绘纳入本级国民经济和社会发展年度计划，将基础测绘工作所需经费列入本级政府预算。

国务院发展改革部门会同国务院测绘地理信息主管部门，根据全国基础测绘规划编制全国基础测绘年度计划。

县级以上地方人民政府发展改革部门会同本级人民政府测绘地理信息主管部门，根据本行政区域的基础测绘规划编制本行政区域的基础测绘年度计划，并分别报上一级部门备案。

第十九条 基础测绘成果应当定期更新，经济建设、国防建设、社会发展和生态保护急需的基础测绘成果应当及时更新。

基础测绘成果的更新周期根据不同地区国民经济和社会发展的需要确定。

第四章　界线测绘和其他测绘

第二十条　中华人民共和国国界线的测绘，按照中华人民共和国与相邻国家缔结的边界条约或者协定执行，由外交部组织实施。中华人民共和国地图的国界线标准样图，由外交部和国务院测绘地理信息主管部门拟定，报国务院批准后公布。

第二十一条　行政区域界线的测绘，按照国务院有关规定执行。省、自治区、直辖市和自治州、县、自治县、市行政区域界线的标准画法图，由国务院民政部门和国务院测绘地理信息主管部门拟定，报国务院批准后公布。

第二十二条　县级以上人民政府测绘地理信息主管部门应当会同本级人民政府不动产登记主管部门，加强对不动产测绘的管理。

测量土地、建筑物、构筑物和地面其他附着物的权属界址线，应当按照县级以上人民政府确定的权属界线的界址点、界址线或者提供的有关登记资料和附图进行。权属界址线发生变化的，有关当事人应当及时进行变更测绘。

第二十三条　城乡建设领域的工程测量活动，与房屋产权、产籍相关的房屋面积的测量，应当执行由国务院住房城乡建设主管部门、国务院测绘地理信息主管部门组织编制的测量技术规范。

水利、能源、交通、通信、资源开发和其他领域的工程测量活动，应当执行国家有关的工程测量技术规范。

第二十四条　建立地理信息系统，应当采用符合国家标准的基础地理信息数据。

第二十五条　县级以上人民政府测绘地理信息主管部门应当根据突发事件应对工作需要，及时提供地图、基础地理信息数据等测绘成果，做好遥感监测、导航定位等应急测绘保障工作。

第二十六条 县级以上人民政府测绘地理信息主管部门应当会同本级人民政府其他有关部门依法开展地理国情监测，并按照国家有关规定严格管理、规范使用地理国情监测成果。

各级人民政府应当采取有效措施，发挥地理国情监测成果在政府决策、经济社会发展和社会公众服务中的作用。

第五章 测绘资质资格

第二十七条 国家对从事测绘活动的单位实行测绘资质管理制度。

从事测绘活动的单位应当具备下列条件，并依法取得相应等级的测绘资质证书，方可从事测绘活动：

（一）有法人资格；

（二）有与从事的测绘活动相适应的专业技术人员；

（三）有与从事的测绘活动相适应的技术装备和设施；

（四）有健全的技术和质量保证体系、安全保障措施、信息安全保密管理制度以及测绘成果和资料档案管理制度。

第二十八条 国务院测绘地理信息主管部门和省、自治区、直辖市人民政府测绘地理信息主管部门按照各自的职责负责测绘资质审查、发放测绘资质证书。具体办法由国务院测绘地理信息主管部门商国务院其他有关部门规定。

军队测绘部门负责军事测绘单位的测绘资质审查。

第二十九条 测绘单位不得超越资质等级许可的范围从事测绘活动，不得以其他测绘单位的名义从事测绘活动，不得允许其他单位以本单位的名义从事测绘活动。

测绘项目实行招投标的，测绘项目的招标单位应当依法在招标公告或者投标邀请书中对测绘单位资质等级作出要求，不得让不具有相应测绘资质等级的单位中标，不得让测绘单位低于测绘成本中标。

中标的测绘单位不得向他人转让测绘项目。

第三十条 从事测绘活动的专业技术人员应当具备相应的执业资格条件。具体办法由国务院测绘地理信息主管部门会同国务院人力资源社会保障主管部门规定。

第三十一条 测绘人员进行测绘活动时，应当持有测绘作业证件。

任何单位和个人不得阻碍测绘人员依法进行测绘活动。

第三十二条 测绘单位的测绘资质证书、测绘专业技术人员的执业证书和测绘人员的测绘作业证件的式样，由国务院测绘地理信息主管部门统一规定。

第六章 测 绘 成 果

第三十三条 国家实行测绘成果汇交制度。国家依法保护测绘成果的知识产权。

测绘项目完成后，测绘项目出资人或者承担国家投资的测绘项目的单位，应当向国务院测绘地理信息主管部门或者省、自治区、直辖市人民政府测绘地理信息主管部门汇交测绘成果资料。属于基础测绘项目的，应当汇交测绘成果副本；属于非基础测绘项目的，应当汇交测绘成果目录。负责接收测绘成果副本和目录的测绘地理信息主管部门应当出具测绘成果汇交凭证，并及时将测绘成果副本和目录移交给保管单位。测绘成果汇交的具体办法由国务院规定。

国务院测绘地理信息主管部门和省、自治区、直辖市人民政府测绘地理信息主管部门应当及时编制测绘成果目录，并向社会公布。

第三十四条 县级以上人民政府测绘地理信息主管部门应当积

极推进公众版测绘成果的加工和编制工作，通过提供公众版测绘成果、保密技术处理等方式，促进测绘成果的社会化应用。

测绘成果保管单位应当采取措施保障测绘成果的完整和安全，并按照国家有关规定向社会公开和提供利用。

测绘成果属于国家秘密的，适用保密法律、行政法规的规定；需要对外提供的，按照国务院和中央军事委员会规定的审批程序执行。

测绘成果的秘密范围和秘密等级，应当依照保密法律、行政法规的规定，按照保障国家秘密安全、促进地理信息共享和应用的原则确定并及时调整、公布。

第三十五条 使用财政资金的测绘项目和涉及测绘的其他使用财政资金的项目，有关部门在批准立项前应当征求本级人民政府测绘地理信息主管部门的意见；有适宜测绘成果的，应当充分利用已有的测绘成果，避免重复测绘。

第三十六条 基础测绘成果和国家投资完成的其他测绘成果，用于政府决策、国防建设和公共服务的，应当无偿提供。

除前款规定情形外，测绘成果依法实行有偿使用制度。但是，各级人民政府及有关部门和军队因防灾减灾、应对突发事件、维护国家安全等公共利益的需要，可以无偿使用。

测绘成果使用的具体办法由国务院规定。

第三十七条 中华人民共和国领域和中华人民共和国管辖的其他海域的位置、高程、深度、面积、长度等重要地理信息数据，由国务院测绘地理信息主管部门审核，并与国务院其他有关部门、军队测绘部门会商后，报国务院批准，由国务院或者国务院授权的部门公布。

第三十八条 地图的编制、出版、展示、登载及更新应当遵守国家有关地图编制标准、地图内容表示、地图审核的规定。

互联网地图服务提供者应当使用经依法审核批准的地图，建立地图数据安全管理制度，采取安全保障措施，加强对互联网地图新增内容的核校，提高服务质量。

县级以上人民政府和测绘地理信息主管部门、网信部门等有关部门应当加强对地图编制、出版、展示、登载和互联网地图服务的监督管理，保证地图质量，维护国家主权、安全和利益。

地图管理的具体办法由国务院规定。

第三十九条 测绘单位应当对完成的测绘成果质量负责。县级以上人民政府测绘地理信息主管部门应当加强对测绘成果质量的监督管理。

第四十条 国家鼓励发展地理信息产业，推动地理信息产业结构调整和优化升级，支持开发各类地理信息产品，提高产品质量，推广使用安全可信的地理信息技术和设备。

县级以上人民政府应当建立健全政府部门间地理信息资源共建共享机制，引导和支持企业提供地理信息社会化服务，促进地理信息广泛应用。

县级以上人民政府测绘地理信息主管部门应当及时获取、处理、更新基础地理信息数据，通过地理信息公共服务平台向社会提供地理信息公共服务，实现地理信息数据开放共享。

第七章 测量标志保护

第四十一条 任何单位和个人不得损毁或者擅自移动永久性测量标志和正在使用中的临时性测量标志，不得侵占永久性测量标志用地，不得在永久性测量标志安全控制范围内从事危害测量标志安全和使用效能的活动。

本法所称永久性测量标志，是指各等级的三角点、基线点、导线点、军用控制点、重力点、天文点、水准点和卫星定位点的觇标和标石标志，以及用于地形测图、工程测量和形变测量的固定标志和海底大地点设施。

第四十二条 永久性测量标志的建设单位应当对永久性测量标志设立明显标记，并委托当地有关单位指派专人负责保管。

第四十三条 进行工程建设，应当避开永久性测量标志；确实无法避开，需要拆迁永久性测量标志或者使永久性测量标志失去使用效能的，应当经省、自治区、直辖市人民政府测绘地理信息主管部门批准；涉及军用控制点的，应当征得军队测绘部门的同意。所需迁建费用由工程建设单位承担。

第四十四条 测绘人员使用永久性测量标志，应当持有测绘作业证件，并保证测量标志的完好。

保管测量标志的人员应当查验测量标志使用后的完好状况。

第四十五条 县级以上人民政府应当采取有效措施加强测量标志的保护工作。

县级以上人民政府测绘地理信息主管部门应当按照规定检查、维护永久性测量标志。

乡级人民政府应当做好本行政区域内的测量标志保护工作。

第八章 监督管理

第四十六条 县级以上人民政府测绘地理信息主管部门应当会同本级人民政府其他有关部门建立地理信息安全管理制度和技术防控体系，并加强对地理信息安全的监督管理。

第四十七条 地理信息生产、保管、利用单位应当对属于国家秘密的地理信息的获取、持有、提供、利用情况进行登记并长期保存，实行可追溯管理。

从事测绘活动涉及获取、持有、提供、利用属于国家秘密的地理信息，应当遵守保密法律、行政法规和国家有关规定。

地理信息生产、利用单位和互联网地图服务提供者收集、使用用户个人信息的，应当遵守法律、行政法规关于个人信息保护的规定。

第四十八条　县级以上人民政府测绘地理信息主管部门应当对测绘单位实行信用管理，并依法将其信用信息予以公示。

第四十九条　县级以上人民政府测绘地理信息主管部门应当建立健全随机抽查机制，依法履行监督检查职责，发现涉嫌违反本法规定行为的，可以依法采取下列措施：

（一）查阅、复制有关合同、票据、账簿、登记台账以及其他有关文件、资料；

（二）查封、扣押与涉嫌违法测绘行为直接相关的设备、工具、原材料、测绘成果资料等。

被检查的单位和个人应当配合，如实提供有关文件、资料，不得隐瞒、拒绝和阻碍。

任何单位和个人对违反本法规定的行为，有权向县级以上人民政府测绘地理信息主管部门举报。接到举报的测绘地理信息主管部门应当及时依法处理。

第九章　法律责任

第五十条　违反本法规定，县级以上人民政府测绘地理信息主管部门或者其他有关部门工作人员利用职务上的便利收受他人财物、其他好处或者玩忽职守，对不符合法定条件的单位核发测绘资质证书，不依法履行监督管理职责，或者发现违法行为不予查处的，对负有责任的领导人员和直接责任人员，依法给予处分；构成犯罪的，依法追究刑事责任。

第五十一条 违反本法规定，外国的组织或者个人未经批准，或者未与中华人民共和国有关部门、单位合作，擅自从事测绘活动的，责令停止违法行为，没收违法所得、测绘成果和测绘工具，并处十万元以上五十万元以下的罚款；情节严重的，并处五十万元以上一百万元以下的罚款，限期出境或者驱逐出境；构成犯罪的，依法追究刑事责任。

第五十二条 违反本法规定，未经批准擅自建立相对独立的平面坐标系统，或者采用不符合国家标准的基础地理信息数据建立地理信息系统的，给予警告，责令改正，可以并处五十万元以下的罚款；对直接负责的主管人员和其他直接责任人员，依法给予处分。

第五十三条 违反本法规定，卫星导航定位基准站建设单位未报备案的，给予警告，责令限期改正；逾期不改正的，处十万元以上三十万元以下的罚款；对直接负责的主管人员和其他直接责任人员，依法给予处分。

第五十四条 违反本法规定，卫星导航定位基准站的建设和运行维护不符合国家标准、要求的，给予警告，责令限期改正，没收违法所得和测绘成果，并处三十万元以上五十万元以下的罚款；逾期不改正的，没收相关设备；对直接负责的主管人员和其他直接责任人员，依法给予处分；构成犯罪的，依法追究刑事责任。

第五十五条 违反本法规定，未取得测绘资质证书，擅自从事测绘活动的，责令停止违法行为，没收违法所得和测绘成果，并处测绘约定报酬一倍以上二倍以下的罚款；情节严重的，没收测绘工具。

以欺骗手段取得测绘资质证书从事测绘活动的，吊销测绘资质证书，没收违法所得和测绘成果，并处测绘约定报酬一倍以上二倍以下的罚款；情节严重的，没收测绘工具。

第五十六条 违反本法规定，测绘单位有下列行为之一的，责令停止违法行为，没收违法所得和测绘成果，处测绘约定报酬一倍以上二倍以下的罚款，并可以责令停业整顿或者降低测绘资质等级；情节严重的，吊销测绘资质证书：

（一）超越资质等级许可的范围从事测绘活动；

（二）以其他测绘单位的名义从事测绘活动；

（三）允许其他单位以本单位的名义从事测绘活动。

第五十七条 违反本法规定，测绘项目的招标单位让不具有相应资质等级的测绘单位中标，或者让测绘单位低于测绘成本中标的，责令改正，可以处测绘约定报酬二倍以下的罚款。招标单位的工作人员利用职务上的便利，索取他人财物，或者非法收受他人财物为他人谋取利益的，依法给予处分；构成犯罪的，依法追究刑事责任。

第五十八条 违反本法规定，中标的测绘单位向他人转让测绘项目的，责令改正，没收违法所得，处测绘约定报酬一倍以上二倍以下的罚款，并可以责令停业整顿或者降低测绘资质等级；情节严重的，吊销测绘资质证书。

第五十九条 违反本法规定，未取得测绘执业资格，擅自从事测绘活动的，责令停止违法行为，没收违法所得和测绘成果，对其所在单位可以处违法所得二倍以下的罚款；情节严重的，没收测绘工具；造成损失的，依法承担赔偿责任。

第六十条 违反本法规定，不汇交测绘成果资料的，责令限期汇交；测绘项目出资人逾期不汇交的，处重测所需费用一倍以上二倍以下的罚款；承担国家投资的测绘项目的单位逾期不汇交的，处五万元以上二十万元以下的罚款，并处暂扣测绘资质证书，自暂扣测绘资质证书之日起六个月内仍不汇交的，吊销测绘资质证书；对直接负责的主管人员和其他直接责任人员，依法给予处分。

第六十一条 违反本法规定，擅自发布中华人民共和国领域和中华人民共和国管辖的其他海域的重要地理信息数据的，给予警告，责令改正，可以并处五十万元以下的罚款；对直接负责的主管人员和其他直接责任人员，依法给予处分；构成犯罪的，依法追究刑事责任。

第六十二条 违反本法规定，编制、出版、展示、登载、更新的地图或者互联网地图服务不符合国家有关地图管理规定的，依法给予行政处罚、处分；构成犯罪的，依法追究刑事责任。

第六十三条 违反本法规定，测绘成果质量不合格的，责令测绘单位补测或者重测；情节严重的，责令停业整顿，并处降低测绘资质等级或者吊销测绘资质证书；造成损失的，依法承担赔偿责任。

第六十四条 违反本法规定，有下列行为之一的，给予警告，责令改正，可以并处二十万元以下的罚款；对直接负责的主管人员和其他直接责任人员，依法给予处分；造成损失的，依法承担赔偿责任；构成犯罪的，依法追究刑事责任：

（一）损毁、擅自移动永久性测量标志或者正在使用中的临时性测量标志；

（二）侵占永久性测量标志用地；

（三）在永久性测量标志安全控制范围内从事危害测量标志安全和使用效能的活动；

（四）擅自拆迁永久性测量标志或者使永久性测量标志失去使用效能，或者拒绝支付迁建费用；

（五）违反操作规程使用永久性测量标志，造成永久性测量标志毁损。

第六十五条 违反本法规定，地理信息生产、保管、利用单位未对属于国家秘密的地理信息的获取、持有、提供、利用情况进行登记、长期保存的，给予警告，责令改正，可以并处二十万元以下的罚款；泄露国家秘密的，责令停业整顿，并处降低测绘资质等级或者吊销测绘资质证书；构成犯罪的，依法追究刑事责任。

违反本法规定，获取、持有、提供、利用属于国家秘密的地理信息的，给予警告，责令停止违法行为，没收违法所得，可以并处违法所得二倍以下的罚款；对直接负责的主管人员和其他直接责任人员，依法给予处分；造成损失的，依法承担赔偿责任；构成犯罪的，依法追究刑事责任。

第六十六条 本法规定的降低测绘资质等级、暂扣测绘资质证书、吊销测绘资质证书的行政处罚，由颁发测绘资质证书的部门决定；其他行政处罚，由县级以上人民政府测绘地理信息主管部门决定。

本法第五十一条规定的限期出境和驱逐出境由公安机关依法决定并执行。

第十章 附 则

第六十七条 军事测绘管理办法由中央军事委员会根据本法规定。

第六十八条 本法自2017年7月1日起施行。

二、立法背景资料

《中华人民共和国测绘法》修正案草案
（送审稿）

一、将第二条第二款中“获取的数据、信息、成果”修改为：“获取的数据、成果等地理信息”。

二、在第三条后增加：“促进测绘成果的应用，保障地理信息的安全。”

三、将本法中的“测绘行政主管部门”修改为“测绘地理信息行政主管部门”，“县级以上地方人民政府负责管理测绘工作的行政部门（以下简称测绘行政主管部门）”修改为“县级以上地方人民政府测绘地理信息行政主管部门”。“军队测绘主管部门”修改为“军队测绘导航主管部门”。“发展计划主管部门”修改为“发展和改革主管部门”。“人事行政主管部门”修改为“人力资源社会保障行政主管部门”。

四、删除第九条第二款。

五、增加一章“卫星导航定位”作为第三章。

第十一条：“卫星导航定位提供的精确位置服务广泛应用于经济社会各领域。卫星导航定位基准站是国家重要空间基础设施，各级人民政府应当加强对卫星导航定位基准站规划、建设、运行、应用、服务的管理。

本法所称卫星导航定位基准站，是对卫星导航信号进行长期连续观测，获取观测数据，并通过通信设施将观测数据实时或定时传送至数据中心的地面固定观测站。”

第十二条：“国务院发展和改革主管部门遵循科学规划、资源共享、保障安全、促进发展的原则，统筹制定卫星导航定位基准站建设规划。

国务院测绘地理信息行政主管部门会同国务院其他有关部门、军队测绘导航主管部门负责制定卫星导航定位基准站建设标准和条件，加强对卫星导航定位基准站建设、运行、应用的监督管理。”

第十三条：“卫星导航定位基准站建设应当符合下列条件，并经国务院测绘地理信息行政主管部门或者省、自治区、直辖市测绘地理信息行政主管部门批准后方可建设。

（一）建设方为不含有外资成分的中华人民共和国法人；

（二）符合国家卫星导航定位基准站建设规划并不得危害国家安全；

（三）有符合要求的卫星导航定位基准站数据观测、传输、使用的安全保护措施；

（四）法律法规规定的其他条件。”

第十四条：“建设全国统一布局的卫星导航定位基准站，应当由主管部门向国务院测绘地理信息行政主管部门提出申请，国务院测绘地理信息行政主管部门在审批前，应当征求军队测绘导航主管部门的意见。

建设其他卫星导航定位基准站，应当由建设方向基准站所在地的省、自治区、直辖市测绘地理信息行政主管部门提出申请，省、自治区、直辖市测绘地理信息行政主管部门在审批前，应当征求军队有关部门的意见。

省、自治区、直辖市测绘地理信息行政主管部门定期将本区域的卫星导航定位基准站审批情况报国务院测绘地理信息行政主管部门备案，国务院测绘地理信息行政主管部门汇总后通报军队测绘导航主管部门。

军队测绘导航主管部门负责审批军队单位提出的卫星导航定位基准站的建设申请，并定期将审批情况通报国务院测绘地理信息行政主管部门。”

第十五条：“测绘地理信息行政主管部门会同其他有关部门、军队测绘导航主管部门加强对卫星导航定位基准站数据观测、传输、服务、使用等环节的监督管理。

卫星导航定位基准站位置坐标和观测数据属于国家秘密的，其接收、处理、存储、传输等应当符合国家保密法律的规定。

提供导航、定位服务的单位应当具备相应的测绘资质。卫星导航定位基准站数据导航、定位服务实行授权使用制度。

向境外开放的卫星导航定位基准站的观测数据，应当在境内接收，按规定发布。”

第十六条：“测绘地理信息行政主管部门负责建立全国卫星导航定位基准服务系统，提供统一、权威的导航定位基准信息。”

第十七条：“国家推进国产卫星导航定位系统的应用。

涉及国家安全的重大工程，其卫星导航定位基准站应当采用自主可控的软硬件。”

六、将第十一条改为第十八条，在第二款后增加“以及国务院或者省、自治区、直辖市人民政府规定的其他测绘活动。”

七、将第十二条改为第十九条，修改为“国务院测绘地理信息行政主管部门会同国务院其他有关部门、军队测绘导航主管部门组织编制全国基础测绘规划及跨省、自治区、直辖市行政区基础测绘规划，报国务院批准后组织实施。

县级以上地方人民政府测绘地理信息行政主管部门会同本级人

民政府其他有关部门根据国家和上一级人民政府的基础测绘规划和本行政区域内的实际情况，组织编制本行政区域的基础测绘规划，报本级人民政府批准后组织实施。”

八、增加一条，作为第二十三条：“国务院和省、自治区、直辖市人民政府应当加强应急测绘能力建设，配备相应的装备，提高应急测绘专业化水平。

国务院测绘地理信息行政主管部门和省、自治区、直辖市人民政府测绘地理信息行政主管部门应当根据应急工作需要组织实施应急测绘工作，建立应急测绘组织体系，制定应急测绘保障预案，加强应急数据资源储备，开展培训和演练，提高应急测绘保障能力。”

九、增加一章“地理国情监测”，作为第五章。

第二十四条：“国家建立地理国情监测制度。国家每十年开展一次地理国情普查，满足地理国情监测的需要。

国务院测绘地理信息行政主管部门会同国务院其他有关部门制定地理国情监测的指标体系和技术标准。”

第二十五条：“县级以上人民政府应当加强对地理国情监测工作的领导和统筹协调，地理国情监测工作所需经费应当列入本级政府财政预算。

县级以上人民政府测绘地理信息行政主管部门会同同级有关部门开展地理国情监测，并向上一级测绘地理信息行政主管部门汇交地理国情监测成果。”

第二十六条：“地理国情监测成果是制定和实施国家发展战略与规划、优化国土空间开发格局和各类资源配置的重要依据，是相关行业开展调查统计工作的重要数据基础。地理国情监测成果应当统一公布、严格管理、规范使用，具体办法由国务院规定。”

十、删除第十八条。

十一、增加一条，作为第二十九条：“县级以上人民政府测绘地理信息行政主管部门应当加强对不动产测绘的管理。不动产登记所需要的测绘成果应当由具有测绘资质的单位提供。”

十二、将第二十二条改为第三十三条，在第二款增加一项，作为第四项：“有与其从事的测绘活动相适应的保密管理条件；”

十三、将第三十条改为第四十一条，增加一款作为第二款：“中央和地方财政投入的测绘航空航天遥感影像获取、处理与分发服务，由国务院测绘地理信息行政主管部门和地方人民政府测绘地理信息行政主管部门分别统一组织实施，并按本法第四十二条的规定向各级人民政府及其有关部门、军队提供成果。”

十四、将第三十一条改为第四十二条，第一款修改为：“基础测绘成果和国家投资完成的其他测绘成果，用于国家机关决策、社会公益性事业和突发事件应对的，应当无偿提供。”

十五、将第三十三条改为第四十四条，修改为：“县级以上人民政府及其有关部门应当依法加强对地图编制、出版、展示、登载、生产、销售、进口、出口和互联网地图服务的监督管理，保证地图质量，维护国家主权、安全和利益。具体办法由国务院规定。

各级人民政府应当加强对国家版图意识的宣传教育，增强公民的国家版图意识。国家版图意识教育应当纳入中小学教学内容。”

十六、增加一条，作为第四十六条：“国务院测绘地理信息行政主管部门负责统筹建设全国统一的地理信息公共服务平台，并实行分级管理。县级以上地方人民政府测绘地理信息行政主管部门负责本行政区域内的地理信息公共服务平台建设、维护和地理信息共享。

县级以上人民政府应当建立健全政府部门间地理信息资源共建共享机制，明确共建共享的内容、方式和责任。测绘地理信息行政主管部门通过地理信息公共服务平台提供地理信息的共享和服务。”

十七、增加一条，作为第四十七条：“地理信息产业是战略性新兴产业，县级以上人民政府应当大力推动地理信息社会化应用，促进地理信息产业发展。”

十八、将第三十七条改为第五十条，并将“国务院测绘行政主管部门或者”删除。

十九、增加一章“监督管理”，作为第十章。

第五十三条：“测绘地理信息行政主管部门、国家安全机关、公安机关、保密行政管理部门、军队测绘导航主管部门等有关部门应当相互配合，建立健全地理信息安全保障机制，加强对地理信息安全的监督管理，确保地理信息安全。”

第五十四条：“测绘地理信息行政主管部门应当加强地理信息安全监管的信息化建设，建立地理信息安全防控技术体系。

地理信息生产、使用单位应当对属于国家秘密的地理信息提供、使用情况进行登记并长期保存，接受测绘地理信息行政主管部门的监督检查。

任何单位和个人不得非法获取、持有、转让、转借、提供、买卖和使用属于国家秘密的地理信息，不得在互联网上传、标注、传输和发布属于国家秘密的地理信息。”

第五十五条：“县级以上人民政府测绘地理信息行政主管部门应当加强对测绘市场和地理信息安全的监督管理。

测绘单位应当在开展测绘外业活动前通过市场监管系统在线报告项目的有关情况。”

第五十六条：“县级以上人民政府测绘地理信息行政主管部门应当建立测绘地理信息市场信用体系，促进诚信自律，保障公平竞争。

测绘地理信息行政主管部门应当将测绘单位及其从业人员的相关信息记入信用记录，通过市场监管系统向社会公示，并纳入国家统一的信用信息共享交换平台。”

第五十七条："测绘地理信息行政主管部门应当加强对测绘法律法规执行情况的监督检查。

测绘地理信息行政主管部门进行监督检查时，可以采取下列措施，被检查单位应当配合，不得拒绝、阻挠。

（一）进入测绘活动场所或者使用属于国家秘密的测绘成果的单位进行现场检查；

（二）查阅、复制有关合同、票据、账簿等资料；

（三）查封、扣押涉嫌违法的设备、工具、原材料等。

发现违反国家安全、保密等法律法规的，应当及时移送有关部门。"

二十、将第四十条改为第五十八条，并将罚款数额"十万以下"修改为"五十万元以下"。

二十一、将第四十一条改为第五十九条，修改为："违反本法规定，擅自发布中华人民共和国领域和管辖的其他海域的重要地理信息数据的，给予警告，责令改正，可以并处五十万元以下的罚款；构成犯罪的，依法追究刑事责任；尚不够刑事处罚的，对负有直接责任的主管人员和其他直接责任人员，依法给予行政处分。"

二十二、增加一条，作为第六十条："违反本法规定，有下列行为之一的，对卫星导航定位基准站建设方或者运营方给予警告，责令改正，可以并处五十万元以下的罚款；构成犯罪的，依法追究刑事责任；尚不够刑事处罚的，对负有直接责任的主管人员和其他直接责任人员，依法给予行政处分：

（一）卫星导航定位基准站建设前未经审批同意的；

（二）卫星导航定位基准站位置坐标和观测数据属于国家秘密，其接收、处理、存储、传输等不符合国家保密法律规定的；

（三）未经授权非法使用卫星导航定位基准站数据导航、定位服务的；

（四）向境外开放的卫星导航定位基准站的观测数据，未在境内接收并按规定发布的；

（五）涉及国家安全的重大工程，其卫星导航定位基准站没有采用自主可控的软硬件的。”

二十三、将第四十七条改为第六十六条，并将罚款数额“一万元以上五万元以下”修改为“五万元以上二十万元以下”。

二十四、将第四十九条改为第六十八条，并将“编制、印刷、出版、展示、登载的地图”修改为：“编制、出版、展示、登载、生产、销售、进口、出口和互联网地图服务的地图”。

二十五、将第五十条改为第六十九条，并将罚款数额“五万元以下”修改为“二十万元以下”。

二十六、增加一条，作为第七十条：“违反本法规定，地理信息生产、使用单位未对属于国家秘密的地理信息提供、使用情况进行登记并长期保存的，给予警告，责令改正，可以并处二十万元以下的罚款；情节严重的，责令停业整顿，降低资质等级直至吊销测绘资质证书；对负有直接责任的主管人员和其他直接责任人员，依法给予行政处分。”

二十七、将第五十一条改为第七十一条，并将罚款数额“一万元以上十万元以下”修改为“五万元以上三十万元以下”，“十万元以上五十万元以下”修改为“三十万元以上五十万元以下”。

二十八、将第五十二条改为第七十二条，并将第二款中“第五十一条”修改为“第七十一条”。

测绘法的有关章节及条文序号根据本修正案作相应调整。

《中华人民共和国测绘法》修正案草案（送审稿）起草说明

一、修订必要性

《中华人民共和国测绘法》（以下简称《测绘法》）于1992年12月28日第七届全国人民代表大会常务委员会第29次会议审议通过，2002年8月29日第九届全国人民代表大会常务委员会第29次会议通过修订。修订后，进一步促进了测绘地理信息事业健康发展，有力提升了测绘地理信息服务保障能力和水平。

近年来，我国经济社会持续快速发展，测绘科技水平不断提升，人民群众对地理信息的需求日益增长，测绘地理信息工作进入新时期、新阶段，出现了许多新情况、新问题，中央领导对此高度重视。按照中央领导批示，《测绘法》修订纳入国家安全立法体系，抓紧进行修改。

（一）中央领导对测绘地理信息工作提出了新要求

习近平总书记多次对测绘地理信息工作作出重要批示；李克强总理2011年视察中国测绘创新基地并发表重要讲话，指出测绘地理信息是全面提高信息化水平的重要条件、是加快转变经济发展方式的重要支撑、是战略性新兴产业的重要内容、是维护国家安全利益的重要保障；张高丽副总理亲自担任第一次全国地理国情普查领导小组组长，对普查工作作出具体部署和要求。中央领导的批示中，多次强调要完善法律，统筹规划，加快发展测绘事业和地理信息产业。

（二）地理信息安全隐患危害国家安全

地理信息是国家重要的基础性、战略性资源，直接关系国家主权、安全和利益。随着卫星定位、遥感技术快速发展，测绘技术与信息技术、网络技术高度融合，地理信息日益呈现高精度、易采集、易传输等特点。越来越广泛应用的卫星导航定位基准站，在为用户提供实时、高精度、高可靠性定位服务的同时，也获取了大量空间数据和高精度位置信息。基准站本身的精确位置坐标和获取的观测数据一旦泄露，对国家安全和利益将造成难以挽回的损失。地理信息安全隐患的显著增加，使监管面临严峻挑战，现行《测绘法》对地理信息安全的规定，存在着针对性不够强、制度不够健全、措施不够有力的问题，急需修订。

（三）开展地理国情监测工作需要法律支撑

按照国务院部署开展的全国第一次地理国情普查，是一项重大的国情国力调查，是全面获取地理国情信息的重要手段，是掌握地表自然、生态和人类活动基本情况、加强自然资产管理的基础性工作。张高丽副总理指出，在开展普查工作的同时，要充分利用普查获取的最新数据，及时开展地理国情监测工作，为国家和地方重大战略、重大工程的实施提供保障，为国家和地方开展经济、农业、人口、国土、水利等方面的普查调查工作提供支持。现行《测绘法》在加强地理国情监测方面存在法律空白，不利于此项工作的开展。

（四）地理信息产业发展需要依法加强监督管理

近年来，地理信息产业逐步形成，市场繁荣发展，测绘地理信息主体、服务内容、服务对象、投资模式、数据保有者均发生变化，应用服务更加广泛，给依法进行监督管理带来困难，地理信息安全面临严峻挑战。《国务院办公厅关于促进地理信息产业发展的意见》（国办发〔2014〕2号）明确要求规范市场秩序，营造良好发展环境。现行《测绘法》对地理信息市场、地理信息安全监督管理的规定较弱，缺乏事中事后监管手段，无法及时有效处理地理信息市场违法违规行为，需要修订。

二、起草过程

我局自2011年启动《测绘法》修订工作。2012年至2014年，《测绘法》修订连续列入国务院立法计划，我局组织开展了大量前期准备工作。

2014年下半年以来，根据中央要求，重新制定《测绘法》修订工作方案，明确修订重点，成立了局长担任组长的修订领导小组，组成了修订组负责具体修订工作。在考察调研、征求意见、专题研究论证、召开座谈会、收集研究国内外相关资料等工作基础上，形成《测绘法》修正案草案（初稿）。

2015年1月，《测绘法》修正案草案（征求意见稿）印发中央、国务院、军队的35个部门，31个省级测绘地理信息行政主管部门，部分行业单位以及测绘地理信息院士、专家征求意见。对收到的反馈意见进行了汇总归纳梳理，形成反馈意见404条。2月，我局召开《测绘法》修订专家论证会，邀请有关院士以及国务院有关部门、军队、省级测绘地理信息行政主管部门、学会协会、测绘地理信息企业专家共27位，对《测绘法》修正案草案（征求意见稿）进行论证；此外，还分别召开了卫星导航定位基准站专章等针对不同具体内容的论证会。3月，按照《国务院关于严格控制新设行政许可的通知》（国发〔2013〕39号）要求，召开了新设卫星导航定位基准站建站审批行政许可论证会，邀请测绘、地震、气象、交通、中科院等10家管理相对人，听取意见。修订组对各方面意见进行了深入研究，根据意见对《测绘法》修正案草案反复修改。期间，我局向全国人大法工委、环资委有关部门、中编办有关部门、国务院法制办有关部门就《测绘法》修订做了汇报。3月23日，我局局务会议对《测绘法》修正案草案进行审议，审议通过后形成《测绘法》修正案草案（送审稿）。

三、有关问题的说明

《测绘法》修正案草案（送审稿）共28条。在现行《测绘法》9章55条的基础上，删除1条，新增加21条，新增加3章。有关问题说明如下：

（一）关于卫星导航定位

卫星导航定位是近年来快速发展的测绘高新技术，它的广泛应用满足了我国各项建设对高精度地理空间数据的需求。卫星导航定位基准站是国家重要的空间基础设施，当前基准站存在无序建设、统筹规划不够，软硬件过度依赖进口，数据使用不规范，没有针对性管理措施等问题。卫星导航定位基准站具有定位的基本功能，其处理的数据可以用于精确定位，如在测绘、地震、交通、气象预报等领域。通过卫星导航定位基准站获取的大量空间数据和高精度位置信息，若不妥善管理，将给国家安全带来严重潜在风险和安全隐患。中央领导对此高度关注，多次批示要通过完善法规加以解决。因此，修正案草案（送审稿）专设一章“第三章卫星导航定位”，一是明确卫星导航定位基准站的内涵、定义和管理职责；二是规定卫星导航定位基准站建站必须经过审批，明确了审批条件和审批部门；三是明确卫星导航定位基准站数据管理制度；四是明确测绘地理信息行政主管部门建立全国卫星导航定位基准服务系统并提供服务的职责和义务；五是建立推动国产卫星应用制度。通过对卫星导航定位基准站的建设、运行、数据发布等作出规定，以维护国家安全。

（二）关于地理国情监测

2013年，国务院印发《关于开展第一次全国地理国情普查的通知》（国发〔2013〕9号），开展新中国成立以来的第一次全国地理国情普查，是新形势下国务院作出的一项重要决定。张高丽副总理亲自担任第一次全国地理国情普查领导小组组长，并指出，地理国情是重要的基本国情，地理国情普查，是了解国情、把握国势、制定国策的重要基础性工作。张高丽副总理同时要求，在地理国情普查基础上，建立地理国情监测及其统计分析、审核发布制度，形成反映自然资源、生态环境和人文要素的空间分布及相互关系的地理国情普查系列成果，为常态化开展地理国情监测工作奠定基础，进一步提高地理国情信息为政府、企业和公众服务的能力，满足经济社会发展的需求。为进一步推动地理国情监测工作，使之法律化、常态化，修正案草案（送审稿）增设一章“第五章地理国情监测”，建立地理国情监测制度，同时规定每10年开展一次地理国情普查；明确地理国情监测的职责分工；规定地理国情监测成果应当统一公布、严格管理、规范使用。

（三）关于监督管理

近年来，在地理信息产业发展、市场繁荣的同时，市场违法行为屡禁不止，非法获取、提供、买卖以及互联网传播、发布涉密地理信息的案件时有发生，涉密地理信息保管不当造成的安全隐患突出，主管部门的监督管理面临严峻挑战。按照《中共中央关于全面推进依法治国若干重大问题的决定》中“依法惩处各类违法行为”的要求，需要进一步补充完善监督管理措施，依法治理。修正案草案（送审稿）增设一章“第十章监督管理”，一是建立地理信息的联合安全监管机制，规定各部门相互配合，确保地理信息安全；二是建立涉密地理信息登记制度，规定涉密地理信息生产、使用单位应当对涉密地理信息提供、使用情况进行登记并长期保存；三是建立测绘外业活动的在线报告制度，实行网络监管；四是建立测绘地理信息市场的信用体系，促进测绘单位的诚信自律；五是强化监督检查措施，解决执法手段缺乏问题。在监督管理的具体措施中，着重加强对市场、企业的事中事后监管，采取登记、网络报告等方式，不增加行政审批，不增加企业负担。

（四）关于行政许可

为贯彻落实党的十八大有关深化行政审批制度改革的精神，推进职能转变，在《测绘法》修订中，坚持尽可能取消下放现有行政审批项目，同时严格控制新设行政许可。取消下放共3项，分别是取消基础测绘规划备案、采用国际坐标系统审批，下放永久性测量标志拆迁审批，修正案草案（送审稿）对涉及的条款进行了修改。在新设行政许可方面，《行政许可法》第十二条规定，“下列事项可以设定行政许可：（一）直接涉及国家安全、公共安全、经济宏观调控、生态环境保护以及直接关系人身健康、生命财产安全等特定活动，需要按照法定条件予以批准的事项；……”鉴于卫星导航定位基准站直接涉及国家安全，根据监管的需要，新设了卫星导航定位基准站建站审批。

我局严格按照《行政许可法》和《国务院关于严格控制新设行政许可的通知》（国发〔2013〕39号），深入调查研究，开展新设行政许可合法性、必要性和合理性论证。一是在《测绘法》修订专家论证会上，专门听取对该新设行政许可的意见、进行论证，还召开了卫星导航定位基准站管理相对人论证会；二是通过征求意见稿，广泛征求各部门的意见；三是对新设行政许可的合法性、必要性、合理性进行了研究，形成专门的论证报告。经研究论证，基准站建设属于直接涉及国家安全的事项，通过现有管理手段和措施或者事前备案都无法达到确保国家安全的要求，拟设立建站审批，明确审批条件和程序，加强监管。

（五）关于地理信息服务共享

2014年《国务院办公厅关于促进地理信息产业发展的意见》（国办发〔2014〕2号）明确要求，促进地理信息产业发展要“坚持规范监管与广泛应用相结合”，要“在维护国家安全的前提下，积极推进地理信息公共服务平台建设，促进地理信息高效、广泛利用”，并要求建立健全政府部门间地理信息资源共建共享机制，明确共建共享的内容、方式和责任，统筹协调地理信息获取分工、更新和共享工作，在切实保障政府部门应用需求的前提下，避免重复建设和资源浪费。当前，测绘地理信息主管部门大力推动地理信息服务平台建设，为中办、国办、公安、水利、海关、邮政等部门提供了高效服务，在抢险救灾等急难险重工作中发挥了重要作用。为此，修正案草案（送审稿）增加一条，明确规定，建设全国统一的地理信息公共服务平台，实行分级管理，提供地理信息的共享和服务。测绘航空航天遥感影像涉及国家安全，实行统筹规划，可以避免影像的无序获取，减少财政资金的重复浪费，同时有利于统一影像处理标准，为共享奠定基础。部分省已经对航空航天遥感影像实行了统筹管理，取得了很好的效果和经验。为此，修正案草案（送审稿）增加了测绘航空航天遥感影像统筹管理制度，规定财政投资的测绘航空航天遥感影像的获取、处理与分发服务，统一组织实施。

（六）其他有关问题

一是关于应急测绘。在应对突发事件和自然灾害中，测绘地理信息起到了先行保障作用。近年来汶川地震、玉树地震、舟曲泥石流等灾害，测绘地理信息为抗震和救灾提供了有力的地理信息保障服务，但也显现出缺乏应急测绘协调机制，应急队伍装备、机动性差等问题。修正案草案（送审稿）增加应急测绘保障制度，以切实提高测绘应急保障服务能力。

二是关于法律责任。在测绘执法实际工作中，普遍反映《测绘法》处罚力度不够，罚款数额较低，对违法行为起不到惩罚和震慑作用。修正案草案（送审稿）修改了法律责任条款，加大了处罚的力度。

新设卫星导航定位基准站建设行政许可论证报告

一、拟设定此项行政许可的背景

（一）卫星导航定位基准站的概念

卫星导航定位基准站（以下简称基准站）是对卫星导航信号进行长期连续观测，获取观测数据，并通过通信设施将观测数据实时或定时传送至数据中心的地面固定观测站。经过初步摸底，目前我国已经建成约3000个基准站。

卫星导航定位基准站具有三大特征：在固定地点设立且长期存在；连续观测卫星导航信号，提供精确点位坐标和相关服务；观测数据通过通信网络传输。

（二）潜在的安全风险

基准站在为用户提供实时、高精度、高可靠性定位服务的同时，也获取了大量的空间数据和高精度位置信息，若不妥善管理，存在潜在风险和安全隐患：一是通过基准站网获取高精度的位置信息，依据《测绘管理工作国家秘密范围的规定》属于国家秘密，对于国防和国民经济安全至关重要；二是可以获取基准站覆盖范围内重要国防目标的高精度位置坐标，危害我国防安全；三是根据基准站网的观测数据，反演基准站上空电离层、对流层等信息，危害通讯安全；四是基准站的高精度位置坐标可用于高分辨率遥感图像的几何校正，可获遥感图像中所有像点的精确坐标。

因此，基准站的位置坐标和观测数据，特别是设在重要国防目标附近的基准站的相关信息一旦泄露，将可能对国家安全带来风险。根据目前的技术水平，基准站的间隔一般为50千米，最大不超过

70 千米。若基准站覆盖范围内有重要国防目标，需要评估可能的国防安全风险，因此拟设定基准站建站审批行政许可，通过与军方合作，以事前审批方式，评估风险，进而采取措施规避风险。

二、拟设行政许可的论证过程

《测绘法》修订工作开展以来，我们对卫星导航定位基准站立法监管问题进行了专题研究，并多次征求有关部门和单位意见。期间，我局专门召开了两次论证会，2015 年 2 月 5 日请总参测绘导航局、总装备部、地震局、测绘地信局有关专家，对卫星导航定位基准站监管立法问题进行了座谈论证。2015 年 3 月 4 日请交通部、气象局、地震局、中科院、北京、河北、山东、江苏等地的卫星导航定位基准站建设单位代表，对设立建站许可进行了论证，充分听取建站单位的意见，并邀请国务院法制办相关司室派员指导。通过专题研究、征求意见和座谈论证，进一步明确了卫星导航定位基准站建站许可的合法性、必要性、合理性，形成了相关论证材料。

专家论证过程中，大家普遍认可需要加强对卫星导航定位基准站建设应用的规范和监管，但也有部分专家对于是否通过行政许可的方式提出了不同意见。卫星导航定位基准站作为随着卫星导航技术的发展而兴起的一种新技术，大规模建设应用的时间并不长，由于各国的安全观和面临的安全形势不同，世界各国对于基准站的管理方式也不一致，总体上没有实行行政许可的方式。

经过充分论证，我们在《测绘法》修正案中，针对基准站存在的数据传输泄露隐患，要求按《保守国家秘密法》进行保密数据传输；针对软硬件非国产化造成的非自主可控的风险，要求涉及国家安全和重大工程的基准站采用自主可控的软硬件；对于用户失控风险，要求实行授权使用制度；对用于国际合作的基准站，要求在境内接收，按规定发布。对于基准站建站，由于国防目标本身的保密性，很难通过其他方式来排除基准站带来的泄露附近国防目标高精度位置信息的风险，所以在穷极一切可能性之后，才选择拟设立行政许可这一不得已的手段。

三、拟设行政许可的合法性

（一）符合行政许可法的要求。根据《行政许可法》第十二条第一款，“直接涉及国家安全、公共安全、经济宏观调控、生态环境保护以及直接关系人身健康、生命财产安全等特定活动，需要按照法定条件予以批准的事项”可以设定行政许可。基准站本身的位置坐标和获取的观测数据属于国家秘密，直接涉及国家安全，有必要设立行政许可。

（二）符合国务院行政审批改革要求。我们严格按照《国务院关于严格控制新设行政许可的通知》（国发〔2013〕39号）要求，对拟设的基准站建站审批进行了认真研究，由于基准站建设应用属于直接涉及国家安全的事项，通过现有管理手段和措施、技术标准、管理规范均无法达到评估风险、规避风险的目的，设立建站审批是解决基准站地理信息安全问题、实现基准站管理目的的有效手段。

（三）符合中央要求建站前备案管理的精神。针对基准站出现的安全问题，中央提出对新建基准站建站前实行备案管理，作为新法律实施前的管理措施。作为衔接，在《测绘法》修订中明确以行政许可形式管理新建基准站，符合国家对基准站管理的要求。

四、拟设行政许可的必要性

（一）其他管理手段无法解决安全问题。地理信息是重要的战略性信息资源，关系到国家主权、安全和利益，在维护政治、经济、军事、科技和其他非传统领域国家安全中发挥着重要作用。基准站本身的精确位置坐标和获取的观测数据一旦泄露，对国家安全和利益造成的损失难以挽回，这是一个不可逆的过程，因此无法通过市场机制、行业自律、企业和个人自主决定以及其他管理方式有效解决该问题。

（二）事后备案方式不能排除安全隐患。根据基准站的特点，若采取事后备案的方式，如果经评估不符合保密要求，那么相关涉密地理信息或许早已泄露出去。如果建站选址附近有重要军事设施，就需要拆除或者迁移，对建设方造成巨大浪费。因此，事后备案不能完全排除相关涉密地理信息的安全隐患，也不能保证建设方的利益，为了确保地理信息的安全，对基准站建设的管理，应当采取事先审核同意的方式。

五、拟设行政许可的合理性

对基准站的一系列管理措施，一方面突出了基准站安全问题导向，另一方面强调基准站广泛为经济社会生活服务，其合理性主要体现在：

首先，在程序上体现方便行政相对人，基准站建站审批实行属地管理：建设方向基准站所在地的省、自治区、直辖市测绘地理信息行政主管部门提出申请。为了方便国务院部门在全国范围内建站，国务院部门可直接向国务院测绘地理信息行政主管部门提出申请。今后新建基准站数量应该不会太多，已建成的将通过排查评估纳入监管，实施建站审批在确保安全的同时，不对社会造成太大影响。

其次，基准站建设、运营、使用管理的规范化，有利于基于位置服务的地理信息产业的发展。依照企业“法无禁止皆可为”的原则，企业在有了明确规则的前提下，法律风险消除了，企业的投资和创新的积极性才会得到激励和保护。从事测绘活动单位资质管理制度的执行情况表明，这对形成有序竞争、公平诚信的市场环境发挥了重要作用，也降低了招标单位的审查成本。同样可以预期，当法规明确之后，基于基准站的高精度位置服务将会更加蓬勃发展。特别是那些诸如自动驾驶等依赖于精确位置服务的高技术产品和产业的发展，对于我国产业转型升级将发挥驱动作用。

再次，根据政府“法无授权不可为，法定职责必须为”的原则，《测绘法》修正案要求，测绘地理信息行政主管部门负责建立全国卫星导航定位基准服务系统，提供统一、权威的导航定位基准信息。公共服务到位后，大量的零散用户就不必自建基准站，从而实现便民服务和确保安全两不误。

国务院法制办、国土资源部、测绘地信局关于《中华人民共和国测绘法（修订草案）》的说明

李克强总理高度重视测绘地理信息工作，指出测绘地理信息是全面提高信息化水平的重要条件，是加快转变经济发展方式的重要支撑，是战略性新兴产业的重要内容，是维护国家安全利益的重要保障，要加快健全体制、完善机制、强化职责，促进地理信息产业发展。为贯彻落实国务院领导同志重要批示指示精神，国土资源部、测绘地信局起草了《中华人民共和国测绘法修正案草案（送审稿)》，报请国务院审议。收到此件后，法制办广泛征求意见，进行实地调研，召开专家论证会，会同国土资源部、测绘地信局反复研究、修改，形成了《中华人民共和国测绘法（修订草案)》（以下简称草案)。草案已经有关部门复核。现说明如下：

一、修改的必要性

现行测绘法是1992年制定的，2002年作了全面修订。随着经济社会快速发展，测绘科技水平不断提升，社会需求日益增长，对地理信息应用和管理提出新要求，现行法部分规定已不能适应新形势的需要：一是测绘成果开发应用不够，缺乏有效共享机制。基础地理信息数据获取和利用不充分、更新缓慢，成果共享机制不健全，

存在重复测绘和信息孤岛现象，需要完善机制、明确责任、促进应用。二是卫星导航定位基准站安全隐患突出，影响国家安全。基准站建设和运行维护缺乏统一规范和有效监管，根据中央关于加强基准站建设和应用管理，促进基准站规范建设和应用，保障国家地理信息安全的要求，亟须依法加强管理和指导。三是地理信息安全风险增大，泄密事件频发。地理信息生产、采集、利用从专业化向大众化转变，服务内容从静态数据向网络动态数据转变，服务对象从以部门为主向以社会公众为主转变，安全风险不断增大，亟须加强涉密地理信息保护。四是行政审批改革事项需修法确认。考虑到我国 2008 年启用的坐标系统属于国际坐标系统，对采用国际坐标系统进行审批已无必要，国务院拟取消该审批，同时，还拟取消地方基础测绘规划备案、下放拆迁永久性测量标志审批权限，需要通过修法予以落实。

二、修改的总体思路和原则

草案按照国务院关于“推进地理信息规范监管和广泛应用”的总要求，坚持保障地理信息安全和促进地理信息产业发展并重，主要遵循以下原则：一是加强共享、促进应用。通过建立地理信息公共服务平台，将分散的数据予以整合，推动信息互联互通，强化测绘地信部门获取、处理、更新基础地理信息数据职责，促进地理信息广泛应用。二是统筹规划、协同指导。测绘地信部门会同有关部门统筹考虑各行业、各领域对卫星导航定位基准站的建设和应用需求，建立协调机制，加强指导，完善制度。三是规范监管、强化责任。通过实施可追溯管理，实现各环节信息可查询、来源可追溯、去向可跟踪、责任可追究，完善监督检查措施，加大对违法行为的处罚力度。四是简政放权、优化服务。取消和下放采用国际坐标系统审批等事项、优化审批流程、减少审批层级，强化基础测绘和地理国情监测，丰富基础地理信息，及时向社会提供地理信息公共服务。

三、修改的主要内容

草案共10章67条，主要修改、增加了以下内容：

（一）关于测绘成果共享和应用。一是规定测绘成果按照保障安全、促进共享和应用的原则定密并及时调整，要求测绘地信部门推进公众版测绘成果的加工和编制工作，促进测绘成果社会化应用；二是进一步明确测绘成果无偿提供和使用的范围，使用财政资金的测绘项目和涉及测绘的其他项目要充分利用已有的测绘成果，避免重复测绘；三是鼓励开发各类地理信息产品，建立健全地理信息资源共建共享机制，测绘地信部门通过地理信息公共服务平台提供公共服务；四是规定测绘地信部门做好应急测绘保障工作，会同有关部门开展地理国情监测，并对监测成果严格管理、规范使用。（第十七条、第十八条、第六章）

（二）关于基准站建设和应用。一是明确测绘地信部门会同其他有关部门建立统一的卫星导航定位基准服务系统，提供公共服务，并对基准站建设实行备案管理；二是明确基准站建设和运行维护应当符合国家标准和要求，不得危害国家安全，有关单位建立数据安全保障制度，并遵守保密法律、行政法规的规定；三是要求测绘地信部门会同其他有关部门加强规范和指导。（第十条、第四十五条、第四十六条）

（三）关于地理信息安全的监督管理。增加一章，对建立地理信息安全管理制度和技术防控体系，禁止非法获取、持有、提供、利用和在互联网及其他公共信息网络等上传、标注、传输、发布涉密地理信息，以及地理信息生产、保管、利用单位对涉密地理信息情况进行登记并长期保存等作出明确规定。（第八章）

（四）关于取消和下放行政审批事项。取消采用国际坐标系统审批和基础测绘规划备案，并将拆迁永久性测量标志审批层级由国务院或者省级测绘地信部门修改为省级测绘地信部门。（第九条、第十三条、第四十条）

（五）关于法律责任。对危害地理信息安全和涉及基准站的违法行为等规定相应的法律责任，增加对地理信息泄密行为的行政处罚，并加大对违法测绘等行为的处罚力度。（第九章）

此外，草案还对部门名称作了相应调整。

草案及以上说明是否妥当，请审议。法制办建议，此件经国务院常务会议讨论通过后，由国务院提请全国人大常委会审议。

三、相关法律法规

中华人民共和国保守国家秘密法

（1988 年 9 月 5 日第七届全国人民代表大会常务委员会第三次会议通过　2010 年 4 月 29 日第十一届全国人民代表大会常务委员会第十四次会议修订　2010 年 4 月 29 日中华人民共和国主席令第 28 号公布　自 2010 年 10 月 1 日起施行）

目　　录

第一章　总　　则

第一条　为了保守国家秘密，维护国家安全和利益，保障改革开放和社会主义建设事业的顺利进行，制定本法。

第二条 国家秘密是关系国家安全和利益，依照法定程序确定，在一定时间内只限一定范围的人员知悉的事项。

第三条 国家秘密受法律保护。

一切国家机关、武装力量、政党、社会团体、企业事业单位和公民都有保守国家秘密的义务。

任何危害国家秘密安全的行为，都必须受到法律追究。

第四条 保守国家秘密的工作（以下简称保密工作），实行积极防范、突出重点、依法管理的方针，既确保国家秘密安全，又便利信息资源合理利用。

法律、行政法规规定公开的事项，应当依法公开。

第五条 国家保密行政管理部门主管全国的保密工作。县级以上地方各级保密行政管理部门主管本行政区域的保密工作。

第六条 国家机关和涉及国家秘密的单位（以下简称机关、单位）管理本机关和本单位的保密工作。

中央国家机关在其职权范围内，管理或者指导本系统的保密工作。

第七条 机关、单位应当实行保密工作责任制，健全保密管理制度，完善保密防护措施，开展保密宣传教育，加强保密检查。

第八条 国家对在保守、保护国家秘密以及改进保密技术、措施等方面成绩显著的单位或者个人给予奖励。

第二章 国家秘密的范围和密级

第九条 下列涉及国家安全和利益的事项，泄露后可能损害国家在政治、经济、国防、外交等领域的安全和利益的，应当确定为国家秘密：

（一）国家事务重大决策中的秘密事项；

（二）国防建设和武装力量活动中的秘密事项；

（三）外交和外事活动中的秘密事项以及对外承担保密义务的秘密事项；

（四）国民经济和社会发展中的秘密事项；

（五）科学技术中的秘密事项；

（六）维护国家安全活动和追查刑事犯罪中的秘密事项；

（七）经国家保密行政管理部门确定的其他秘密事项。

政党的秘密事项中符合前款规定的，属于国家秘密。

第十条 国家秘密的密级分为绝密、机密、秘密三级。

绝密级国家秘密是最重要的国家秘密，泄露会使国家安全和利益遭受特别严重的损害；机密级国家秘密是重要的国家秘密，泄露会使国家安全和利益遭受严重的损害；秘密级国家秘密是一般的国家秘密，泄露会使国家安全和利益遭受损害。

第十一条 国家秘密及其密级的具体范围，由国家保密行政管理部门分别会同外交、公安、国家安全和其他中央有关机关规定。

军事方面的国家秘密及其密级的具体范围，由中央军事委员会规定。

国家秘密及其密级的具体范围的规定，应当在有关范围内公布，并根据情况变化及时调整。

第十二条 机关、单位负责人及其指定的人员为定密责任人，负责本机关、本单位的国家秘密确定、变更和解除工作。

机关、单位确定、变更和解除本机关、本单位的国家秘密，应当由承办人提出具体意见，经定密责任人审核批准。

第十三条 确定国家秘密的密级，应当遵守定密权限。

中央国家机关、省级机关及其授权的机关、单位可以确定绝密级、机密级和秘密级国家秘密；设区的市、自治州一级的机关及其授权的机关、单位可以确定机密级和秘密级国家秘密。具体的定密权限、授权范围由国家保密行政管理部门规定。

机关、单位执行上级确定的国家秘密事项，需要定密的，根据所执行的国家秘密事项的密级确定。下级机关、单位认为本机关、本单位产生的有关定密事项属于上级机关、单位的定密权限，应当先行采取保密措施，并立即报请上级机关、单位确定；没有上级机关、单位的，应当立即提请有相应定密权限的业务主管部门或者保密行政管理部门确定。

公安、国家安全机关在其工作范围内按照规定的权限确定国家秘密的密级。

第十四条 机关、单位对所产生的国家秘密事项，应当按照国家秘密及其密级的具体范围的规定确定密级，同时确定保密期限和知悉范围。

第十五条 国家秘密的保密期限，应当根据事项的性质和特点，按照维护国家安全和利益的需要，限定在必要的期限内；不能确定期限的，应当确定解密的条件。

国家秘密的保密期限，除另有规定外，绝密级不超过三十年，机密级不超过二十年，秘密级不超过十年。

机关、单位应当根据工作需要，确定具体的保密期限、解密时间或者解密条件。

机关、单位对在决定和处理有关事项工作过程中确定需要保密的事项，根据工作需要决定公开的，正式公布时即视为解密。

第十六条 国家秘密的知悉范围，应当根据工作需要限定在最小范围。

国家秘密的知悉范围能够限定到具体人员的，限定到具体人员；不能限定到具体人员的，限定到机关、单位，由机关、单位限定到具体人员。

国家秘密的知悉范围以外的人员，因工作需要知悉国家秘密的，应当经过机关、单位负责人批准。

第十七条 机关、单位对承载国家秘密的纸介质、光介质、电磁介质等载体（以下简称国家秘密载体）以及属于国家秘密的设备、产品，应当做出国家秘密标志。

不属于国家秘密的，不应当做出国家秘密标志。

第十八条 国家秘密的密级、保密期限和知悉范围，应当根据情况变化及时变更。国家秘密的密级、保密期限和知悉范围的变更，由原定密机关、单位决定，也可以由其上级机关决定。

国家秘密的密级、保密期限和知悉范围变更的，应当及时书面通知知悉范围内的机关、单位或者人员。

第十九条 国家秘密的保密期限已满的，自行解密。

机关、单位应当定期审核所确定的国家秘密。对在保密期限内因保密事项范围调整不再作为国家秘密事项，或者公开后不会损害国家安全和利益，不需要继续保密的，应当及时解密；对需要延长保密期限的，应当在原保密期限届满前重新确定保密期限。提前解密或者延长保密期限的，由原定密机关、单位决定，也可以由其上级机关决定。

第二十条 机关、单位对是否属于国家秘密或者属于何种密级不明确或者有争议的，由国家保密行政管理部门或者省、自治区、直辖市保密行政管理部门确定。

第三章 保密制度

第二十一条 国家秘密载体的制作、收发、传递、使用、复制、保存、维修和销毁，应当符合国家保密规定。

绝密级国家秘密载体应当在符合国家保密标准的设施、设备中保存，并指定专人管理；未经原定密机关、单位或者其上级机关批准，不得复制和摘抄；收发、传递和外出携带，应当指定人员负责，并采取必要的安全措施。

第二十二条 属于国家秘密的设备、产品的研制、生产、运输、使用、保存、维修和销毁，应当符合国家保密规定。

第二十三条 存储、处理国家秘密的计算机信息系统（以下简称涉密信息系统）按照涉密程度实行分级保护。

涉密信息系统应当按照国家保密标准配备保密设施、设备。保密设施、设备应当与涉密信息系统同步规划，同步建设，同步运行。

涉密信息系统应当按照规定，经检查合格后，方可投入使用。

第二十四条 机关、单位应当加强对涉密信息系统的管理，任何组织和个人不得有下列行为：

（一）将涉密计算机、涉密存储设备接入互联网及其他公共信息网络；

（二）在未采取防护措施的情况下，在涉密信息系统与互联网及其他公共信息网络之间进行信息交换；

（三）使用非涉密计算机、非涉密存储设备存储、处理国家秘密信息；

（四）擅自卸载、修改涉密信息系统的安全技术程序、管理程序；

（五）将未经安全技术处理的退出使用的涉密计算机、涉密存储设备赠送、出售、丢弃或者改作其他用途。

第二十五条 机关、单位应当加强对国家秘密载体的管理，任何组织和个人不得有下列行为：

（一）非法获取、持有国家秘密载体；

（二）买卖、转送或者私自销毁国家秘密载体；

（三）通过普通邮政、快递等无保密措施的渠道传递国家秘密载体；

（四）邮寄、托运国家秘密载体出境；

（五）未经有关主管部门批准，携带、传递国家秘密载体出境。

第二十六条 禁止非法复制、记录、存储国家秘密。

禁止在互联网及其他公共信息网络或者未采取保密措施的有线和无线通信中传递国家秘密。

禁止在私人交往和通信中涉及国家秘密。

第二十七条 报刊、图书、音像制品、电子出版物的编辑、出版、印制、发行，广播节目、电视节目、电影的制作和播放，互联网、移动通信网等公共信息网络及其他传媒的信息编辑、发布，应当遵守有关保密规定。

第二十八条 互联网及其他公共信息网络运营商、服务商应当配合公安机关、国家安全机关、检察机关对泄密案件进行调查；发现利用互联网及其他公共信息网络发布的信息涉及泄露国家秘密的，应当立即停止传输，保存有关记录，向公安机关、国家安全机关或者保密行政管理部门报告；应当根据公安机关、国家安全机关或者保密行政管理部门的要求，删除涉及泄露国家秘密的信息。

第二十九条 机关、单位公开发布信息以及对涉及国家秘密的工程、货物、服务进行采购时，应当遵守保密规定。

第三十条 机关、单位对外交往与合作中需要提供国家秘密事项，或者任用、聘用的境外人员因工作需要知悉国家秘密的，应当报国务院有关主管部门或者省、自治区、直辖市人民政府有关主管部门批准，并与对方签订保密协议。

第三十一条 举办会议或者其他活动涉及国家秘密的，主办单位应当采取保密措施，并对参加人员进行保密教育，提出具体保密要求。

第三十二条 机关、单位应当将涉及绝密级或者较多机密级、秘密级国家秘密的机构确定为保密要害部门，将集中制作、存放、保管国家秘密载体的专门场所确定为保密要害部位，按照国家保密规定和标准配备、使用必要的技术防护设施、设备。

第三十三条 军事禁区和属于国家秘密不对外开放的其他场所、部位，应当采取保密措施，未经有关部门批准，不得擅自决定对外开放或者扩大开放范围。

第三十四条 从事国家秘密载体制作、复制、维修、销毁，涉密信息系统集成，或者武器装备科研生产等涉及国家秘密业务的企业事业单位，应当经过保密审查，具体办法由国务院规定。

机关、单位委托企业事业单位从事前款规定的业务，应当与其签订保密协议，提出保密要求，采取保密措施。

第三十五条 在涉密岗位工作的人员（以下简称涉密人员），按照涉密程度分为核心涉密人员、重要涉密人员和一般涉密人员，实行分类管理。

任用、聘用涉密人员应当按照有关规定进行审查。

涉密人员应当具有良好的政治素质和品行，具有胜任涉密岗位所要求的工作能力。

涉密人员的合法权益受法律保护。

第三十六条 涉密人员上岗应当经过保密教育培训，掌握保密知识技能，签订保密承诺书，严格遵守保密规章制度，不得以任何方式泄露国家秘密。

第三十七条 涉密人员出境应当经有关部门批准，有关机关认为涉密人员出境将对国家安全造成危害或者对国家利益造成重大损失的，不得批准出境。

第三十八条 涉密人员离岗离职实行脱密期管理。涉密人员在脱密期内，应当按照规定履行保密义务，不得违反规定就业，不得以任何方式泄露国家秘密。

第三十九条 机关、单位应当建立健全涉密人员管理制度，明确涉密人员的权利、岗位责任和要求，对涉密人员履行职责情况开展经常性的监督检查。

第四十条 国家工作人员或者其他公民发现国家秘密已经泄露或者可能泄露时，应当立即采取补救措施并及时报告有关机关、单位。机关、单位接到报告后，应当立即作出处理，并及时向保密行政管理部门报告。

第四章 监督管理

第四十一条 国家保密行政管理部门依照法律、行政法规的规定，制定保密规章和国家保密标准。

第四十二条 保密行政管理部门依法组织开展保密宣传教育、保密检查、保密技术防护和泄密案件查处工作，对机关、单位的保密工作进行指导和监督。

第四十三条 保密行政管理部门发现国家秘密确定、变更或者解除不当的，应当及时通知有关机关、单位予以纠正。

第四十四条 保密行政管理部门对机关、单位遵守保密制度的情况进行检查，有关机关、单位应当配合。保密行政管理部门发现机关、单位存在泄密隐患的，应当要求其采取措施，限期整改；对存在泄密隐患的设施、设备、场所，应当责令停止使用；对严重违反保密规定的涉密人员，应当建议有关机关、单位给予处分并调离涉密岗位；发现涉嫌泄露国家秘密的，应当督促、指导有关机关、单位进行调查处理。涉嫌犯罪的，移送司法机关处理。

第四十五条 保密行政管理部门对保密检查中发现的非法获取、持有的国家秘密载体，应当予以收缴。

第四十六条 办理涉嫌泄露国家秘密案件的机关，需要对有关事项是否属于国家秘密以及属于何种密级进行鉴定的，由国家保密行政管理部门或者省、自治区、直辖市保密行政管理部门鉴定。

第四十七条 机关、单位对违反保密规定的人员不依法给予处分的，保密行政管理部门应当建议纠正，对拒不纠正的，提请其上一级机关或者监察机关对该机关、单位负有责任的领导人员和直接责任人员依法予以处理。

第五章 法律责任

第四十八条 违反本法规定，有下列行为之一的，依法给予处分；构成犯罪的，依法追究刑事责任：

（一）非法获取、持有国家秘密载体的；

（二）买卖、转送或者私自销毁国家秘密载体的；

（三）通过普通邮政、快递等无保密措施的渠道传递国家秘密载体的；

（四）邮寄、托运国家秘密载体出境，或者未经有关主管部门批准，携带、传递国家秘密载体出境的；

（五）非法复制、记录、存储国家秘密的；

（六）在私人交往和通信中涉及国家秘密的；

（七）在互联网及其他公共信息网络或者未采取保密措施的有线和无线通信中传递国家秘密的；

（八）将涉密计算机、涉密存储设备接入互联网及其他公共信息网络的；

（九）在未采取防护措施的情况下，在涉密信息系统与互联网及其他公共信息网络之间进行信息交换的；

（十）使用非涉密计算机、非涉密存储设备存储、处理国家秘密信息的；

（十一）擅自卸载、修改涉密信息系统的安全技术程序、管理程序的；

（十二）将未经安全技术处理的退出使用的涉密计算机、涉密存储设备赠送、出售、丢弃或者改作其他用途的。

有前款行为尚不构成犯罪，且不适用处分的人员，由保密行政管理部门督促其所在机关、单位予以处理。

第四十九条 机关、单位违反本法规定，发生重大泄密案件的，由有关机关、单位依法对直接负责的主管人员和其他直接责任人员给予处分；不适用处分的人员，由保密行政管理部门督促其主管部门予以处理。

机关、单位违反本法规定，对应当定密的事项不定密，或者对不应当定密的事项定密，造成严重后果的，由有关机关、单位依法对直接负责的主管人员和其他直接责任人员给予处分。

第五十条 互联网及其他公共信息网络运营商、服务商违反本法第二十八条规定的，由公安机关或者国家安全机关、信息产业主管部门按照各自职责分工依法予以处罚。

第五十一条 保密行政管理部门的工作人员在履行保密管理职责中滥用职权、玩忽职守、徇私舞弊的，依法给予处分；构成犯罪的，依法追究刑事责任。

第六章　附　　则

第五十二条 中央军事委员会根据本法制定中国人民解放军保密条例。

第五十三条 本法自 2010 年 10 月 1 日起施行。

中华人民共和国网络安全法

（2016年11月7日第十二届全国人民代表大会常务委员会第二十四次会议通过　2016年11月7日中华人民共和国主席令第53号公布　自2017年6月1日起施行）

目　　录

第一章　总　　则

第一条　为了保障网络安全，维护网络空间主权和国家安全、社会公共利益，保护公民、法人和其他组织的合法权益，促进经济社会信息化健康发展，制定本法。

第二条　在中华人民共和国境内建设、运营、维护和使用网络，以及网络安全的监督管理，适用本法。

第三条　国家坚持网络安全与信息化发展并重，遵循积极利用、科学发展、依法管理、确保安全的方针，推进网络基础设施建设和互联互通，鼓励网络技术创新和应用，支持培养网络安全人才，建立健全网络安全保障体系，提高网络安全保护能力。

第四条　国家制定并不断完善网络安全战略，明确保障网络安全的基本要求和主要目标，提出重点领域的网络安全政策、工作任务和措施。

第五条　国家采取措施，监测、防御、处置来源于中华人民共和国境内外的网络安全风险和威胁，保护关键信息基础设施免受攻击、侵入、干扰和破坏，依法惩治网络违法犯罪活动，维护网络空间安全和秩序。

第六条　国家倡导诚实守信、健康文明的网络行为，推动传播社会主义核心价值观，采取措施提高全社会的网络安全意识和水平，形成全社会共同参与促进网络安全的良好环境。

第七条　国家积极开展网络空间治理、网络技术研发和标准制定、打击网络违法犯罪等方面的国际交流与合作，推动构建和平、安全、开放、合作的网络空间，建立多边、民主、透明的网络治理体系。

第八条　国家网信部门负责统筹协调网络安全工作和相关监督管理工作。国务院电信主管部门、公安部门和其他有关机关依照本法和有关法律、行政法规的规定，在各自职责范围内负责网络安全保护和监督管理工作。

县级以上地方人民政府有关部门的网络安全保护和监督管理职责，按照国家有关规定确定。

第九条　网络运营者开展经营和服务活动，必须遵守法律、行政法规，尊重社会公德，遵守商业道德，诚实信用，履行网络安全保护义务，接受政府和社会的监督，承担社会责任。

第十条 建设、运营网络或者通过网络提供服务，应当依照法律、行政法规的规定和国家标准的强制性要求，采取技术措施和其他必要措施，保障网络安全、稳定运行，有效应对网络安全事件，防范网络违法犯罪活动，维护网络数据的完整性、保密性和可用性。

第十一条 网络相关行业组织按照章程，加强行业自律，制定网络安全行为规范，指导会员加强网络安全保护，提高网络安全保护水平，促进行业健康发展。

第十二条 国家保护公民、法人和其他组织依法使用网络的权利，促进网络接入普及，提升网络服务水平，为社会提供安全、便利的网络服务，保障网络信息依法有序自由流动。

任何个人和组织使用网络应当遵守宪法法律，遵守公共秩序，尊重社会公德，不得危害网络安全，不得利用网络从事危害国家安全、荣誉和利益，煽动颠覆国家政权、推翻社会主义制度，煽动分裂国家、破坏国家统一，宣扬恐怖主义、极端主义，宣扬民族仇恨、民族歧视，传播暴力、淫秽色情信息，编造、传播虚假信息扰乱经济秩序和社会秩序，以及侵害他人名誉、隐私、知识产权和其他合法权益等活动。

第十三条 国家支持研究开发有利于未成年人健康成长的网络产品和服务，依法惩治利用网络从事危害未成年人身心健康的活动，为未成年人提供安全、健康的网络环境。

第十四条 任何个人和组织有权对危害网络安全的行为向网信、电信、公安等部门举报。收到举报的部门应当及时依法作出处理；不属于本部门职责的，应当及时移送有权处理的部门。

有关部门应当对举报人的相关信息予以保密，保护举报人的合法权益。

第二章　网络安全支持与促进

第十五条　国家建立和完善网络安全标准体系。国务院标准化行政主管部门和国务院其他有关部门根据各自的职责，组织制定并适时修订有关网络安全管理以及网络产品、服务和运行安全的国家标准、行业标准。

国家支持企业、研究机构、高等学校、网络相关行业组织参与网络安全国家标准、行业标准的制定。

第十六条　国务院和省、自治区、直辖市人民政府应当统筹规划，加大投入，扶持重点网络安全技术产业和项目，支持网络安全技术的研究开发和应用，推广安全可信的网络产品和服务，保护网络技术知识产权，支持企业、研究机构和高等学校等参与国家网络安全技术创新项目。

第十七条　国家推进网络安全社会化服务体系建设，鼓励有关企业、机构开展网络安全认证、检测和风险评估等安全服务。

第十八条　国家鼓励开发网络数据安全保护和利用技术，促进公共数据资源开放，推动技术创新和经济社会发展。

国家支持创新网络安全管理方式，运用网络新技术，提升网络安全保护水平。

第十九条　各级人民政府及其有关部门应当组织开展经常性的网络安全宣传教育，并指导、督促有关单位做好网络安全宣传教育工作。

大众传播媒介应当有针对性地面向社会进行网络安全宣传教育。

第二十条 国家支持企业和高等学校、职业学校等教育培训机构开展网络安全相关教育与培训，采取多种方式培养网络安全人才，促进网络安全人才交流。

第三章 网络运行安全

第一节 一般规定

第二十一条 国家实行网络安全等级保护制度。网络运营者应当按照网络安全等级保护制度的要求，履行下列安全保护义务，保障网络免受干扰、破坏或者未经授权的访问，防止网络数据泄露或者被窃取、篡改：

（一）制定内部安全管理制度和操作规程，确定网络安全负责人，落实网络安全保护责任；

（二）采取防范计算机病毒和网络攻击、网络侵入等危害网络安全行为的技术措施；

（三）采取监测、记录网络运行状态、网络安全事件的技术措施，并按照规定留存相关的网络日志不少于六个月；

（四）采取数据分类、重要数据备份和加密等措施；

（五）法律、行政法规规定的其他义务。

第二十二条 网络产品、服务应当符合相关国家标准的强制性要求。网络产品、服务的提供者不得设置恶意程序；发现其网络产品、服务存在安全缺陷、漏洞等风险时，应当立即采取补救措施，按照规定及时告知用户并向有关主管部门报告。

网络产品、服务的提供者应当为其产品、服务持续提供安全维护；在规定或者当事人约定的期限内，不得终止提供安全维护。

网络产品、服务具有收集用户信息功能的，其提供者应当向用户明示并取得同意；涉及用户个人信息的，还应当遵守本法和有关法律、行政法规关于个人信息保护的规定。

第二十三条 网络关键设备和网络安全专用产品应当按照相关国家标准的强制性要求，由具备资格的机构安全认证合格或者安全检测符合要求后，方可销售或者提供。国家网信部门会同国务院有关部门制定、公布网络关键设备和网络安全专用产品目录，并推动安全认证和安全检测结果互认，避免重复认证、检测。

第二十四条 网络运营者为用户办理网络接入、域名注册服务，办理固定电话、移动电话等入网手续，或者为用户提供信息发布、即时通讯等服务，在与用户签订协议或者确认提供服务时，应当要求用户提供真实身份信息。用户不提供真实身份信息的，网络运营者不得为其提供相关服务。

国家实施网络可信身份战略，支持研究开发安全、方便的电子身份认证技术，推动不同电子身份认证之间的互认。

第二十五条 网络运营者应当制定网络安全事件应急预案，及时处置系统漏洞、计算机病毒、网络攻击、网络侵入等安全风险；在发生危害网络安全的事件时，立即启动应急预案，采取相应的补救措施，并按照规定向有关主管部门报告。

第二十六条 开展网络安全认证、检测、风险评估等活动，向社会发布系统漏洞、计算机病毒、网络攻击、网络侵入等网络安全信息，应当遵守国家有关规定。

第二十七条 任何个人和组织不得从事非法侵入他人网络、干扰他人网络正常功能、窃取网络数据等危害网络安全的活动；不得提供专门用于从事侵入网络、干扰网络正常功能及防护措施、窃取网络数据等危害网络安全活动的程序、工具；明知他人从事危害网络安全的活动的，不得为其提供技术支持、广告推广、支付结算等帮助。

第二十八条 网络运营者应当为公安机关、国家安全机关依法维护国家安全和侦查犯罪的活动提供技术支持和协助。

第二十九条 国家支持网络运营者之间在网络安全信息收集、分析、通报和应急处置等方面进行合作，提高网络运营者的安全保障能力。

有关行业组织建立健全本行业的网络安全保护规范和协作机制，加强对网络安全风险的分析评估，定期向会员进行风险警示，支持、协助会员应对网络安全风险。

第三十条 网信部门和有关部门在履行网络安全保护职责中获取的信息，只能用于维护网络安全的需要，不得用于其他用途。

第二节 关键信息基础设施的运行安全

第三十一条 国家对公共通信和信息服务、能源、交通、水利、金融、公共服务、电子政务等重要行业和领域，以及其他一旦遭到破坏、丧失功能或者数据泄露，可能严重危害国家安全、国计民生、公共利益的关键信息基础设施，在网络安全等级保护制度的基础上，实行重点保护。关键信息基础设施的具体范围和安全保护办法由国务院制定。

国家鼓励关键信息基础设施以外的网络运营者自愿参与关键信息基础设施保护体系。

第三十二条 按照国务院规定的职责分工，负责关键信息基础设施安全保护工作的部门分别编制并组织实施本行业、本领域的关键信息基础设施安全规划，指导和监督关键信息基础设施运行安全保护工作。

第三十三条 建设关键信息基础设施应当确保其具有支持业务稳定、持续运行的性能，并保证安全技术措施同步规划、同步建设、同步使用。

第三十四条 除本法第二十一条的规定外，关键信息基础设施的运营者还应当履行下列安全保护义务：

（一）设置专门安全管理机构和安全管理负责人，并对该负责人和关键岗位的人员进行安全背景审查；

（二）定期对从业人员进行网络安全教育、技术培训和技能考核；

（三）对重要系统和数据库进行容灾备份；

（四）制定网络安全事件应急预案，并定期进行演练；

（五）法律、行政法规规定的其他义务。

第三十五条 关键信息基础设施的运营者采购网络产品和服务，可能影响国家安全的，应当通过国家网信部门会同国务院有关部门组织的国家安全审查。

第三十六条 关键信息基础设施的运营者采购网络产品和服务，应当按照规定与提供者签订安全保密协议，明确安全和保密义务与责任。

第三十七条 关键信息基础设施的运营者在中华人民共和国境内运营中收集和产生的个人信息和重要数据应当在境内存储。因业务需要，确需向境外提供的，应当按照国家网信部门会同国务院有关部门制定的办法进行安全评估；法律、行政法规另有规定的，依照其规定。

第三十八条 关键信息基础设施的运营者应当自行或者委托网络安全服务机构对其网络的安全性和可能存在的风险每年至少进行一次检测评估，并将检测评估情况和改进措施报送相关负责关键信息基础设施安全保护工作的部门。

第三十九条 国家网信部门应当统筹协调有关部门对关键信息基础设施的安全保护采取下列措施：

（一）对关键信息基础设施的安全风险进行抽查检测，提出改进措施，必要时可以委托网络安全服务机构对网络存在的安全风险进行检测评估；

（二）定期组织关键信息基础设施的运营者进行网络安全应急演练，提高应对网络安全事件的水平和协同配合能力；

（三）促进有关部门、关键信息基础设施的运营者以及有关研究机构、网络安全服务机构等之间的网络安全信息共享；

（四）对网络安全事件的应急处置与网络功能的恢复等，提供技术支持和协助。

第四章　网络信息安全

第四十条 网络运营者应当对其收集的用户信息严格保密，并建立健全用户信息保护制度。

第四十一条 网络运营者收集、使用个人信息，应当遵循合法、正当、必要的原则，公开收集、使用规则，明示收集、使用信息的目的、方式和范围，并经被收集者同意。

网络运营者不得收集与其提供的服务无关的个人信息，不得违反法律、行政法规的规定和双方的约定收集、使用个人信息，并应当依照法律、行政法规的规定和与用户的约定，处理其保存的个人信息。

第四十二条 网络运营者不得泄露、篡改、毁损其收集的个人信息；未经被收集者同意，不得向他人提供个人信息。但是，经过处理无法识别特定个人且不能复原的除外。

网络运营者应当采取技术措施和其他必要措施，确保其收集的个人信息安全，防止信息泄露、毁损、丢失。在发生或者可能发生个人信息泄露、毁损、丢失的情况时，应当立即采取补救措施，按照规定及时告知用户并向有关主管部门报告。

第四十三条 个人发现网络运营者违反法律、行政法规的规定或者双方的约定收集、使用其个人信息的，有权要求网络运营者删除其个人信息；发现网络运营者收集、存储的其个人信息有错误的，有权要求网络运营者予以更正。网络运营者应当采取措施予以删除或者更正。

第四十四条 任何个人和组织不得窃取或者以其他非法方式获取个人信息，不得非法出售或者非法向他人提供个人信息。

第四十五条 依法负有网络安全监督管理职责的部门及其工作人员，必须对在履行职责中知悉的个人信息、隐私和商业秘密严格保密，不得泄露、出售或者非法向他人提供。

第四十六条 任何个人和组织应当对其使用网络的行为负责，不得设立用于实施诈骗，传授犯罪方法，制作或者销售违禁物品、管制物品等违法犯罪活动的网站、通讯群组，不得利用网络发布涉及实施诈骗，制作或者销售违禁物品、管制物品以及其他违法犯罪活动的信息。

第四十七条 网络运营者应当加强对其用户发布的信息的管理，发现法律、行政法规禁止发布或者传输的信息的，应当立即停止传输该信息，采取消除等处置措施，防止信息扩散，保存有关记录，并向有关主管部门报告。

第四十八条 任何个人和组织发送的电子信息、提供的应用软件，不得设置恶意程序，不得含有法律、行政法规禁止发布或者传输的信息。

电子信息发送服务提供者和应用软件下载服务提供者，应当履行安全管理义务，知道其用户有前款规定行为的，应当停止提供服务，采取消除等处置措施，保存有关记录，并向有关主管部门报告。

第四十九条 网络运营者应当建立网络信息安全投诉、举报制度，公布投诉、举报方式等信息，及时受理并处理有关网络信息安全的投诉和举报。

网络运营者对网信部门和有关部门依法实施的监督检查，应当予以配合。

第五十条 国家网信部门和有关部门依法履行网络信息安全监督管理职责，发现法律、行政法规禁止发布或者传输的信息的，应当要求网络运营者停止传输，采取消除等处置措施，保存有关记录；对来源于中华人民共和国境外的上述信息，应当通知有关机构采取技术措施和其他必要措施阻断传播。

第五章 监测预警与应急处置

第五十一条 国家建立网络安全监测预警和信息通报制度。国家网信部门应当统筹协调有关部门加强网络安全信息收集、分析和通报工作，按照规定统一发布网络安全监测预警信息。

第五十二条 负责关键信息基础设施安全保护工作的部门，应当建立健全本行业、本领域的网络安全监测预警和信息通报制度，并按照规定报送网络安全监测预警信息。

第五十三条 国家网信部门协调有关部门建立健全网络安全风险评估和应急工作机制，制定网络安全事件应急预案，并定期组织演练。

负责关键信息基础设施安全保护工作的部门应当制定本行业、本领域的网络安全事件应急预案，并定期组织演练。

网络安全事件应急预案应当按照事件发生后的危害程度、影响范围等因素对网络安全事件进行分级，并规定相应的应急处置措施。

第五十四条 网络安全事件发生的风险增大时，省级以上人民政府有关部门应当按照规定的权限和程序，并根据网络安全风险的特点和可能造成的危害，采取下列措施：

（一）要求有关部门、机构和人员及时收集、报告有关信息，加强对网络安全风险的监测；

（二）组织有关部门、机构和专业人员，对网络安全风险信息进行分析评估，预测事件发生的可能性、影响范围和危害程度；

（三）向社会发布网络安全风险预警，发布避免、减轻危害的措施。

第五十五条 发生网络安全事件，应当立即启动网络安全事件应急预案，对网络安全事件进行调查和评估，要求网络运营者采取技术措施和其他必要措施，消除安全隐患，防止危害扩大，并及时向社会发布与公众有关的警示信息。

第五十六条 省级以上人民政府有关部门在履行网络安全监督管理职责中，发现网络存在较大安全风险或者发生安全事件的，可以按照规定的权限和程序对该网络的运营者的法定代表人或者主要负责人进行约谈。网络运营者应当按照要求采取措施，进行整改，消除隐患。

第五十七条 因网络安全事件，发生突发事件或者生产安全事故的，应当依照《中华人民共和国突发事件应对法》、《中华人民共和国安全生产法》等有关法律、行政法规的规定处置。

第五十八条 因维护国家安全和社会公共秩序，处置重大突发社会安全事件的需要，经国务院决定或者批准，可以在特定区域对网络通信采取限制等临时措施。

第六章　法律责任

第五十九条 网络运营者不履行本法第二十一条、第二十五条规定的网络安全保护义务的，由有关主管部门责令改正，给予警告；拒不改正或者导致危害网络安全等后果的，处一万元以上十万元以下罚款，对直接负责的主管人员处五千元以上五万元以下罚款。

关键信息基础设施的运营者不履行本法第三十三条、第三十四条、第三十六条、第三十八条规定的网络安全保护义务的，由有关主管部门责令改正，给予警告；拒不改正或者导致危害网络安全等后果的，处十万元以上一百万元以下罚款，对直接负责的主管人员处一万元以上十万元以下罚款。

第六十条 违反本法第二十二条第一款、第二款和第四十八条第一款规定，有下列行为之一的，由有关主管部门责令改正，给予警告；拒不改正或者导致危害网络安全等后果的，处五万元以上五十万元以下罚款，对直接负责的主管人员处一万元以上十万元以下罚款：

（一）设置恶意程序的；

（二）对其产品、服务存在的安全缺陷、漏洞等风险未立即采取补救措施，或者未按照规定及时告知用户并向有关主管部门报告的；

（三）擅自终止为其产品、服务提供安全维护的。

第六十一条 网络运营者违反本法第二十四条第一款规定，未要求用户提供真实身份信息，或者对不提供真实身份信息的用户提供相关服务的，由有关主管部门责令改正；拒不改正或者情节严重的，处五万元以上五十万元以下罚款，并可以由有关主管部门责令暂停相关业务、停业整顿、关闭网站、吊销相关业务许可证或者吊销营业执照，对直接负责的主管人员和其他直接责任人员处一万元以上十万元以下罚款。

第六十二条 违反本法第二十六条规定，开展网络安全认证、检测、风险评估等活动，或者向社会发布系统漏洞、计算机病毒、网络攻击、网络侵入等网络安全信息的，由有关主管部门责令改正，给予警告；拒不改正或者情节严重的，处一万元以上十万元以下罚款，并可以由有关主管部门责令暂停相关业务、停业整顿、关闭网站、吊销相关业务许可证或者吊销营业执照，对直接负责的主管人员和其他直接责任人员处五千元以上五万元以下罚款。

第六十三条 违反本法第二十七条规定，从事危害网络安全的活动，或者提供专门用于从事危害网络安全活动的程序、工具，或者为他人从事危害网络安全的活动提供技术支持、广告推广、支付结算等帮助，尚不构成犯罪的，由公安机关没收违法所得，处五日以下拘留，可以并处五万元以上五十万元以下罚款；情节较重的，处五日以上十五日以下拘留，可以并处十万元以上一百万元以下罚款。

单位有前款行为的，由公安机关没收违法所得，处十万元以上一百万元以下罚款，并对直接负责的主管人员和其他直接责任人员依照前款规定处罚。

违反本法第二十七条规定，受到治安管理处罚的人员，五年内不得从事网络安全管理和网络运营关键岗位的工作；受到刑事处罚的人员，终身不得从事网络安全管理和网络运营关键岗位的工作。

第六十四条 网络运营者、网络产品或者服务的提供者违反本法第二十二条第三款、第四十一条至第四十三条规定，侵害个人信息依法得到保护的权利的，由有关主管部门责令改正，可以根据情节单处或者并处警告、没收违法所得、处违法所得一倍以上十倍以下罚款，没有违法所得的，处一百万元以下罚款，对直接负责的主管人员和其他直接责任人员处一万元以上十万元以下罚款；情节严重的，并可以责令暂停相关业务、停业整顿、关闭网站、吊销相关业务许可证或者吊销营业执照。

违反本法第四十四条规定，窃取或者以其他非法方式获取、非法出售或者非法向他人提供个人信息，尚不构成犯罪的，由公安机关没收违法所得，并处违法所得一倍以上十倍以下罚款，没有违法所得的，处一百万元以下罚款。

第六十五条 关键信息基础设施的运营者违反本法第三十五条规定，使用未经安全审查或者安全审查未通过的网络产品或者服务的，由有关主管部门责令停止使用，处采购金额一倍以上十倍以下罚款；对直接负责的主管人员和其他直接责任人员处一万元以上十万元以下罚款。

第六十六条 关键信息基础设施的运营者违反本法第三十七条规定，在境外存储网络数据，或者向境外提供网络数据的，由有关主管部门责令改正，给予警告，没收违法所得，处五万元以上五十万元以下罚款，并可以责令暂停相关业务、停业整顿、关闭网站、吊销相关业务许可证或者吊销营业执照；对直接负责的主管人员和其他直接责任人员处一万元以上十万元以下罚款。

第六十七条 违反本法第四十六条规定，设立用于实施违法犯罪活动的网站、通讯群组，或者利用网络发布涉及实施违法犯罪活动的信息，尚不构成犯罪的，由公安机关处五日以下拘留，可以并处一万元以上十万元以下罚款；情节较重的，处五日以上十五日以下拘留，可以并处五万元以上五十万元以下罚款。关闭用于实施违法犯罪活动的网站、通讯群组。

单位有前款行为的，由公安机关处十万元以上五十万元以下罚款，并对直接负责的主管人员和其他直接责任人员依照前款规定处罚。

第六十八条 网络运营者违反本法第四十七条规定，对法律、行政法规禁止发布或者传输的信息未停止传输、采取消除等处置措施、保存有关记录的，由有关主管部门责令改正，给予警告，没收违法所得；拒不改正或者情节严重的，处十万元以上五十万元以下罚款，并可以责令暂停相关业务、停业整顿、关闭网站、吊销相关业务许可证或者吊销营业执照，对直接负责的主管人员和其他直接责任人员处一万元以上十万元以下罚款。

电子信息发送服务提供者、应用软件下载服务提供者，不履行本法第四十八条第二款规定的安全管理义务的，依照前款规定处罚。

第六十九条 网络运营者违反本法规定，有下列行为之一的，由有关主管部门责令改正；拒不改正或者情节严重的，处五万元以上五十万元以下罚款，对直接负责的主管人员和其他直接责任人员，处一万元以上十万元以下罚款：

（一）不按照有关部门的要求对法律、行政法规禁止发布或者传输的信息，采取停止传输、消除等处置措施的；

（二）拒绝、阻碍有关部门依法实施的监督检查的；

（三）拒不向公安机关、国家安全机关提供技术支持和协助的。

第七十条 发布或者传输本法第十二条第二款和其他法律、行政法规禁止发布或者传输的信息的，依照有关法律、行政法规的规定处罚。

第七十一条 有本法规定的违法行为的，依照有关法律、行政法规的规定记入信用档案，并予以公示。

第七十二条 国家机关政务网络的运营者不履行本法规定的网络安全保护义务的，由其上级机关或者有关机关责令改正；对直接负责的主管人员和其他直接责任人员依法给予处分。

第七十三条 网信部门和有关部门违反本法第三十条规定，将在履行网络安全保护职责中获取的信息用于其他用途的，对直接负责的主管人员和其他直接责任人员依法给予处分。

网信部门和有关部门的工作人员玩忽职守、滥用职权、徇私舞弊，尚不构成犯罪的，依法给予处分。

第七十四条 违反本法规定，给他人造成损害的，依法承担民事责任。

违反本法规定，构成违反治安管理行为的，依法给予治安管理处罚；构成犯罪的，依法追究刑事责任。

第七十五条 境外的机构、组织、个人从事攻击、侵入、干扰、破坏等危害中华人民共和国的关键信息基础设施的活动，造成严重后果的，依法追究法律责任；国务院公安部门和有关部门并可以决定对该机构、组织、个人采取冻结财产或者其他必要的制裁措施。

第七章 附 则

第七十六条 本法下列用语的含义：

（一）网络，是指由计算机或者其他信息终端及相关设备组成的按照一定的规则和程序对信息进行收集、存储、传输、交换、处理的系统。

（二）网络安全，是指通过采取必要措施，防范对网络的攻击、侵入、干扰、破坏和非法使用以及意外事故，使网络处于稳定可靠运行的状态，以及保障网络数据的完整性、保密性、可用性的能力。

（三）网络运营者，是指网络的所有者、管理者和网络服务提供者。

（四）网络数据，是指通过网络收集、存储、传输、处理和产生的各种电子数据。

（五）个人信息，是指以电子或者其他方式记录的能够单独或者与其他信息结合识别自然人个人身份的各种信息，包括但不限于自然人的姓名、出生日期、身份证件号码、个人生物识别信息、住址、电话号码等。

第七十七条 存储、处理涉及国家秘密信息的网络的运行安全保护，除应当遵守本法外，还应当遵守保密法律、行政法规的规定。

第七十八条 军事网络的安全保护，由中央军事委员会另行规定。

第七十九条 本法自2017年6月1日起施行。

基础测绘条例

（2009年5月6日国务院第62次常务会议通过 2009年5月12日中华人民共和国国务院令第556号公布 自2009年8月1日起施行）

第一章 总 则

第一条 为了加强基础测绘管理，规范基础测绘活动，保障基础测绘事业为国家经济建设、国防建设和社会发展服务，根据《中华人民共和国测绘法》，制定本条例。

第二条 在中华人民共和国领域和中华人民共和国管辖的其他海域从事基础测绘活动，适用本条例。

本条例所称基础测绘，是指建立全国统一的测绘基准和测绘系统，进行基础航空摄影，获取基础地理信息的遥感资料，测制和更新国家基本比例尺地图、影像图和数字化产品，建立、更新基础地理信息系统。

在中华人民共和国领海、中华人民共和国领海基线向陆地一侧至海岸线的海域和中华人民共和国管辖的其他海域从事海洋基础测绘活动，按照国务院、中央军事委员会的有关规定执行。

第三条 基础测绘是公益性事业。

县级以上人民政府应当加强对基础测绘工作的领导，将基础测绘纳入本级国民经济和社会发展规划及年度计划，所需经费列入本级财政预算。

国家对边远地区和少数民族地区的基础测绘给予财政支持。具体办法由财政部门会同同级测绘行政主管部门制定。

第四条 基础测绘工作应当遵循统筹规划、分级管理、定期更新、保障安全的原则。

第五条 国务院测绘行政主管部门负责全国基础测绘工作的统一监督管理。

县级以上地方人民政府负责管理测绘工作的行政部门（以下简称测绘行政主管部门）负责本行政区域基础测绘工作的统一监督管理。

第六条 国家鼓励在基础测绘活动中采用先进科学技术和先进设备，加强基础研究和信息化测绘体系建设，建立统一的基础地理信息公共服务平台，实现基础地理信息资源共享，提高基础测绘保障服务能力。

第二章 基础测绘规划

第七条 国务院测绘行政主管部门会同国务院其他有关部门、军队测绘主管部门，组织编制全国基础测绘规划，报国务院批准后组织实施。

县级以上地方人民政府测绘行政主管部门会同本级人民政府其他有关部门，根据国家和上一级人民政府的基础测绘规划和本行政区域的实际情况，组织编制本行政区域的基础测绘规划，报本级人民政府批准，并报上一级测绘行政主管部门备案后组织实施。

第八条 基础测绘规划报送审批前，组织编制机关应当组织专家进行论证，并征求有关部门和单位的意见。其中，地方的基础测绘规划，涉及军事禁区、军事管理区或者作战工程的，还应当征求军事机关的意见。

基础测绘规划报送审批文件中应当附具意见采纳情况及理由。

第九条 组织编制机关应当依法公布经批准的基础测绘规划。

经批准的基础测绘规划是开展基础测绘工作的依据，未经法定程序不得修改；确需修改的，应当按照本条例规定的原审批程序报送审批。

第十条 国务院发展改革部门会同国务院测绘行政主管部门，编制全国基础测绘年度计划。

县级以上地方人民政府发展改革部门会同同级测绘行政主管部门，编制本行政区域的基础测绘年度计划，并分别报上一级主管部门备案。

第十一条 县级以上人民政府测绘行政主管部门应当根据应对自然灾害等突发事件的需要，制定相应的基础测绘应急保障预案。

基础测绘应急保障预案的内容应当包括：应急保障组织体系，应急装备和器材配备，应急响应，基础地理信息数据的应急测制和更新等应急保障措施。

第三章 基础测绘项目的组织实施

第十二条 下列基础测绘项目，由国务院测绘行政主管部门组织实施：

（一）建立全国统一的测绘基准和测绘系统；

（二）建立和更新国家基础地理信息系统；

（三）组织实施国家基础航空摄影；

（四）获取国家基础地理信息遥感资料；

（五）测制和更新全国1∶100万至1∶2.5万国家基本比例尺地图、影像图和数字化产品；

（六）国家急需的其他基础测绘项目。

第十三条 下列基础测绘项目，由省、自治区、直辖市人民政府测绘行政主管部门组织实施：

（一）建立本行政区域内与国家测绘系统相统一的大地控制网和高程控制网；

（二）建立和更新地方基础地理信息系统；

（三）组织实施地方基础航空摄影；

（四）获取地方基础地理信息遥感资料；

（五）测制和更新本行政区域1∶1万至1∶5000国家基本比例尺地图、影像图和数字化产品。

第十四条 设区的市、县级人民政府依法组织实施1∶2000至1∶500比例尺地图、影像图和数字化产品的测制和更新以及地方性法规、地方政府规章确定由其组织实施的基础测绘项目。

第十五条 组织实施基础测绘项目，应当依据基础测绘规划和基础测绘年度计划，依法确定基础测绘项目承担单位。

第十六条 基础测绘项目承担单位应当具有与所承担的基础测绘项目相应等级的测绘资质，并不得超越其资质等级许可的范围从事基础测绘活动。

基础测绘项目承担单位应当具备健全的保密制度和完善的保密设施，严格执行有关保守国家秘密法律、法规的规定。

第十七条 从事基础测绘活动，应当使用全国统一的大地基准、高程基准、深度基准、重力基准，以及全国统一的大地坐标系统、平面坐标系统、高程系统、地心坐标系统、重力测量系统，执行国家规定的测绘技术规范和标准。

因建设、城市规划和科学研究的需要，确需建立相对独立的平面坐标系统的，应当与国家坐标系统相联系。

第十八条 县级以上人民政府及其有关部门应当遵循科学规划、合理布局、有效利用、兼顾当前与长远需要的原则，加强基础测绘设施建设，避免重复投资。

国家安排基础测绘设施建设资金，应当优先考虑航空摄影测量、卫星遥感、数据传输以及基础测绘应急保障的需要。

第十九条 国家依法保护基础测绘设施。

任何单位和个人不得侵占、损毁、拆除或者擅自移动基础测绘设施。基础测绘设施遭受破坏的，县级以上地方人民政府测绘行政主管部门应当及时采取措施，组织力量修复，确保基础测绘活动正常进行。

第二十条 县级以上人民政府测绘行政主管部门应当加强基础航空摄影和用于测绘的高分辨率卫星影像获取与分发的统筹协调，做好基础测绘应急保障工作，配备相应的装备和器材，组织开展培训和演练，不断提高基础测绘应急保障服务能力。

自然灾害等突发事件发生后，县级以上人民政府测绘行政主管部门应当立即启动基础测绘应急保障预案，采取有效措施，开展基础地理信息数据的应急测制和更新工作。

第四章　基础测绘成果的更新与利用

第二十一条　国家实行基础测绘成果定期更新制度。

基础测绘成果更新周期应当根据不同地区国民经济和社会发展的需要、测绘科学技术水平和测绘生产能力、基础地理信息变化情况等因素确定。其中，1∶100万至1∶5000国家基本比例尺地图、影像图和数字化产品至少5年更新一次；自然灾害多发地区以及国民经济、国防建设和社会发展急需的基础测绘成果应当及时更新。

基础测绘成果更新周期确定的具体办法，由国务院测绘行政主管部门会同军队测绘主管部门和国务院其他有关部门制定。

第二十二条　县级以上人民政府测绘行政主管部门应当及时收集有关行政区域界线、地名、水系、交通、居民点、植被等地理信息的变化情况，定期更新基础测绘成果。

县级以上人民政府其他有关部门和单位应当对测绘行政主管部门的信息收集工作予以支持和配合。

第二十三条　按照国家规定需要有关部门批准或者核准的测绘项目，有关部门在批准或者核准前应当书面征求同级测绘行政主管部门的意见，有适宜基础测绘成果的，应当充分利用已有的基础测绘成果，避免重复测绘。

第二十四条　县级以上人民政府测绘行政主管部门应当采取措施，加强对基础地理信息测制、加工、处理、提供的监督管理，确保基础测绘成果质量。

第二十五条　基础测绘项目承担单位应当建立健全基础测绘

成果质量管理制度，严格执行国家规定的测绘技术规范和标准，对其完成的基础测绘成果质量负责。

第二十六条 基础测绘成果的利用，按照国务院有关规定执行。

第五章 法律责任

第二十七条 违反本条例规定，县级以上人民政府测绘行政主管部门和其他有关主管部门将基础测绘项目确定由不具有测绘资质或者不具有相应等级测绘资质的单位承担的，责令限期改正，对负有直接责任的主管人员和其他直接责任人员，依法给予处分。

第二十八条 违反本条例规定，县级以上人民政府测绘行政主管部门和其他有关主管部门的工作人员利用职务上的便利收受他人财物、其他好处，或者玩忽职守，不依法履行监督管理职责，或者发现违法行为不予查处，造成严重后果，构成犯罪的，依法追究刑事责任；尚不构成犯罪的，依法给予处分。

第二十九条 违反本条例规定，未取得测绘资质证书从事基础测绘活动的，责令停止违法行为，没收违法所得和测绘成果，并处测绘约定报酬1倍以上2倍以下的罚款。

第三十条 违反本条例规定，基础测绘项目承担单位超越资质等级许可的范围从事基础测绘活动的，责令停止违法行为，没收违法所得和测绘成果，处测绘约定报酬1倍以上2倍以下的罚款，并可以责令停业整顿或者降低资质等级；情节严重的，吊销测绘资质证书。

第三十一条 违反本条例规定，实施基础测绘项目，不使用全国统一的测绘基准和测绘系统或者不执行国家规定的测绘技术规范和标准的，责令限期改正，给予警告，可以并处10万元以下罚款；对负有直接责任的主管人员和其他直接责任人员，依法给予处分。

第三十二条 违反本条例规定，侵占、损毁、拆除或者擅自移动基础测绘设施的，责令限期改正，给予警告，可以并处5万元以下罚款；造成损失的，依法承担赔偿责任；构成犯罪的，依法追究刑事责任；尚不构成犯罪的，对负有直接责任的主管人员和其他直接责任人员，依法给予处分。

第三十三条 违反本条例规定，基础测绘成果质量不合格的，责令基础测绘项目承担单位补测或者重测；情节严重的，责令停业整顿，降低资质等级直至吊销测绘资质证书；给用户造成损失的，依法承担赔偿责任。

第三十四条 本条例规定的降低资质等级、吊销测绘资质证书的行政处罚，由颁发资质证书的部门决定；其他行政处罚由县级以上人民政府测绘行政主管部门决定。

第六章 附　　则

第三十五条 本条例自2009年8月1日起施行。

中华人民共和国
测绘成果管理条例

（2006年5月17日国务院第136次常务会议通过
2006年5月27日中华人民共和国国务院令第469号公布
自2006年9月1日起施行）

第一章 总 则

第一条 为了加强对测绘成果的管理，维护国家安全，促进测绘成果的利用，满足经济建设、国防建设和社会发展的需要，根据《中华人民共和国测绘法》，制定本条例。

第二条 测绘成果的汇交、保管、利用和重要地理信息数据的审核与公布，适用本条例。

本条例所称测绘成果，是指通过测绘形成的数据、信息、图件以及相关的技术资料。测绘成果分为基础测绘成果和非基础测绘成果。

第三条 国务院测绘行政主管部门负责全国测绘成果工作的统一监督管理。国务院其他有关部门按照职责分工，负责本部门有关的测绘成果工作。

县级以上地方人民政府负责管理测绘工作的部门（以下称测绘行政主管部门）负责本行政区域测绘成果工作的统一监督管理。县级以上地方人民政府其他有关部门按照职责分工，负责本部门有关的测绘成果工作。

第四条 汇交、保管、公布、利用、销毁测绘成果应当遵守有关保密法律、法规的规定，采取必要的保密措施，保障测绘成果的安全。

第五条 对在测绘成果管理工作中作出突出贡献的单位和个人，由有关人民政府或者部门给予表彰和奖励。

第二章 汇交与保管

第六条 中央财政投资完成的测绘项目，由承担测绘项目的单位向国务院测绘行政主管部门汇交测绘成果资料；地方财政投资完成的测绘项目，由承担测绘项目的单位向测绘项目所在地的省、自治区、直辖市人民政府测绘行政主管部门汇交测绘成果资料；使用其他资金完成的测绘项目，由测绘项目出资人向测绘项目所在地的省、自治区、直辖市人民政府测绘行政主管部门汇交测绘成果资料。

第七条 测绘成果属于基础测绘成果的，应当汇交副本；属于非基础测绘成果的，应当汇交目录。测绘成果的副本和目录实行无偿汇交。

下列测绘成果为基础测绘成果：

（一）为建立全国统一的测绘基准和测绘系统进行的天文测量、三角测量、水准测量、卫星大地测量、重力测量所获取的数据、图件；

（二）基础航空摄影所获取的数据、影像资料；

（三）遥感卫星和其他航天飞行器对地观测所获取的基础地理信息遥感资料；

（四）国家基本比例尺地图、影像图及其数字化产品；

（五）基础地理信息系统的数据、信息等。

第八条 外国的组织或者个人依法与中华人民共和国有关部门或者单位合资、合作，经批准在中华人民共和国领域内从事测绘活动的，测绘成果归中方部门或者单位所有，并由中方部门或者单位向国务院测绘行政主管部门汇交测绘成果副本。

外国的组织或者个人依法在中华人民共和国管辖的其他海域从事测绘活动的，由其按照国务院测绘行政主管部门的规定汇交测绘成果副本或者目录。

第九条 测绘项目出资人或者承担国家投资的测绘项目的单位应当自测绘项目验收完成之日起3个月内，向测绘行政主管部门汇交测绘成果副本或者目录。测绘行政主管部门应当在收到汇交的测绘成果副本或者目录后，出具汇交凭证。

汇交测绘成果资料的范围由国务院测绘行政主管部门商国务院有关部门制定并公布。

第十条 测绘行政主管部门自收到汇交的测绘成果副本或者目录之日起10个工作日内，应当将其移交给测绘成果保管单位。

国务院测绘行政主管部门和省、自治区、直辖市人民政府测绘行政主管部门应当定期编制测绘成果资料目录，向社会公布。

第十一条 测绘成果保管单位应当建立健全测绘成果资料的保管制度，配备必要的设施，确保测绘成果资料的安全，并对基础测绘成果资料实行异地备份存放制度。

测绘成果资料的存放设施与条件，应当符合国家保密、消防及档案管理的有关规定和要求。

第十二条 测绘成果保管单位应当按照规定保管测绘成果资料，

不得损毁、散失、转让。

第十三条 测绘项目的出资人或者承担测绘项目的单位，应当采取必要的措施，确保其获取的测绘成果的安全。

第三章 利 用

第十四条 县级以上人民政府测绘行政主管部门应当积极推进公众版测绘成果的加工和编制工作，并鼓励公众版测绘成果的开发利用，促进测绘成果的社会化应用。

第十五条 使用财政资金的测绘项目和使用财政资金的建设工程测绘项目，有关部门在批准立项前应当书面征求本级人民政府测绘行政主管部门的意见。测绘行政主管部门应当自收到征求意见材料之日起 10 日内，向征求意见的部门反馈意见。有适宜测绘成果的，应当充分利用已有的测绘成果，避免重复测绘。

第十六条 国家保密工作部门、国务院测绘行政主管部门应当商军队测绘主管部门，依照有关保密法律、行政法规的规定，确定测绘成果的秘密范围和秘密等级。

利用涉及国家秘密的测绘成果开发生产的产品，未经国务院测绘行政主管部门或者省、自治区、直辖市人民政府测绘行政主管部门进行保密技术处理的，其秘密等级不得低于所用测绘成果的秘密等级。

第十七条 法人或者其他组织需要利用属于国家秘密的基础测绘成果的，应当提出明确的利用目的和范围，报测绘成果所在地的测绘行政主管部门审批。

测绘行政主管部门审查同意的，应当以书面形式告知测绘成果的秘密等级、保密要求以及相关著作权保护要求。

第十八条 对外提供属于国家秘密的测绘成果，应当按照国务院和中央军事委员会规定的审批程序，报国务院测绘行政主管部门或者省、自治区、直辖市人民政府测绘行政主管部门审批；测绘行政主管部门在审批前，应当征求军队有关部门的意见。

第十九条 基础测绘成果和财政投资完成的其他测绘成果，用于国家机关决策和社会公益性事业的，应当无偿提供。

除前款规定外，测绘成果依法实行有偿使用制度。但是，各级人民政府及其有关部门和军队因防灾、减灾、国防建设等公共利益的需要，可以无偿使用测绘成果。

依法有偿使用测绘成果的，使用人与测绘项目出资人应当签订书面协议，明确双方的权利和义务。

第二十条 测绘成果涉及著作权保护和管理的，依照有关法律、行政法规的规定执行。

第二十一条 建立以地理信息数据为基础的信息系统，应当利用符合国家标准的基础地理信息数据。

第四章 重要地理信息数据的审核与公布

第二十二条 国家对重要地理信息数据实行统一审核与公布制度。

任何单位和个人不得擅自公布重要地理信息数据。

第二十三条 重要地理信息数据包括：

（一）国界、国家海岸线长度；

（二）领土、领海、毗连区、专属经济区面积；

（三）国家海岸滩涂面积、岛礁数量和面积；

（四）国家版图的重要特征点，地势、地貌分区位置；

（五）国务院测绘行政主管部门商国务院其他有关部门确定的其他重要自然和人文地理实体的位置、高程、深度、面积、长度等地理信息数据。

第二十四条 提出公布重要地理信息数据建议的单位或者个人，应当向国务院测绘行政主管部门或者省、自治区、直辖市人民政府测绘行政主管部门报送建议材料。

对需要公布的重要地理信息数据，国务院测绘行政主管部门应当提出审核意见，并与国务院其他有关部门、军队测绘主管部门会商后，报国务院批准。具体办法由国务院测绘行政主管部门制定。

第二十五条 国务院批准公布的重要地理信息数据，由国务院或者国务院授权的部门以公告形式公布。

在行政管理、新闻传播、对外交流、教学等对社会公众有影响的活动中，需要使用重要地理信息数据的，应当使用依法公布的重要地理信息数据。

第五章 法律责任

第二十六条 违反本条例规定，县级以上人民政府测绘行政主管部门有下列行为之一的，由本级人民政府或者上级人民政府测绘行政主管部门责令改正，通报批评；对直接负责的主管人员和其他直接责任人员，依法给予处分：

（一）接收汇交的测绘成果副本或者目录，未依法出具汇交凭证的；

（二）未及时向测绘成果保管单位移交测绘成果资料的；

（三）未依法编制和公布测绘成果资料目录的；

（四）发现违法行为或者接到对违法行为的举报后，不及时进行处理的；

（五）不依法履行监督管理职责的其他行为。

第二十七条 违反本条例规定，未汇交测绘成果资料的，依照《中华人民共和国测绘法》第四十七条的规定进行处罚。

第二十八条 违反本条例规定，测绘成果保管单位有下列行为之一的，由测绘行政主管部门给予警告，责令改正；有违法所得的，没收违法所得；造成损失的，依法承担赔偿责任；对直接负责的主管人员和其他直接责任人员，依法给予处分：

（一）未按照测绘成果资料的保管制度管理测绘成果资料，造成测绘成果资料损毁、散失的；

（二）擅自转让汇交的测绘成果资料的；

（三）未依法向测绘成果的使用人提供测绘成果资料的。

第二十九条 违反本条例规定，有下列行为之一的，由测绘行政主管部门或者其他有关部门依据职责责令改正，给予警告，可以处10万元以下的罚款；对直接负责的主管人员和其他直接责任人员，依法给予处分：

（一）建立以地理信息数据为基础的信息系统，利用不符合国家标准的基础地理信息数据的；

（二）擅自公布重要地理信息数据的；

（三）在对社会公众有影响的活动中使用未经依法公布的重要地理信息数据的。

第六章　附　　则

第三十条　法律、行政法规对编制出版地图的管理另有规定的，从其规定。

第三十一条　军事测绘成果的管理，按照中央军事委员会的有关规定执行。

第三十二条　本条例自2006年9月1日起施行。1989年3月21日国务院发布的《中华人民共和国测绘成果管理规定》同时废止。

地图管理条例

（2015年11月11日国务院第111次常务会议通过
2015年11月26日中华人民共和国国务院令第664号公布
自2016年1月1日起施行）

第一章　总　　则

第一条　为了加强地图管理，维护国家主权、安全和利益，促进地理信息产业健康发展，为经济建设、社会发展和人民生活服务，根据《中华人民共和国测绘法》，制定本条例。

第二条　在中华人民共和国境内从事向社会公开的地图的编制、审核、出版和互联网地图服务以及监督检查活动，应当遵守本条例。

第三条　地图工作应当遵循维护国家主权、保障地理信息安全、方便群众生活的原则。

地图的编制、审核、出版和互联网地图服务应当遵守有关保密法律、法规的规定。

第四条 国务院测绘地理信息行政主管部门负责全国地图工作的统一监督管理。国务院其他有关部门按照国务院规定的职责分工，负责有关的地图工作。

县级以上地方人民政府负责管理测绘地理信息工作的行政部门（以下称测绘地理信息行政主管部门）负责本行政区域地图工作的统一监督管理。县级以上地方人民政府其他有关部门按照本级人民政府规定的职责分工，负责有关的地图工作。

第五条 各级人民政府及其有关部门、新闻媒体应当加强国家版图宣传教育，增强公民的国家版图意识。

国家版图意识教育应当纳入中小学教学内容。

公民、法人和其他组织应当使用正确表示国家版图的地图。

第六条 国家鼓励编制和出版符合标准和规定的各类地图产品，支持地理信息科学技术创新和产业发展，加快地理信息产业结构调整和优化升级，促进地理信息深层次应用。

县级以上人民政府应当建立健全政府部门间地理信息资源共建共享机制。

县级以上人民政府测绘地理信息行政主管部门应当采取有效措施，及时获取、处理、更新基础地理信息数据，通过地理信息公共服务平台向社会提供地理信息公共服务，实现地理信息数据开放共享。

第二章　地图编制

第七条 从事地图编制活动的单位应当依法取得相应的测绘资

质证书，并在资质等级许可的范围内开展地图编制工作。

第八条 编制地图，应当执行国家有关地图编制标准，遵守国家有关地图内容表示的规定。

地图上不得表示下列内容：

（一）危害国家统一、主权和领土完整的；

（二）危害国家安全、损害国家荣誉和利益的；

（三）属于国家秘密的；

（四）影响民族团结、侵害民族风俗习惯的；

（五）法律、法规规定不得表示的其他内容。

第九条 编制地图，应当选用最新的地图资料并及时补充或者更新，正确反映各要素的地理位置、形态、名称及相互关系，且内容符合地图使用目的。

编制涉及中华人民共和国国界的世界地图、全国地图，应当完整表示中华人民共和国疆域。

第十条 在地图上绘制中华人民共和国国界、中国历史疆界、世界各国间边界、世界各国间历史疆界，应当遵守下列规定：

（一）中华人民共和国国界，按照中国国界线画法标准样图绘制；

（二）中国历史疆界，依据有关历史资料，按照实际历史疆界绘制；

（三）世界各国间边界，按照世界各国国界线画法参考样图绘制；

（四）世界各国间历史疆界，依据有关历史资料，按照实际历史疆界绘制。

中国国界线画法标准样图、世界各国国界线画法参考样图，由外交部和国务院测绘地理信息行政主管部门拟订，报国务院批准后公布。

第十一条 在地图上绘制我国县级以上行政区域界线或者范围，应当符合行政区域界线标准画法图、国务院批准公布的特别行政区行政区域图和国家其他有关规定。

行政区域界线标准画法图由国务院民政部门和国务院测绘地理信息行政主管部门拟订，报国务院批准后公布。

第十二条 在地图上表示重要地理信息数据，应当使用依法公布的重要地理信息数据。

第十三条 利用涉及国家秘密的测绘成果编制地图的，应当依法使用经国务院测绘地理信息行政主管部门或者省、自治区、直辖市人民政府测绘地理信息行政主管部门进行保密技术处理的测绘成果。

第十四条 县级以上人民政府测绘地理信息行政主管部门应当向社会公布公益性地图，供无偿使用。

县级以上人民政府测绘地理信息行政主管部门应当及时组织收集与地图内容相关的行政区划、地名、交通、水系、植被、公共设施、居民点等的变更情况，用于定期更新公益性地图。有关部门和单位应当及时提供相关更新资料。

第三章 地图审核

第十五条 国家实行地图审核制度。

向社会公开的地图，应当报送有审核权的测绘地理信息行政主管部门审核。但是，景区图、街区图、地铁线路图等内容简单的地图除外。

地图审核不得收取费用。

第十六条 出版地图的，由出版单位送审；展示或者登载不属于出版物的地图的，由展示者或者登载者送审；进口不属于出版物的地图或者附着地图图形的产品的，由进口者送审；进口属于出版物的地图，依照《出版管理条例》的有关规定执行；出口不属于出版物的地图或者附着地图图形的产品的，由出口者送审；生产附着地图图形的产品的，由生产者送审。

送审应当提交以下材料：

（一）地图审核申请表；

（二）需要审核的地图样图或者样品；

（三）地图编制单位的测绘资质证书。

进口不属于出版物的地图和附着地图图形的产品的，仅需提交前款第一项、第二项规定的材料。利用涉及国家秘密的测绘成果编制地图的，还应当提交保密技术处理证明。

第十七条 国务院测绘地理信息行政主管部门负责下列地图的审核：

（一）全国地图以及主要表现地为两个以上省、自治区、直辖市行政区域的地图；

（二）香港特别行政区地图、澳门特别行政区地图以及台湾地区地图；

（三）世界地图以及主要表现地为国外的地图；

（四）历史地图。

第十八条 省、自治区、直辖市人民政府测绘地理信息行政主管部门负责审核主要表现地在本行政区域范围内的地图。其中，主要表现地在设区的市行政区域范围内不涉及国界线的地图，由设区的市级人民政府测绘地理信息行政主管部门负责审核。

第十九条 有审核权的测绘地理信息行政主管部门应当自受理地图审核申请之日起20个工作日内，作出审核决定。

时事宣传地图、时效性要求较高的图书和报刊等插附地图的，应当自受理地图审核申请之日起7个工作日内，作出审核决定。

应急保障等特殊情况需要使用地图的，应当即送即审。

第二十条 涉及专业内容的地图，应当依照国务院测绘地理信息行政主管部门会同有关部门制定的审核依据进行审核。没有明确审核依据的，由有审核权的测绘地理信息行政主管部门征求有关部门的意见，有关部门应当自收到征求意见材料之日起20个工作日内提出意见。征求意见时间不计算在地图审核的期限内。

世界地图、历史地图、时事宣传地图没有明确审核依据的，由国务院测绘地理信息行政主管部门商外交部进行审核。

第二十一条 送审地图符合下列规定的，由有审核权的测绘地理信息行政主管部门核发地图审核批准文件，并注明审图号：

（一）符合国家有关地图编制标准，完整表示中华人民共和国疆域；

（二）国界、边界、历史疆界、行政区域界线或者范围、重要地理信息数据、地名等符合国家有关地图内容表示的规定；

（三）不含有地图上不得表示的内容。

地图审核批准文件和审图号应当在有审核权的测绘地理信息行政主管部门网站或者其他新闻媒体上及时公告。

第二十二条 经审核批准的地图，应当在地图或者附着地图图形的产品的适当位置显著标注审图号。其中，属于出版物的，应当在版权页标注审图号。

第二十三条 全国性中小学教学地图，由国务院教育行政部门会同国务院测绘地理信息行政主管部门、外交部组织审定；地方性中小学教学地图，由省、自治区、直辖市人民政府教育行政部门会同省、自治区、直辖市人民政府测绘地理信息行政主管部门组织审定。

第二十四条 任何单位和个人不得出版、展示、登载、销售、进口、出口不符合国家有关标准和规定的地图，不得携带、寄递不符合国家有关标准和规定的地图进出境。

进口、出口地图的，应当向海关提交地图审核批准文件和审图号。

第二十五条 经审核批准的地图，送审者应当按照有关规定向有审核权的测绘地理信息行政主管部门免费送交样本。

第四章 地图出版

第二十六条 县级以上人民政府出版行政主管部门应当加强对地图出版活动的监督管理，依法对地图出版违法行为进行查处。

第二十七条 出版单位从事地图出版活动的，应当具有国务院出版行政主管部门审核批准的地图出版业务范围，并依照《出版管理条例》的有关规定办理审批手续。

第二十八条 出版单位根据需要，可以在出版物中插附经审核批准的地图。

第二十九条 任何出版单位不得出版未经审定的中小学教学地图。

第三十条 出版单位出版地图，应当按照国家有关规定向国家图书馆、中国版本图书馆和国务院出版行政主管部门免费送交样本。

第三十一条 地图著作权的保护，依照有关著作权法律、法规的规定执行。

第五章 互联网地图服务

第三十二条 国家鼓励和支持互联网地图服务单位开展地理信息开发利用和增值服务。

县级以上人民政府应当加强对互联网地图服务行业的政策扶持和监督管理。

第三十三条 互联网地图服务单位向公众提供地理位置定位、地理信息上传标注和地图数据库开发等服务的，应当依法取得相应的测绘资质证书。

互联网地图服务单位从事互联网地图出版活动的，应当经国务院出版行政主管部门依法审核批准。

第三十四条 互联网地图服务单位应当将存放地图数据的服务器设在中华人民共和国境内，并制定互联网地图数据安全管理制度和保障措施。

县级以上人民政府测绘地理信息行政主管部门应当会同有关部门加强对互联网地图数据安全的监督管理。

第三十五条 互联网地图服务单位收集、使用用户个人信息的，应当明示收集、使用信息的目的、方式和范围，并经用户同意。

互联网地图服务单位需要收集、使用用户个人信息的，应当公开收集、使用规则，不得泄露、篡改、出售或者非法向他人提供用户的个人信息。

互联网地图服务单位应当采取技术措施和其他必要措施，防止用户的个人信息泄露、丢失。

第三十六条 互联网地图服务单位用于提供服务的地图数据库及其他数据库不得存储、记录含有按照国家有关规定在地图上不得表示的内容。互联网地图服务单位发现其网站传输的地图信息含有不得表示的内容的，应当立即停止传输，保存有关记录，并向县级以上人民政府测绘地理信息行政主管部门、出版行政主管部门、网络安全和信息化主管部门等有关部门报告。

第三十七条 任何单位和个人不得通过互联网上传标注含有按照国家有关规定在地图上不得表示的内容。

第三十八条 互联网地图服务单位应当使用经依法审核批准的地图，加强对互联网地图新增内容的核查校对，并按照国家有关规定向国务院测绘地理信息行政主管部门或者省、自治区、直辖市测绘地理信息行政主管部门备案。

第三十九条 互联网地图服务单位对在工作中获取的涉及国家秘密、商业秘密的信息，应当保密。

第四十条 互联网地图服务单位应当加强行业自律，推进行业信用体系建设，提高服务水平。

第四十一条 从事互联网地图服务活动，适用本章的规定；本章没有规定的，适用本条例其他有关规定。

第六章 监督检查

第四十二条 县级以上人民政府及其有关部门应当依法加强对

地图编制、出版、展示、登载、生产、销售、进口、出口等活动的监督检查。

第四十三条 县级以上人民政府测绘地理信息行政主管部门、出版行政主管部门和其他有关部门依法进行监督检查时，有权采取下列措施：

（一）进入涉嫌地图违法行为的场所实施现场检查；

（二）查阅、复制有关合同、票据、账簿等资料；

（三）查封、扣押涉嫌违法的地图、附着地图图形的产品以及用于实施地图违法行为的设备、工具、原材料等。

第四十四条 国务院测绘地理信息行政主管部门、国务院出版行政主管部门应当建立健全地图监督管理信息系统，实现信息资源共享，方便公众查询。

第四十五条 县级以上人民政府测绘地理信息行政主管部门应当根据国家有关标准和技术规范，加强地图质量监督管理。

地图编制、出版、展示、登载、生产、销售、进口、出口单位应当建立健全地图质量责任制度，采取有效措施，保证地图质量。

第四十六条 任何单位和个人对地图违法行为有权进行举报。

接到举报的人民政府或者有关部门应当及时依法调查处理，并为举报人保密。

第七章 法律责任

第四十七条 县级以上人民政府及其有关部门违反本条例规定，有下列行为之一的，由主管机关或者监察机关责令改正；情节严重的，对直接负责的主管人员和其他直接责任人员依法给予处分；直接负责的主管人员和其他直接责任人员的行为构成犯罪的，依法追究刑事责任：

（一）不依法作出行政许可决定或者办理批准文件的；

（二）发现违法行为或者接到对违法行为的举报不予查处的；

（三）其他未依照本条例规定履行职责的行为。

第四十八条 违反本条例规定，未取得测绘资质证书或者超越测绘资质等级许可的范围从事地图编制活动或者互联网地图服务活动的，依照《中华人民共和国测绘法》的有关规定进行处罚。

第四十九条 违反本条例规定，应当送审而未送审的，责令改正，给予警告，没收违法地图或者附着地图图形的产品，可以处10万元以下的罚款；有违法所得的，没收违法所得；构成犯罪的，依法追究刑事责任。

第五十条 违反本条例规定，不需要送审的地图不符合国家有关标准和规定的，责令改正，给予警告，没收违法地图或者附着地图图形的产品，可以处10万元以下的罚款；有违法所得的，没收违法所得；情节严重的，可以向社会通报；构成犯罪的，依法追究刑事责任。

第五十一条 违反本条例规定，经审核不符合国家有关标准和规定的地图未按照审核要求修改即向社会公开的，责令改正，给予警告，没收违法地图或者附着地图图形的产品，可以处10万元以下的罚款；有违法所得的，没收违法所得；情节严重的，责令停业整顿，降低资质等级或者吊销测绘资质证书，可以向社会通报；构成犯罪的，依法追究刑事责任。

第五十二条 违反本条例规定，弄虚作假、伪造申请材料骗取地图审核批准文件，或者伪造、冒用地图审核批准文件和审图号的，责令停止违法行为，给予警告，没收违法地图和附着地图图形的产品，并处10万元以上20万元以下的罚款；有违法所得的，没收违法所得；情节严重的，责令停业整顿，降低资质等级或者吊销测绘资质证书；构成犯罪的，依法追究刑事责任。

第五十三条 违反本条例规定，未在地图的适当位置显著标注审图号，或者未按照有关规定送交样本的，责令改正，给予警告；情节严重的，责令停业整顿，降低资质等级或者吊销测绘资质证书。

第五十四条 违反本条例规定，互联网地图服务单位使用未经依法审核批准的地图提供服务，或者未对互联网地图新增内容进行核查校对的，责令改正，给予警告，可以处20万元以下的罚款；有违法所得的，没收违法所得；情节严重的，责令停业整顿，降低资质等级或者吊销测绘资质证书；构成犯罪的，依法追究刑事责任。

第五十五条 违反本条例规定，通过互联网上传标注了含有按照国家有关规定在地图上不得表示的内容的，责令改正，给予警告，可以处10万元以下的罚款；构成犯罪的，依法追究刑事责任。

第五十六条 本条例规定的降低资质等级、吊销测绘资质证书的行政处罚，由颁发资质证书的部门决定；其他行政处罚由县级以上人民政府测绘地理信息行政主管部门决定。

第八章 附 则

第五十七条 军队单位编制的地图的管理以及海图的管理，按照国务院、中央军事委员会的规定执行。

第五十八条 本条例自2016年1月1日起施行。国务院1995年7月10日发布的《中华人民共和国地图编制出版管理条例》同时废止。

中华人民共和国
测量标志保护条例

（1996年9月4日中华人民共和国国务院令第203号发布　根据2011年1月8日《国务院关于废止和修改部分行政法规的决定》修订）

第一条　为了加强测量标志的保护和管理，根据《中华人民共和国测绘法》，制定本条例。

第二条　本条例适用于在中华人民共和国领域内和中华人民共和国管辖的其他海域设置的测量标志。

第三条　测量标志属于国家所有，是国家经济建设和科学研究的基础设施。

第四条　本条例所称测量标志，是指：

（一）建设在地上、地下或者建筑物上的各种等级的三角点、基线点、导线点、军用控制点、重力点、天文点、水准点的木质觇标、钢质觇标和标石标志，全球卫星定位控制点，以及用于地形测图、工程测量和形变测量的固定标志和海底大地点设施等永久性测量标志；

（二）测量中正在使用的临时性测量标志。

第五条　国务院测绘行政主管部门主管全国的测量标志保护工作。国务院其他有关部门按照国务院规定的职责分工，负责管理本部门专用的测量标志保护工作。

县级以上地方人民政府管理测绘工作的部门负责本行政区域内的测量标志保护工作。

军队测绘主管部门负责管理军事部门测量标志保护工作，并按照国务院、中央军事委员会规定的职责分工负责管理海洋基础测量标志保护工作。

第六条 县级以上人民政府应当加强对测量标志保护工作的领导，增强公民依法保护测量标志的意识。

乡级人民政府应当做好本行政区域内的测量标志保护管理工作。

第七条 对在保护永久性测量标志工作中做出显著成绩的单位和个人，给予奖励。

第八条 建设永久性测量标志，应当符合下列要求：

（一）使用国家规定的测绘基准和测绘标准；

（二）选择有利于测量标志长期保护和管理的点位；

（三）符合法律、法规规定的其他要求。

第九条 设置永久性测量标志的，应当对永久性测量标志设立明显标记；设置基础性测量标志的，还应当设立由国务院测绘行政主管部门统一监制的专门标牌。

第十条 建设永久性测量标志需要占用土地的，地面标志占用土地的范围为 36－100 平方米，地下标志占用土地的范围为 16－36 平方米。

第十一条 设置永久性测量标志，需要依法使用土地或者在建筑物上建设永久性测量标志的，有关单位和个人不得干扰和阻挠。

第十二条 国家对测量标志实行义务保管制度。

设置永久性测量标志的部门应当将永久性测量标志委托测量标志设置地的有关单位或者人员负责保管，签订测量标志委托保管书，明确委托方和被委托方的权利和义务，并由委托方将委托保管书抄送乡级人民政府和县级以上地方人民政府管理测绘工作的部门备案。

第十三条 负责保管测量标志的单位和人员，应当对其所保管的测量标志经常进行检查；发现测量标志有被移动或者损毁的情况时，应当及时报告当地乡级人民政府，并由乡级人民政府报告县级以上地方人民政府管理测绘工作的部门。

第十四条 负责保管测量标志的单位和人员有权制止、检举和控告移动、损毁、盗窃测量标志的行为，任何单位或者个人不得阻止和打击报复。

第十五条 国家对测量标志实行有偿使用；但是，使用测量标志从事军事测绘任务的除外。测量标志有偿使用的收入应当用于测量标志的维护、维修，不得挪作他用。具体办法由国务院测绘行政主管部门会同国务院物价行政主管部门规定。

第十六条 测绘人员使用永久性测量标志，应当持有测绘工作证件，并接受县级以上人民政府管理测绘工作的部门的监督和负责保管测量标志的单位和人员的查询，确保测量标志完好。

第十七条 测量标志保护工作应当执行维修规划和计划。

全国测量标志维修规划，由国务院测绘行政主管部门会同国务院其他有关部门制定。

省、自治区、直辖市人民政府管理测绘工作的部门应当组织同级有关部门，根据全国测量标志维修规划，制定本行政区域内的测量标志维修计划，并组织协调有关部门和单位统一实施。

第十八条 设置永久性测量标志的部门应当按照国家有关的测量标志维修规程，对永久性测量标志定期组织维修，保证测量标志正常使用。

第十九条 进行工程建设，应当避开永久性测量标志；确实无法避开，需要拆迁永久性测量标志或者使永久性测量标志失去使用效能的，工程建设单位应当履行下列批准手续：

（一）拆迁基础性测量标志或者使基础性测量标志失去使用效能的，由国务院测绘行政主管部门或者省、自治区、直辖市人民政府管理测绘工作的部门批准；

（二）拆迁部门专用的永久性测量标志或者使部门专用的永久性测量标志失去使用效能的，应当经设置测量标志的部门同意，并经省、自治区、直辖市人民政府管理测绘工作的部门批准。

拆迁永久性测量标志，还应当通知负责保管测量标志的有关单位和人员。

第二十条 经批准拆迁基础性测量标志或者使基础性测量标志失去使用效能的，工程建设单位应当按照国家有关规定向省、自治区、直辖市人民政府管理测绘工作的部门支付迁建费用。

经批准拆迁部门专用的测量标志或者使部门专用的测量标志失去使用效能的，工程建设单位应当按照国家有关规定向设置测量标志的部门支付迁建费用；设置部门专用的测量标志的部门查找不到的，工程建设单位应当按照国家有关规定向省、自治区、直辖市人民政府管理测绘工作的部门支付迁建费用。

第二十一条 永久性测量标志的重建工作，由收取测量标志迁建费用的部门组织实施。

第二十二条 测量标志受国家保护，禁止下列有损测量标志安全和使测量标志失去使用效能的行为：

（一）损毁或者擅自移动地下或者地上的永久性测量标志以及使用中的临时性测量标志的；

（二）在测量标志占地范围内烧荒、耕作、取土、挖沙或者侵占永久性测量标志用地的；

（三）在距永久性测量标志 50 米范围内采石、爆破、射击、架设高压电线的；

（四）在测量标志的占地范围内，建设影响测量标志使用效能的建筑物的；

（五）在测量标志上架设通讯设施、设置观望台、搭帐篷、拴牲畜或者设置其他有可能损毁测量标志的附着物的；

（六）擅自拆除设有测量标志的建筑物或者拆除建筑物上的测量标志的；

（七）其他有损测量标志安全和使用效能的。

第二十三条 有本条例第二十二条禁止的行为之一，或者有下列行为之一的，由县级以上人民政府管理测绘工作的部门责令限期改正，给予警告，并可以根据情节处以 5 万元以下的罚款；对负有直接责任的主管人员和其他直接责任人员，依法给予行政处分；造成损失的，应当依法承担赔偿责任：

（一）干扰或者阻挠测量标志建设单位依法使用土地或者在建筑物上建设永久性测量标志的；

（二）工程建设单位未经批准擅自拆迁永久性测量标志或者使永久性测量标志失去使用效能的，或者拒绝按照国家有关规定支付迁建费用的；

（三）违反测绘操作规程进行测绘，使永久性测量标志受到损坏的；

（四）无证使用永久性测量标志并且拒绝县级以上人民政府管理测绘工作的部门监督和负责保管测量标志的单位和人员查询的。

第二十四条 管理测绘工作的部门的工作人员玩忽职守、滥用职权、徇私舞弊的，依法给予行政处分。

第二十五条 违反本条例规定，应当给予治安管理处罚的，依照治安管理处罚法的有关规定给予处罚；构成犯罪的，依法追究刑事责任。

第二十六条 本条例自 1997 年 1 月 1 日起施行。1984 年 1 月 7 日国务院发布的《测量标志保护条例》同时废止。

图书在版编目（CIP）数据

中华人民共和国测绘法解读／全国人大环境与资源保护委员会法案室编著.—北京：中国法制出版社，2017.12

ISBN 978－7－5093－8961－4

Ⅰ.①中… Ⅱ.①全… Ⅲ.①测绘法令－研究－中国 Ⅳ.①D922.174

中国版本图书馆 CIP 数据核字（2017）第 277977 号

策划编辑：谢雯　　责任编辑：谢雯　　封面设计：蒋怡

中华人民共和国测绘法解读

ZHONGHUA RENMIN GONGHEGUO CEHUIFA JIEDU

编著/全国人大环境与资源保护委员会法案室

经销/新华书店

印刷/北京海纳百川印刷有限公司

开本/880 毫米×1230 毫米　32 开　　印张／12.25　字数／221 千

版次/2017 年 12 月第 1 版　　2017 年 12 月第 1 次印刷

中国法制出版社出版

书号 ISBN 978－7－5093－8961－4　　定价：49.00 元

北京西单横二条 2 号

邮政编码 100031　　传真：66031119

网址：http：//www.zgfzs.com　　**编辑部电话：66010493**

市场营销部电话：66033393　　**邮购部电话：66033288**